# RESPONSABILIDADE CIVIL E INTELIGÊNCIA ARTIFICIAL
## Os desafios impostos pela inovação tecnológica

GABRIELA BUARQUE

*Prefácio*
Marcos Ehrhardt Júnior

*Posfácio*
Juliana Jota Dantas

# RESPONSABILIDADE CIVIL E INTELIGÊNCIA ARTIFICIAL

Os desafios impostos pela inovação tecnológica

1

Belo Horizonte

2022

© 2022 Editora Fórum Ltda.

É proibida a reprodução total ou parcial desta obra, por qualquer meio eletrônico, inclusive por processos xerográficos, sem autorização expressa do Editor.

**Coordenação**
Marcos Ehrhardt Júnior

**Conselho Editorial da Coleção**
Alexandre Barbosa da Silva
Ana Carolina Brochado Teixeira
Everilda Brandão Guilhermino
Fabiola Albuquerque Lobo
Marcos Catalan
Pablo Malheiros da Cunha Frota
Ricardo Schneider Rodrigues

**Conselho Editorial**

Adilson Abreu Dallari
Alécia Paolucci Nogueira Bicalho
Alexandre Coutinho Pagliarini
André Ramos Tavares
Carlos Ayres Britto
Carlos Mário da Silva Velloso
Cármen Lúcia Antunes Rocha
Cesar Augusto Guimarães Pereira
Clovis Beznos
Cristiana Fortini
Dinorá Adelaide Musetti Grotti
Diogo de Figueiredo Moreira Neto (*in memoriam*)
Egon Bockmann Moreira
Emerson Gabardo
Fabrício Motta
Fernando Rossi
Flávio Henrique Unes Pereira
Floriano de Azevedo Marques Neto
Gustavo Justino de Oliveira
Inês Virgínia Prado Soares
Jorge Ulisses Jacoby Fernandes
Juarez Freitas
Luciano Ferraz
Lúcio Delfino
Marcia Carla Pereira Ribeiro
Márcio Cammarosano
Marcos Ehrhardt Jr.
Maria Sylvia Zanella Di Pietro
Ney José de Freitas
Oswaldo Othon de Pontes Saraiva Filho
Paulo Modesto
Romeu Felipe Bacellar Filho
Sérgio Guerra
Walber de Moura Agra

**FÓRUM**
CONHECIMENTO JURÍDICO

Luís Cláudio Rodrigues Ferreira
Presidente e Editor

Coordenação editorial: Leonardo Eustáquio Siqueira Araújo
Aline Sobreira de Oliveira

Rua Paulo Ribeiro Bastos, 211 – Jardim Atlântico – CEP 31710-430
Belo Horizonte – Minas Gerais – Tel.: (31) 2121.4900
www.editoraforum.com.br – editoraforum@editoraforum.com.br

Técnica. Empenho. Zelo. Esses foram alguns dos cuidados aplicados na edição desta obra. No entanto, podem ocorrer erros de impressão, digitação ou mesmo restar alguma dúvida conceitual. Caso se constate algo assim, solicitamos a gentileza de nos comunicar através do *e-mail* editorial@editoraforum.com.br para que possamos esclarecer, no que couber. A sua contribuição é muito importante para mantermos a excelência editorial. A Editora Fórum agradece a sua contribuição.

Dados Internacionais de Catalogação na Publicação (CIP) de acordo com ISBD

| | |
|---|---|
| B917r | Buarque, Gabriela<br>Responsabilidade civil e inteligência artificial: os desafios impostos pela inovação tecnológica / Gabriela Buarque. – Belo Horizonte : Fórum, 2022.<br>187 p. ; 14,5cm x 21,5cm<br><br>Coleção Fórum – Direito Digital e Inovação Tecnológica, v. 1<br><br>ISBN: 978-65-5518-415-0<br><br>1. Direito. 2. Direito Civil. 3. Direito Constitucional. 4. Direito Digital. I. Título. II. Série. |
| 2022-1620 | CDD: 347<br>CDU: 347 |

Elaborado por Vagner Rodolfo da Silva – CRB-8/9410

Informação bibliográfica deste livro, conforme a NBR 6023:2018 da Associação Brasileira de Normas Técnicas (ABNT):

BUARQUE, Gabriela. *Responsabilidade civil e inteligência artificial*: os desafios impostos pela inovação tecnológica. Belo Horizonte: Fórum, 2022. (Coleção Fórum – Direito Digital e Inovação Tecnológica, v. 1). 187 p. ISBN 978-65-5518-415-0.

À Marly Buarque e Olivete Santos, por serem símbolo de fortaleza, resistência e ternura.

## AGRADECIMENTOS

Exercitar a gratidão é sempre um componente importante para nos desafogar de todo o cansaço e nos estimular a prosseguir em busca de nossos objetivos, cuja trajetória muitas vezes se mostra tão árdua. Não tenho dúvidas de que certamente não teria logrado êxito em concluir esta obra sem a cooperação de todos que aqui menciono (e ainda de muitos que não vou conseguir mencionar).

Aos meus pais, Celia e Edvaldo, e aos meus avós, por sempre serem meus alicerces e pilares de motivação e terem me proporcionado condições emocionais e materiais de me dedicar à essa instrução. O elo perpétuo e o amor que nos une faz com que todas as minhas vitórias pertençam conjuntamente a vocês.

Ao meu amor, João Paulo, por ser ternura, compreensão, incentivo e afago. Agradeço por compreender tanto de mim e por me auxiliar a continuar seguindo os meus objetivos. Encontro um pouco de você em tudo que faço. Amo-te e te admiro a cada dia mais.

Às minhas tias e familiares, por todo o entusiasmo e incentivo dedicado desde o início desse caminho. Aos meus amigos, pelo apoio, celebrações e auxílio no acesso às bibliografias.

À Victoria França, por ser uma verdadeira sócia na busca pelo conhecimento da privacidade, proteção de dados e inteligência artificial.

Ao Prof. Dr. Marcos Ehrhardt Júnior, por me inspirar profundamente na pesquisa acadêmica do direito civil alagoano e por sempre ter me possibilitado incríveis chances de aprendizado. Agradeço imensamente pela orientação, pela atenção, pela disponibilidade e por expandir minha visão acadêmica em todos os momentos de minha trajetória.

E, por fim, à Faculdade de Direito de Alagoas, por ter sido meu alicerce acadêmico desde a graduação.

Existem mil formas de agradecer. Este texto é só uma delas e não comporta a dimensão da minha gratidão. Mas com a certeza de que ainda nos encontraremos na jornada, deixo aqui registrado o meu singelo agradecimento a todos esses que, direta ou indiretamente, participaram desta obra.

*Saberemos cada vez menos o que é um ser humano.*
(José Saramago)

## LISTA DE ABREVIATURAS E SIGLAS

| | | |
|---|---|---|
| IA | – | Inteligência Artificial |
| ANI | – | Artificial Narrow Intelligence |
| AGI | – | Artificial General Intelligence |
| ASI | – | Artificial Super Intelligence |
| CDC | – | Código de Defesa do Consumidor |
| CNJ | – | Conselho Nacional de Justiça |
| XAI | – | Explainable Artificial Intelligence |
| GDPR | – | Regulamento Geral de Proteção de Dados |
| LGPD | – | Lei Geral de Proteção de Dados |
| FAPEAL | – | Fundação de Amparo à Pesquisa do Estado de Alagoas |
| CE | – | Comunicado da Comissão Europeia |
| STF | – | Supremo Tribunal Federal |

# SUMÁRIO

APRESENTAÇÃO DA COLEÇÃO
Coleção Fórum Direito e Tecnologia ............................................................. 15

PREFÁCIO
**Marcos Ehrhardt Jr.**................................................................................... 17

APRESENTAÇÃO.......................................................................................... 21

CAPÍTULO 1
INTRODUÇÃO .............................................................................................. 23

CAPÍTULO 2
DA INOVAÇÃO TECNOLÓGICA E DE SEUS FUNDAMENTOS
CONSTITUCIONAIS...................................................................................... 27
2.1 Das bases conceituais para compreender a inteligência
 artificial................................................................................................. 32
2.2 O uso da inteligência artificial como ferramenta no Poder
 Judiciário brasileiro ............................................................................. 41
2.3 Possibilidades de lesões e danos da atividade ............................... 44
2.4 Expoentes internacionais para o marco regulatório brasileiro ... 52
2.4.1 Fronteiras entre a Lei nº 13.709/18 e o *General Data Protection
 Regulation* (GDPR) ............................................................................. 57
2.4.2 Do marco regulatório norte-americano sobre a matéria.............. 60

CAPÍTULO 3
DA PREVENÇÃO E GESTÃO DOS RISCOS ENVOLVIDOS NO
DESENVOLVIMENTO DA INTELIGÊNCIA ARTIFICIAL ........................ 71
3.1 Das contingências tecnológicas e dos riscos do
 desenvolvimento.................................................................................. 81
3.2 Do dever de informação sobre a máquina inteligente ................. 96

## CAPÍTULO 4
**DA PRESCINDIBILIDADE DE ENQUADRAMENTO DA INTELIGÊNCIA ARTIFICIAL AUTÔNOMA COMO PESSOA OU SUJEITO DE DIREITO**.................................................................................. 103
4.1   Das alternativas para assegurar a reparação ................................. 114

## CAPÍTULO 5
**DOS ATUAIS PARÂMETROS DA RESPONSABILIDADE CIVIL SOBRE A INTELIGÊNCIA ARTIFICIAL NO BRASIL**................................................. 123
5.1   Dos fundamentos da responsabilidade civil no âmbito da inteligência artificial .......................................................................... 129
5.2   Dos requisitos de responsabilização ................................................ 146

## CAPÍTULO 6
**PERSPECTIVAS REGULATÓRIAS: O QUE ESPERAR?** ............................ 159

## CAPÍTULO 7
**CONSIDERAÇÕES FINAIS** ............................................................................. 167

## POSFÁCIO
**Juliana Jota Dantas** ........................................................................................... 173

**REFERÊNCIAS**................................................................................................... 175

# APRESENTAÇÃO DA COLEÇÃO

## Coleção Fórum Direito e Tecnologia

A velocidade das mudanças promovida pela utilização de novas tecnologias no mundo contemporâneo tem produzido um evidente impacto nos institutos jurídicos tradicionais, que carecem de ressistematização e uma funcionalização atenta aos legítimos interesses das pessoas envolvidas.

Difícil avaliar o caminho que deve ser seguido, sobretudo quando consideramos os diferentes níveis de desenvolvimento e aplicações concretas das inovações tecnológicas. Entre o desafio de se regular os problemas do presente, e o risco de impedir a inovação e pesquisa que podem acarretar soluções disruptivas para um futuro próximo, especialistas dos mais variados matizes procuram encontrar uma saída que não comprometa a proteção de direitos fundamentais que podem ser ameaçados pelo emprego desmedido de alguns avanços no campo da aplicação de novas tecnologias.

O ponto de partida para refletir sobre os desafios de aplicar um conhecimento que era abordado de modo estático, numa realidade analógica, a um cenário dinâmico de elevada interação digital, é ter acesso a um acervo de qualidade técnica, elaborado mediante uma pesquisa de fontes exemplar, comprometido com análise crítica do contexto fático atual e com uma metodologia que privilegia a pessoa e suas necessidades existenciais em detrimento de aspectos puramente patrimoniais.

Com esses objetivos, apresenta-se a *Coleção Fórum de Direito e Tecnologia*, criada com a finalidade de servir como um espaço privilegiado para discussão de um direito adequado às demandas do tempo presente. Os livros que forem editados com esse selo têm por objetivo abordar temas que necessitam de maior atenção e debate de operadores jurídicos, quer seja por sua inovação, necessidade de revisão de entendimentos clássicos, quer seja pela nova abordagem que sugerem para enfrentamento de questões controversas relevantes para a melhoria da prestação jurisdicional em nosso país.

Busca-se reunir uma doutrina útil para novas pesquisas e para servir de fonte preferencial para decisões judiciais, servindo de fundamento para a atuação de advogados, promotores, defensores e magistrados. Com a criação desta coleção, a Editora Fórum mais uma vez reafirma seu compromisso com a consolidação e divulgação de doutrina jurídica de qualidade a seus leitores, garantindo um espaço de excelência para o trabalho de todos aqueles que acreditam na pesquisa jurídica como num dos caminhos para a construção de uma sociedade mais justa e solidária.

Maceió/AL, 11 de junho de 2022.

**Marcos Ehrhardt Jr.**
Coordenador

## PREFÁCIO

O livro de Gabriela Buarque Pereira Silva retrata bem a evolução de uma pesquisa que tem por objetivo contribuir para uma melhor compreensão dos impactos jurídicos acerca da utilização de aplicações de inteligência artificial nas relações privadas, especialmente no campo do direito de danos. O momento não poderia ser mais adequado para publicação desta obra, já que se intensificam, em todos os lugares do mundo, debates sobre os modos de regulamentação das mais diversas aplicações de inteligência artificial.

Difícil avaliar o caminho que deve ser seguido, sobretudo quando consideramos os diferentes níveis de desenvolvimento e aplicações concretas de algoritmos e aplicações práticas da chamada inteligência artificial. Entre o desafio de se regular os problemas do presente e o risco de impedir a inovação e pesquisa que podem acarretar soluções disruptivas para um futuro próximo, especialistas dos mais variados matizes procuram encontrar uma saída que não comprometa a proteção de direitos fundamentais que podem ser ameaçados pelo emprego desmedido de alguns avanços no campo da aplicação de novas tecnologias.

Talvez aqui resida o maior problema: a complexidade do enfrentamento da matéria exige que o enfrentamento de tais questões ocorra em diversos níveis de intervenção, pois não parece razoável apostar numa alternativa única, verdadeira panaceia para todos os riscos envolvidos neste campo. Ponderar expectativas e interesses, buscar alinhar a proteção dos cidadãos com o desejo de evoluir e ultrapassar paradigmas numa realidade global, multilateral e de flagrante desigualdade econômica, técnica e científica, parece para alguns uma missão quase impossível.

Mas toda jornada inicia no primeiro passo. E este livro certamente pode representar o ponto de partida para um melhor entendimento desta tensão entre regulação jurídica e evolução tecnológica. Após apresentar um primeiro capítulo voltado à descrição das bases conceituais necessárias à compreensão do atual estágio de desenvolvimento da inteligência artificial, Gabriela passa a abordar a questão das contingências tecnológicas e dos riscos do desenvolvimento de "máquinas inteligentes", já deixando claro o corte epistemológico escolhido para a realização de sua pesquisa.

Entre os argumentos acerca da prevenção e gestão dos riscos envolvidos no desenvolvimento da inteligência artificial, a autora nos brinda com um capítulo específico que analisa a prescindibilidade de enquadramento da inteligência artificial autônoma como sujeito de direito, no qual realiza análise crítica acerca das alternativas para assegurar a reparação de danos causados pela utilização de tais aplicações entre particulares; que também serve como texto antecedente para melhor compreensão do cerne da pesquisa, representado pelo capítulo destinado a abordar os atuais parâmetros da responsabilidade civil sobre a inteligência artificial no Brasil.

Independentemente do marco regulatório que será adotado sobre o tema daqui em diante, o leitor se beneficiária do conteúdo desenvolvido neste trabalho, sendo necessário registrar que a escassez bibliográfica especializada no estudo de temas relacionados especificamente à inovação e ao desenvolvimento tecnológico em nosso país apenas reforça a constatação das qualidades deste trabalho, especialmente quando consideramos o importante diálogo com a doutrina estrangeira empreendido pela autora.

Destaque-se de suas conclusões o seguinte trecho: "A regulação da tecnologia, nesse contexto, é especialmente sensível, por envolver interesses contrapostos e observar um ponto de equilíbrio para que não se sufoque o desenvolvimento tecnológico e tampouco negligencie os direitos fundamentais de eventuais vítimas envolvidas", por demonstrar a perfeita adequação do trabalho desenvolvido com as premissas da metodologia do direito civil constitucional, que serve de referencial teórico para a autora e revela seu compromisso e preocupação com a efetiva proteção de todos aqueles que se encontram em posição de vulnerabilidade em face da utilização de aplicações de inteligência artificial.

Como coordenador da nova coleção da Editora Fórum sobre direito e tecnologia, fico muito orgulhoso de dar os primeiros passos no projeto com a publicação deste livro. Desejo uma ótima leitura a todos, permitindo vislumbrar novos horizontes para o enfrentamento de um tema tão instigante.

Maceió, AL, 11 de junho de 2022.

**Marcos Ehrhardt Júnior**
Advogado. Doutor em Direito pela Universidade Federal de Pernambuco (UFPE) e Mestre pela Universidade Federal de Alagoas (Ufal). Professor de Direito Civil

dos cursos de Mestrado e Graduação da Universidade Federal de Alagoas. Professor de Direito Civil e Direito do Consumidor do Centro Universitário Cesmac. Pesquisador Visitante do Instituto Max-Planck de Direito Privado Comparado e Internacional (Hamburg/Alemanha). Líder do Grupo de Pesquisa Direito Privado e Contemporaneidade (Ufal). Editor da *Revista Fórum de Direito Civil* (RFDC). Vice-Presidente do Instituto Brasileiro de Direito Civil (IBDCIVIL). Presidente da Comissão Nacional de Enunciados do Instituto Brasileiro de Direito de Família (IBDFAM). Membro-Fundador do Instituto Brasileiro de Direito Contratual (IBDCONT) e do Instituto Brasileiro de Estudos de Responsabilidade Civil (Iberc).

# APRESENTAÇÃO

Essa obra é resultado de pesquisa realizada para a minha dissertação de mestrado na Faculdade de Direito da Universidade Federal de Alagoas, defendida e aprovada em maio de 2021. Aos leitores que se debruçam sobre este livro no presente momento, cabe-me tecer algumas considerações.

Escrevi essa dissertação em meio à famigerada pandemia da Covid-19, em período máximo de quarentena e isolamento social. Na ocasião, a digitalização dos serviços e a presença da tecnologia foram instaladas de forma perene em diversos setores em razão do isolamento forçado, o que tornou ainda mais interessante (e desafiadora) a escrita sobre os rumos dos algoritmos no meio de um contexto de crise.

O texto retrata a evolução de uma pesquisa que tem por objetivo contribuir para uma melhor compreensão dos impactos jurídicos acerca da utilização de aplicações de inteligência artificial nas relações privadas, especialmente no campo do direito de danos.

Após a apresentação de um primeiro capítulo voltado à descrição das bases conceituais necessárias à compreensão do atual estágio de desenvolvimento da inteligência artificial, passo a abordar a questão das contingências tecnológicas e dos riscos do desenvolvimento de máquinas inteligentes, deixando claro o corte epistemológico escolhido para a realização da pesquisa.

Entre os argumentos acerca da prevenção e gestão dos riscos envolvidos no desenvolvimento da inteligência artificial, analiso especificamente a prescindibilidade do enquadramento da inteligência artificial autônoma como sujeito de direito, realizando uma análise crítica acerca das alternativas para assegurar a reparação dos danos causados pela utilização de tais aplicações entre particulares.

Por fim, o cerne da obra versa sobre os atuais parâmetros da responsabilidade civil sobre a inteligência artificial no Brasil, bem como sobre os rumos dos projetos de lei que visam alterar o marco normativo da IA no país.

Com a certeza de que a tecnologia caminha mais rápido que o próprio direito e sem qualquer pretensão de esgotar a discussão que aqui instauro, ressalto que esta obra é apenas o início de vários debates que se sobrepõem e se desatualizam a cada instante. Não comungo de perspectivas apocalípticas acerca do desenvolvimento tecnológico e compreendo que sua instalação traz inúmeros benefícios.

Essa constatação, no entanto, não implica dizer que novos problemas não irão surgir. Eis o paradoxo da tecnologia: aquilo que facilita a nossa vida e nos salva de muitos problemas também acarreta uma série de novos riscos. O grande dilema do século é como lidar com a regulação dessas questões sem acarretar um indevido engessamento na inovação tecnológica.

E essa discussão é, não somente, uma questão jurídica, mas também uma discussão sobre a distribuição de poderes na sociedade. A partir desse prisma, a abordagem deve ser multissetorial: dividida entre Estado, iniciativa privada, academia e sociedade civil. A participação e a compreensão de todos são mais importantes do que parecem.

É por isso que convido você, caro leitor, a se aventurar nessas reflexões e pensar sobre alguns problemas e danos que, se ainda não se concretizaram, estão perto de se concretizar. Como disse Caetano Veloso em *Anjos tronchos*, "agora minha história é um denso algoritmo".

# CAPÍTULO 1

# INTRODUÇÃO

Uma das inquietações oriundas das revoluções tecnológicas e industriais iniciadas no século XX e que se avulta cada vez mais no contexto social é a preocupação com a interação entre ser humano e inteligência artificial. Em sede cinematográfica, o longa-metragem *Ex Machina* (2015), sob a direção de Alex Garland, apresenta um jovem programador que recebe a oportunidade de testar uma inteligência artificial. Ocorre que, ao longo do filme, a máquina se mostra tão sofisticada e imprevisível que o clima de insegurança é prementemente instigado no decorrer da história.

O receio acerca do avanço da inteligência artificial é sempre fomentado pela ausência de conhecimento exato de como essas máquinas funcionam e pela dinamicidade que impera no âmbito científico, o que estimula a insegurança humana acerca de tal acúmulo de experiências. Isso sem falar de *Blade Runner* (1982), sob a direção de Ridley Scott, que desde a década de 80 suscita imaginários de máquinas replicantes que supostamente existiriam em Los Angeles no ano de 2019.

É inquestionável que o advento de novas descobertas científicas enseja a incerteza acerca de seus efeitos futuros, máxime ante o enorme potencial que tais tecnologias costumam ostentar, despertando as preocupações humanas. É nesse panorama que surge o direito, no afã de tentar instaurar padrões mínimos de previsibilidade e confiança no contexto social, o que exige do intérprete o reconhecimento de que tal mecanismo consiste num fenômeno essencialmente social.

A análise do fenômeno neoconstitucionalista e de seus corolários assume contornos ainda mais relevantes nesse contexto científico e tecnológico da sociedade contemporânea e com sua demanda de regulação. Com efeito, a revolução tecnológica verificada nos últimos anos trouxe à tona uma série de novas dinâmicas de mercado, de socialização e de resolução de conflitos, atrelada a uma série de novos riscos e danos, que demandam do aplicador jurídico a adaptação cada vez mais frequente dos textos normativos à realidade social. A densidade material dos textos jurídicos, mormente com o advento do neoconstitucionalismo, requer que o intérprete verifique os parâmetros de atuação dos setores privados sob o prisma da principiologia constitucional, conjugando-os com tradicionais paradigmas de interpretação jurídica.

O protagonismo da inteligência artificial nas relações sociais comunitárias enseja questionamentos acerca da responsabilização na hipótese de eclosão de danos, sob o prisma da reparação integral da vítima. Ocorre que é crescente a autonomia da tecnologia de inteligência artificial, bem como sua capacidade de aprendizagem, adaptação ao meio ambiente e acúmulo de experiências. Com efeito, a reprodução de alguns elementos tipicamente humanos faz com que os indivíduos se sintam cada vez menos responsáveis por suas atividades, haja vista a condução preponderante destas por parte de máquinas.

Tal constatação se agrava quando se percebe que, em verdade, tais elementos tecnológicos não possuem personalidade e atributos inerentemente humanos que compõem a formação da vontade do indivíduo e a condução de suas ações, movidos que são por algoritmos e componentes puramente mecânicos. A tendência contemporânea é que tais máquinas possuam cada vez mais autossuficiência decisória, podendo a inteligência artificial ser compreendida a partir da capacidade de reprodução cognitiva das máquinas, em que o acúmulo de aprendizado mimetiza a experiência mental humana.

Ainda nesse panorama, é perceptível que o agente artificial atua em nome de seu titular; o que se perquire, entretanto, é quem é o efetivo titular para fins de responsabilidade civil. Indaga-se, então, se seria o proprietário, o usuário, o fabricante ou o programador, e, ainda, sob qual enquadramento jurídico, se subjetivo ou objetivo. Também se questiona se a disciplina jurídica existente hoje no ordenamento é suficiente para a resolução de tais conflitos ou se seria necessário modificar a classificação da natureza jurídica das máquinas e tratá-las, portanto, como uma *e-person*.

A problemática surge também a partir da perspectiva de que a solução deve passar pela necessária compatibilização entre o princípio da reparação integral do dano da vítima e o incentivo ao desenvolvimento de inovação e novas tecnologias, estipulado no art. 218 da

Constituição Federal, visando um equilíbrio entre valores imprescindíveis no ordenamento jurídico.

Não obstante a evidente utilidade social decorrente do desenvolvimento de tecnologias de inteligência artificial, são também inúmeras as possibilidades de eclosão de danos em uma sociedade pós-moderna marcada pelo risco de sua utilização, o que não pode ser desconsiderado pelo direito. É sob tal perspectiva que a presente obra intenta repensar as categorias clássicas da responsabilidade civil, indagando se são suficientes para tutelar os novos imbróglios oriundos do cenário científico e quais seriam os parâmetros de responsabilização em tais hipóteses.

Desse modo, indaga-se qual o papel da função preventiva da responsabilidade civil, em tais casos, mormente considerando que as funções reparatória, punitiva e preventiva são complementares. Trata-se de perquirir a suficiência da disciplina de responsabilidade civil contemporânea com os desafios impostos pela inteligência artificial, verificando como se daria a aplicabilidade dos institutos pertinentes, os fundamentos respectivos e como compatibilizá-la com o incentivo tecnológico constitucional num contexto de risco.

Nesse teor, utilizar-se-á metodologia dedutiva de revisão bibliográfica, procedendo, em função da necessária interdisciplinaridade da temática, a uma análise acerca do tema nas perspectivas do direito constitucional, do direito civil e do direito do consumidor, compreendendo periódicos científicos, obras específicas, dissertações de mestrado e teses de doutorado.

Em razão da interdisciplinaridade da temática, serão tangencialmente citados documentos atinentes a outros ramos, como o direito ambiental e empresarial, não constituindo tais áreas, contudo, objeto do corte epistemológico da presente obra, observadas apenas para fins de integralização do raciocínio desenvolvido. Será utilizado o método comparativo, analisando textos legislativos europeus e estadunidenses pertinentes à problemática da monografia, com o fito de identificar os dispositivos e os princípios que fundamentam e norteiam a disciplina jurídica da questão.

Tal abordagem assume relevância considerando que no contexto contemporâneo a inteligência artificial assume espaço em diversos ramos e possui inúmeras funções, podendo ajudar especialistas em suas atividades diárias, no desenvolvimento de novas ferramentas, no trabalho com estruturas semânticas e na criação de novas oportunidades de mercado.

Nesse trilhar, o início da obra se dedica a analisar as bases conceituais da inteligência artificial, compreendendo, ainda, de que forma tal tecnologia pode desencadear danos e como tal fenômeno vem sendo observado na Europa e nos Estados Unidos da América. A escolha metodológica pelos referidos locais ocorreu por lá terem sido verificados os documentos pioneiros na matéria. Em continuidade, será observada a questão do risco em relação à necessidade de prevenção, especialmente na modalidade de risco de desenvolvimento e sua relação com o dever à informação.

Posteriormente será discutida a proposta europeia de personalidade jurídica eletrônica, bem como as alternativas suscitadas para assegurar a reparação da vítima.

Após tal análise, aprofundam-se os fundamentos da responsabilidade civil no âmbito dos danos oriundos de inteligências artificiais, bem como os seus parâmetros e os requisitos de responsabilização. Por fim, reflete-se sobre as perspectivas regulatórias e procedimentais nesse tema.

Alijando qualquer tentativa de previsão futurística extremada, é inegável que a tecnologia assume vasta relevância no contexto social contemporâneo, o que não assegura que sua atividade será sempre impecável, sobremodo considerando que danos já têm sido verificados.

Nesse diapasão, a relevância da proposta se lastreia na necessidade de observar as implicações inevitáveis da inteligência artificial, assegurando transparência e segurança ao modelo empresarial desde o princípio, especialmente em razão de seu exponencial crescimento, sendo uma proposta que se limita a analisar a situação no atual contexto brasileiro, sem desconsiderar eventuais mudanças que podem se manifestar no porvir. Trata-se, dessa forma, de estimular os compromissos com os direitos fundamentais e com o incentivo tecnológico, em observância à metodologia do direito civil constitucional, em especial à solidariedade social e ao princípio da reparação do dano.

# DA INOVAÇÃO TECNOLÓGICA E DE SEUS FUNDAMENTOS CONSTITUCIONAIS

A inovação tecnológica é, não somente, uma demanda mercadológica e social. Constitui-se, também, como um dever do Estado. Com efeito, o art. 218 da Constituição Federal preceitua que o Estado promoverá e incentivará o desenvolvimento científico, a pesquisa, a capacitação científica e tecnológica e a inovação. Ao destinar um capítulo próprio para a questão do desenvolvimento tecnológico, a Constituição optou por dar relevância ao tema, vinculando, inclusive, o legislador quando da edição de políticas públicas. Tal perspectiva se coaduna com a ideia de que a técnica é um fator que singulariza o homem enquanto ser humano, diferenciando-o de outras espécies de animais:

> Essa capacidade de desvincular-se, provisoriamente, das necessidades primárias e vitais, liberando-se para atuar em atividades que, diretamente, não as satisfaçam, inexiste nos animais que estão sempre vinculados a elas. Assim, nos animais sua existência é o sistema destas necessidades orgânicas e atos que as satisfazem. No ser humano, ao contrário, sua vida não coincide, estritamente, com estas necessidades.[1]

O Manual de Oslo, editado pela Organização para a Cooperação e Desenvolvimento Econômico (OCDE), aduz que inovação é "a implementação de um produto (bem ou serviço) novo ou significativamente melhorado, ou um processo, ou um novo método de *marketing*, ou um

---
[1] VEGA GARCIA, Balmes. *Direito e tecnologia*: regime jurídico da ciência, tecnologia e inovação. São Paulo: LTr, 2008. p. 19.

novo método organizacional nas práticas de negócios, na organização do local de trabalho ou nas relações externas".[2]

O art. 218 demanda que toda a regulação do setor tecnológico seja procedida com a cautela necessária a não obstaculizar o seu desenvolvimento, sendo também um dever dos entes federativos promovê-lo e incentivá-lo. No mesmo sentido, o §1º do art. 218 estipula que a pesquisa científica básica e tecnológica receberá tratamento prioritário do Estado, tendo em vista o bem público e o progresso da ciência, tecnologia e inovação. A determinação acha-se em consonância com os objetivos fundamentais da República, nos termos do art. 3º da Constituição Federal, de erradicar a pobreza e a marginalização e reduzir as desigualdades sociais e regionais (III).

Essa determinação se alinha, ainda, com o art. 170 da Constituição, que estabelece os princípios da ordem econômica, fundada na valorização do trabalho humano e na livre iniciativa. O §2º do art. 218 afirma que a pesquisa tecnológica voltar-se-á preponderantemente para a solução dos problemas brasileiros e para o desenvolvimento do sistema produtivo nacional e regional.

Em comentário ao parágrafo, André Ramos Tavares argumenta:

> a pesquisa tecnológica a que se faz menção é a promovida pelo ente estatal e não a promovida pelo particular, pelo agente privado. É o Estado (conforme determina o *caput* do dispositivo) que há de direcionar a sua pesquisa tecnológica para os fins sociais indicados pela norma constitucional transcrita. Vale, aqui, a análise já exposta para o âmbito da pesquisa de base. A imposição, ao particular, enquanto atue com recursos exclusivamente privados, de que a sua pesquisa tecnológica tenha, necessariamente, uma destinação social específica, qual seja, a solução dos problemas brasileiros em âmbito nacional ou regional, é inconsistente com o já mencionado princípio da livre iniciativa (ainda que se admita – como se há de admitir – que esteja mitigado pela busca da promoção ou justiça social). Eventual benefício social, ocasionado pela pesquisa tecnológica promovida pelo agente privado, não deixará de ser uma mera *externalidade* positiva, fora de um dos propósitos

---

[2] ORGANIZAÇÃO PARA A COOPERAÇÃO E DESENVOLVIMENTO ECONÔMICO (OCDE). *Manual de Oslo*: diretrizes para a coleta a interpretação de dados sobre a inovação. 3. ed. [s.l.]: [s.n.], 2005. Disponível em: https://www.finep.gov.br/images/apoio-e-financiamento/manualoslo.pdf. Acesso em: 18 nov. 2019.

principais da empresa, que é obter competitividade no mercado, por meio de inovações e/ou atualizações de seus produtos.[3]

Não obstante o principal objetivo dos agentes privados que desenvolvem tecnologias para o mercado de consumo seja a lucratividade, é imprescindível ressaltar que tal objetivo deve ser perseguido em consonância com as diretrizes da função social, razão por que não poderá prejudicar o desenvolvimento social nem se desvincular de suas determinações. O que se denomina endogeneização da tecnologia é a atuação estatal orientadora da produção tecnológica de forma interna e voltada às necessidades do país, mormente tendo em vista que o mercado interno é patrimônio nacional e deve ser funcionalizado para atingir as necessidades nacionais, além de ser um veículo para a superação do subdesenvolvimento.[4]

O §3º do art. 218, por sua vez, estipula que o Estado apoiará a formação de recursos humanos nas áreas de ciência, pesquisa e tecnologia, e concederá aos que delas se ocupem meios e condições especiais de trabalho. Tal disposição estabelece um tratamento diferenciado para aqueles que laboram na área científica, de pesquisa e tecnológica, como mecanismo de incentivo ao desenvolvimento da inovação, mitigando a literalidade da disposição constitucional do art. 7º, XXXII,[5] da CF/88.

O §4º aduz que a lei apoiará e estimulará as empresas que invistam em pesquisa, criação de tecnologia adequada ao país e formação e aperfeiçoamento de seus recursos humanos e que pratiquem sistemas de remuneração que assegurem ao empregado, desvinculada do salário, participação nos ganhos econômicos resultantes da produtividade de seu trabalho.

A determinação constitucional de incentivo tem se concretizado por meio da criação de órgãos responsáveis pela concessão de bolsas-auxílio de pesquisa científica e tecnológica que fomentam a formação de recursos humanos no Brasil, como o Conselho Nacional de

---

[3] TAVARES, André Ramos. Ciência e tecnologia na Constituição. *Revista de Informação Legislativa*, Brasília, n. 175, jul./set. 2007. p. 11.
[4] MORAES, Melina Ferracini de. Inovação tecnológica como instrumento para o desenvolvimento do Brasil. *Direito Constitucional Econômico*, São Paulo, v. 97, set./out. 2016. p. 8.
[5] "XXXII - proibição de distinção entre trabalho manual, técnico e intelectual ou entre os profissionais respectivos".

Desenvolvimento Científico e Tecnológico (CNPq).[6] Em Alagoas, existe a Fundação de Amparo à Pesquisa do Estado de Alagoas (Fapeal), criada por meio da Lei Complementar nº 5, de 27.9.1990, como uma pessoa jurídica de direito privado. Posteriormente, a Lei Complementar nº 20, de 4.4.2002, transformou a Fapeal em fundação de direito público.

Desde então, a Fapeal vem exercendo atividades de promoção à pesquisa e inovação tecnológica, viabilizando projetos de pesquisas em áreas estratégicas para o desenvolvimento do estado. Cabe salientar que a Lei nº 7.117/2009 também dispõe acerca dos incentivos à pesquisa científica e tecnológica, à inovação e à proteção da propriedade intelectual em ambiente produtivo e social no estado de Alagoas.

Ressalte-se, ainda, que o §5º do art. 218 se destaca por excetuar a regra geral do art. 167, IV,[7] da Constituição, tendo em vista que faculta aos estados e ao Distrito Federal vincular parcela de sua receita orçamentária a entidades públicas de fomento ao ensino e à pesquisa científica e tecnológica. Nesse contexto, o Supremo Tribunal Federal, na ADI nº 4.102/RJ, julgou constitucional dispositivo da Constituição do Rio de Janeiro que destinava um percentual de 2% da receita tributária do exercício à Fundação de Amparo à Pesquisa (Faperj).

Por fim, em âmbito municipal, a Lei nº 6.902/19 dispõe, em síntese, sobre o estímulo ao desenvolvimento de soluções para o alcance do patamar de Cidade Humana, Inteligente, Sustentável e Criativa,[8] gerando conhecimentos que se convertam em produtos tecnológicos no município de Maceió.

É competência comum da União, dos estados e dos municípios proporcionar os meios de acesso à cultura, à educação e à ciência, nos

---

[6] TAVARES, André Ramos. Ciência e tecnologia na Constituição. *Revista de Informação Legislativa*, Brasília, n. 175, jul./set. 2007. p. 14.

[7] "IV - a vinculação de receita de impostos a órgão, fundo ou despesa, ressalvadas a repartição do produto da arrecadação dos impostos a que se referem os arts. 158 e 159, a destinação de recursos para as ações e serviços públicos de saúde, para manutenção e desenvolvimento do ensino e para realização de atividades da administração tributária, como determinado, respectivamente, pelos arts. 198, §2º, 212 e 37, XXII, e a prestação de garantias às operações de crédito por antecipação de receita, previstas no art. 165, §8º, bem como o disposto no §4º deste artigo".

[8] A cidade humana, inteligente, sustentável e criativa é aquela que busca traçar seu desenvolvimento com base nos pilares de integração, transparência e sustentabilidade, por meio da colaboração entre poder público, sociedade civil e instituições de ensino, buscando promover a criatividade local e a utilização de tecnologias avançadas.

termos do art. 23, V,[9] da Constituição Federal. Embora haja evidente intuito de estímulo, as normas constitucionais não explicitam os segmentos a serem priorizados nem os instrumentos que efetivamente serão utilizados para tanto, o que proporciona uma ampla margem de discricionariedade ao administrador público.

Somente em 2004 surgiu a Lei nº 10.973/04 (Lei da Inovação Tecnológica), que dispõe sobre incentivos à inovação e à pesquisa científica e tecnológica no ambiente produtivo, e, posteriormente, a Lei nº 11.196/05 (Lei do Bem), que concede incentivos fiscais às pessoas jurídicas que realizarem pesquisa e desenvolvimento na área de inovação tecnológica.

A Lei de Inovação Tecnológica está organizada em torno de três eixos fundamentais: a construção de ambiente favorável à formação de parcerias estratégicas entre universidades, institutos tecnológicos e empresas; o estímulo à participação de institutos de ciência e tecnologia no processo de inovação; e o estímulo à inovação da empresa, além de prever o compartilhamento de infraestrutura, equipamentos e recursos humanos entre os espaços públicos e as empresas.[10]

Não obstante tal arcabouço normativo, o Brasil ainda possui muitos desafios pragmáticos a enfrentar no que tange ao efetivo desenvolvimento tecnológico, à colaboração entre indústrias e universidades e ao incentivo à pesquisa, sendo diversos os gargalos que dificultam a consolidação de um paradigma de pesquisa científica.

Tais diplomas legislativos se entrelaçam na persecução do objetivo constitucional primordial: a promoção do desenvolvimento tecnológico. No mesmo passo, é imprescindível que seja refletida a forma de regulação desse desenvolvimento, máxime tendo em vista a sensibilidade do tema à luz do art. 218 da Constituição Federal e a necessidade de observância das outras diretrizes, também constitucionais, que impõem o paradigma da função social. Não obstante a necessidade de incentivo, a regulação também é necessária tendo em vista que ainda surgirão danos, riscos e problemas derivados da inovação, fatores com que a sociedade terá de lidar.

---

[9] "Art. 23. É competência comum da União, dos Estados, do Distrito Federal e dos Municípios: [...] V - proporcionar os meios de acesso à cultura, à educação, à ciência, à tecnologia, à pesquisa e à inovação; [...]".
[10] MORAES, Melina Ferracini de. Inovação tecnológica como instrumento para o desenvolvimento do Brasil. *Direito Constitucional Econômico*, São Paulo, v. 97, set./out. 2016. p. 8.

Contemporaneamente, uma das mais sofisticadas formas de tecnologia vem assumindo espaço em todos os âmbitos sociais: a inteligência artificial. Trata-se de mecanismo utilizado desde atividades mais banais do cotidiano até sofisticadas operações medicinais, financeiras e, até mesmo, jurídicas. Compreender o funcionamento básico desse fenômeno é um passo imprescindível para a verificação de seus impactos no mundo jurídico e, especialmente, na responsabilidade civil.

## 2.1 Das bases conceituais para compreender a inteligência artificial

A pretensão de compreender a inteligência artificial passa pela tentativa de conceituá-la. Essa tarefa, no entanto, não é fácil, porquanto não há um único conceito aceito de modo universal e a conceituação da inteligência, de um modo geral, pode assumir diferentes conotações.

Max Tegmark define inteligência como a capacidade de atingir objetivos complexos.[11] O início da utilização do termo "inteligência artificial" é atribuído ao cientista de computação John McCarthy em 1956,[12] embora o primeiro trabalho reconhecido como IA tenha sido desenvolvido por Warren McCulloch e Walter Pitts em 1943.[13]

Existem, contudo, algumas características que singularizam o sistema de inteligência artificial como tal. Peter Norvig e Stuart Russell, na obra *Artificial intelligence: a modern approach,* listam as quatro maiores categorias em que se costuma conceituar a inteligência artificial: "sistemas que pensam como humanos", "sistemas que agem como humanos", "sistemas que pensam racionalmente" e "sistemas que agem racionalmente". No que se refere aos aspectos que a singularizam e lhe atribuem o aspecto de racionalidade análoga à dos seres humanos, argumenta-se:

> O primeiro é a comunicação. Pode-se comunicar com uma entidade inteligente. Quanto mais fácil for se comunicar com uma entidade, mais inteligente a entidade parece. Pode-se comunicar com um cachorro,

---

[11] "That's why the definition I gave in the last chapter, and the way I'm going to use the word throughout this book, is very broad: intelligence = ability to accomplish complex goals" (TEGMARK, Max. *Life 3.0.* Being human in the age of artificial intelligence. New York: Alfred A. Knopf, 2017. p. 70).

[12] KAPLAN, Jerry. *Artificial intelligence*: what everyone needs to know. Oxford: Oxford University Press, 2016. p. 13.

[13] NORVIG, Peter; RUSSELL, Stuart J. *Artificial intelligence*: a modern approach. New Jersey: Prentice Hall, 1995. p. 16.

mas não sobre a Teoria da Relatividade de Einstein. O segundo é o conhecimento interno. Espera-se que uma entidade inteligente tenha algum conhecimento sobre si mesma. O terceiro é o conhecimento externo. Espera-se que uma entidade inteligente conheça o mundo exterior, para aprender sobre isso, e utilizar essa informação. A quarta é o comportamento orientado por objetivos. Espera-se que a entidade tome medidas para atingir seus objetivos. O quinto é a criatividade. Espera-se que uma entidade inteligente tenha algum grau de criatividade. Neste contexto, criatividade significa a capacidade de tomar uma ação alternativa quando a ação inicial falha. Uma mosca tenta sair de uma sala e as colisões contra a vidraça continuam a repetir o mesmo comportamento fútil. Quando um robô AI bate em uma janela, ele tenta sair usando a porta. A maioria das entidades AI possui esses cinco atributos por definição.[14]

Patrick Henry Winston, por sua vez, aduz que existem várias formas de definir a inteligência artificial, definindo-a como o estudo da computação que lhe possibilita perceber, racionar e agir.[15] Ressalte-se, ainda, que muitas máquinas são conduzidas por interfaces de comandos, o que atrela sua atividade à vontade do emissor ou proprietário. Outras, no entanto, têm demonstrado um grau de interatividade mais baixo, evidenciando condução mais autônoma em relação ao ser humano. Desse modo, a condução da atividade da máquina difere entre os sistemas que possuem alta interatividade com o operador-usuário, usualmente subordinando-se às suas emissões, e os sistemas que possuem interatividade baixa com o operador-usuário, usualmente demonstrando autossuficiência na condução das atividades.

---

[14] Tradução livre de: "The first is communication. One can communicate with an intelligent entity. The easier it is to communicate with an entity, the more intelligent the entity seems. One can communicate with a dog, but not about Einstein's Theory of Relativity. The second is internal knowledge. An intelligent entity is expected to have some knowledge about itself. The third is external knowledge. An intelligent entity is expected to know about the outside world, to learn about it, and utilize that information. The fourth is goal-driven behavior. An intelligent entity is expected to take action in order to achieve its goals. The fifth is creativity. An intelligent entity is expected to have some degree of creativity. In this context, creativity means the ability to take alternate action when the initial action fails. A fly tries to exit a room and bumps into a windowpane continues to repeat the same futile behavior. When an AI robot bumps into a window, it tries to exit using the door. Most AI entities possess these five attributes by definition" (HALLEVY, Gabriel. The criminal liability of artificial intelligence entities – from Science fiction to legal social control. *Akron Intellectual Property Journal*, Ohio, v. 4, p. 171-199, 2016).

[15] WINSTON, Patrick Henry. *Artificial intelligence*. 3. ed. Massachusetts: Addison-Wesley Publishing Company, 1993. p. 5.

Existem três tipos de inteligência artificial.[16] A primeira seria a *Artificial Narrow Intelligence* (ANI), uma espécie de inteligência artificial que se especializa numa única área e possui um único objetivo definido, como máquinas treinadas para jogar xadrez ou artefatos domésticos eletrônicos, por exemplo. A segunda seria a *Artificial General Intelligence* (AGI), inteligência que mimetiza a mente humana e tem várias habilidades de um modo mais abrangente, como planejar e resolver problemas, pensar abstratamente, compreender ideias complexas e aprender rapidamente por meio da experiência, equiparando-se ao raciocínio humano. Por fim, a terceira seria a *Artificial Super Intelligence* (ASI) ou *Super IA* (SIA), intelecto mais inteligente até mesmo que o cérebro humano em diversas áreas, incluindo habilidades sociais, raciocínio, discernimento e nível de conhecimento geral, ideia que ainda se restringe ao âmbito da ficção científica:

> A SIA deverá associar inteligência geral ao crescente potencial computacional da máquina, incluindo ainda criatividade, várias formas de aprendizagem e a capacidade de solucionar problemas. Uma SIA não biológica terá possivelmente objetivos e motivações diversas das do ser humano. Não há como prever a atitude da máquina ao tomar consciência de si própria. O desenvolvimento da SIA é também considerado como a última e definitiva invenção do homem, uma vez que todas as demais descobertas seriam realizadas por ela.[17]

O estágio científico atual nos contextualiza com a ANI. A tendência contemporânea é que tais máquinas possuam cada vez mais autossuficiência, sendo a inteligência artificial uma demonstração da capacidade de reprodução cognitiva das máquinas em que o acúmulo de aprendizado visa simular a experiência mental humana. Um robô, desse modo, é um sistema construído que exige a agência física e mental, mas não está vivo no sentido biológico.[18] Ressalte-se, ainda, que ele se caracteriza por ter atividade corpórea e interagir mais

---

[16] STRELKOVA, O.; PASICHNYK, O. *Three types of artificial intelligence.* Disponível em: http://eztuir.ztu.edu.ua/jspui/bitstream/123456789/6479/1/142.pdf. Acesso em: 3 maio 2019.

[17] PALAZZO, Luiz Antônio Moro; VANZIN, Tarcísio. *Superinteligência artificial e a singularidade tecnológica.* p. 2. Disponível em: http://infocat.ucpel.tche.br/disc/ia/m01/SAST.pdf. Acesso em: 7 out. 2019.

[18] "A robot is a constructed system that displays both physical and mental agency, but is not alive in the biological sense" (RICHARDS, Neil M.; SMART, William D. *How should the law think about robots?* Disponível em: https://papers.ssrn.com/sol3/papers.cfm?abstract_id=2263363. Acesso em: 1º out. 2018).

diretamente com a realidade, isto é, o robô é uma das várias aplicações da inteligência artificial.[19] A diferença entre o robô e a inteligência artificial reside na atuação física do robô, com interação mais direta e corpórea na realidade.[20]

A inteligência artificial pode ser classificada, ainda, a partir de seus níveis de interpretabilidade,[21] isto é, pelo grau de compreensão de como suas respostas são geradas. Algoritmos de alta interpretabilidade são os mais tradicionais e de fácil compreensão; os de média interpretabilidade são um pouco mais avançados; e os de baixa interpretabilidade são aqueles com técnicas avançadas, como redes neurais profundas.

Para os fins do presente texto, delimita-se o objeto de estudo com base nas inteligências artificiais mais próximas ao cotidiano, que se utilizam de aprendizado de máquina, processamento de linguagem natural, redes neurais artificiais e se dedicam a mimetizar o raciocínio humano, classificadas na ANI. Impende ressaltar que para Jerry Kaplan, utilizar a experiência humana como parâmetro para a análise da IA, como fizeram autores como John McCarthy, pode acarretar dificuldades.[22] Nesse ponto, impõe-se a constatação de que a mente humana e as máquinas inteligentes possuem especificidades que as tornam singularmente distintas em alguns aspectos.

Sobre tais especificidades, Kaplan argumenta:

> Há outro problema com o uso de recursos humanos como um critério para a inteligência artificial. Máquinas são capazes de realizar muitas tarefas que as pessoas não podem fazer, e muitas dessas performances certamente parecem demonstrações de inteligência. Um programa de segurança pode suspeitar de um ataque cibernético baseado em um padrão incomum de solicitações de acesso aos dados em um período de apenas quinhentos milissegundos; um sistema de alerta de tsunamis pode soar um alarme baseado em mudanças quase imperceptíveis nas alturas do oceano que refletem a geografia submarina complexa; Um programa de descoberta de drogas pode propor uma nova mistura, encontrando um

---

[19] SILVA, Nuno Sousa e. *Direito e robótica*: uma primeira aproximação. Disponível em: https://papers.ssrn.com/sol3/papers.cfm?abstract_id=2990713. Acesso em: 16 jul. 2019.
[20] SILVA, Nuno Sousa e. *Direito e robótica*: uma primeira aproximação. Disponível em: https://papers.ssrn.com/sol3/papers.cfm?abstract_id=2990713. Acesso em: 16 jul. 2019.
[21] SILVA, Nilton Correia da. Inteligência artificial. *In*: FRAZÃO, Ana; MULHOLLAND, Caitlin (Coord.). *Inteligência artificial e direito*: ética, regulação e responsabilidade. São Paulo: Thomson Reuters Brasil, 2019. p. 47.
[22] KAPLAN, Jerry. *Artificial intelligence*: what everyone needs to know. Oxford: Oxford University Press, 2016.

padrão previamente despercebido de arranjos moleculares em compostos de tratamento de câncer bem-sucedidos. O comportamento exibido por sistemas como esses, que se tornará cada vez mais comum no futuro próximo, não se presta a comparação com as capacidades humanas.[23]

Jerry Kaplan acrescenta que a essência da inteligência artificial – na verdade, a essência da inteligência – é a capacidade de fazer generalizações apropriadas em tempo hábil, com base em dados limitados.[24] No contexto contemporâneo, a inteligência artificial assume espaço em diversos ramos e possui inúmeras funções, podendo ajudar especialistas a resolver difíceis problemas de análise, desenvolver novas ferramentas, aprender por meio de exemplos e representações, trabalhar com estruturas semânticas e criar novas oportunidades de mercado.[25] A multiplicidade de funções e de classificações de inteligências artificiais pode ensejar a necessidade de distintos tratamentos jurídicos, que levem em consideração as especificidades de cada máquina.

A inteligência artificial alastra-se de modo exponencial no cotidiano, desde atividades mais banais até atividades mais sofisticadas, sem que muitas vezes as pessoas se deem conta da utilização dessa tecnologia. Essa tecnologia vai aprendendo com os erros, num processo de verdadeiro e falso, construindo seu conhecimento até conseguir responder satisfatoriamente a uma questão.[26] Nos termos da Resolução

---

[23] Tradução livre de: "But there's another problem with using human capabilities as a yardstick for AI. Machines are able to perform lots of tasks that people can't do at all, and many such performances certainly feel like displays of intelligence. A security program may suspect a cyber attack based on an unusual pattern of data access requests in a span of just five hundred milliseconds; a tsunami warning system may sound an alarm based on barely perceptible changes in ocean heights that mirror complex undersea geography; a drug discovery program may propose a novel admixture by finding a previously unnoticed pattern of molecular arrangements in successful cancer treatment compounds. The behavior exhibited by systems like these, which will become ever more common in the near future, doesn't lend itself to comparison with human capabilities. Nonetheless, we are likely to regard such systems as artificially intelligent" (KAPLAN, Jerry. *Artificial intelligence*: what everyone needs to know. Oxford: Oxford University Press, 2016. p. 4).

[24] "The essence of AI- indeed the essence of intelligence- is the ability to make appropriate generalizations in a timely fashion based on limited data" (KAPLAN, Jerry. *Artificial intelligence*: what everyone needs to know. Oxford: Oxford University Press, 2016. p. 5).

[25] WINSTON, Patrick Henry. *Artificial intelligence*. 3. ed. Massachusetts: Addison-Wesley Publishing Company, 1993. p. 10-14.

[26] CHELIGA, Vinicius, TEIXEIRA, Tarcisio. *Inteligência artificial*: aspectos jurídicos. Salvador: JusPodivm, 2019. p. 27.

do Parlamento Europeu 2015/2103 (INL),[27] os pedidos de patentes para tecnologia robótica triplicaram ao longo da última década.

Ray Kurzweil suscita questões de uma era de pós-humanidade, baseada numa noção de singularidade tecnológica que se inspira no pensamento de Vernor Vinge:

> Quando a inteligência maior que a humana impulsiona o progresso, esse progresso será muito mais rápido. De fato, parece não haver razão para que o progresso em si não envolva a criação de entidades ainda mais inteligentes – em uma escala de tempo ainda menor [...]. Essa mudança será uma eliminação de todas as regras humanas, talvez em um piscar de olhos – uma fuga exponencial além de qualquer esperança de controle. Os desenvolvimentos que foram pensados para acontecer em "um milhão de anos" (se é que algum dia) provavelmente acontecerão no próximo século. É justo chamar este evento de uma singularidade ("a Singularidade" para os propósitos desta peça). É um ponto em que nossos modelos antigos devem ser descartados e uma nova realidade deve ser governada, um ponto que se tornará mais vasto e mais vasto que os assuntos humanos, até que a noção se torne um lugar-comum. No entanto, quando finalmente acontece, ainda pode ser uma grande surpresa e uma grande incerteza.[28]

A singularidade, nesse ponto, baseia-se na noção de aceleração hiperbólica do desenvolvimento tecnológico ao longo do tempo. É precisamente nesse cenário de entusiasmo tecnológico que o direito deve se impor como limite, estipulando diretrizes e regras que permitam a salvaguarda dos direitos fundamentais da pessoa humana e impeçam o esvaziamento de tais garantias por meio do exercício digital desmedido.

---

[27] PARLAMENTO EUROPEU. *Resolução do Parlamento Europeu, de 16 de fevereiro de 2017, que contém recomendações à Comissão sobre disposições de Direito Civil sobre Robótica (2015/2103(INL))*. Disponível em: http://www.europarl.europa.eu/doceo/document/TA-8-2017-0051_PT.html. Acesso em: 20 jan. 2020.

[28] Tradução livre de: "When greater-than-human intelligence drives progress, that progress will be much more rapid. In fact, there seems no reason why progress itself would not involve the creation of still more intelligent entities-on a still-shorter time scale [...]. This change will be a throwing-away of all the human rules, perhaps in the blink of an eye – an exponential runaway beyond any hope of control. Developments that were thought might only happen in 'a million years' (if ever) will likely happen in the next century. It's fair to call this event a singularity ('the Singularity' for the purposes of this piece). It is a point where our old models must be discarded and a new reality rules, a point that will loom vaster and vaster over human affairs until the notion becomes a commonplace. Yet when it finally happens, it may still be a great surprise and a greater unknown" (VINGE, Vernor. *What is the singularity?* Disponível em: https://www.frc.ri.cmu.edu/~hpm/book98/com.ch1/vinge.singularity.html Acesso em: 26 set. 2018).

Já John Searle[29] busca refutar a ideia de que uma máquina possa efetivamente pensar. Nesse ponto, a lógica da IA seria desprovida de conteúdo semântico, atuando somente por um raciocínio sintático, apenas mimetizando o comportamento intencional por meio de parâmetros preestabelecidos de *inputs* e *outputs*.[30]

Um sistema de inteligência artificial não é somente capaz de armazenar e manipular dados, mas também de adquirir, representar e manipular conhecimento. Essa manipulação inclui a capacidade de deduzir novos conhecimentos a partir daqueles já existentes e utilizar métodos de representação para resolver questões complexas.[31]

Para Peter Norvig e Stuart Russell, a definição de um agente racional ideal se caracteriza quando "para cada possível sequência de percepção, um agente racional ideal deve fazer qualquer ação que seja esperada para maximizar sua medida de desempenho, com base nas evidências fornecidas pela sequência perceptiva e em qualquer conhecimento embutido que o agente tenha".[32] A inteligência artificial

---

[29] PALAZZO, Luiz Antônio Moro; VANZIN, Tarcísio. *Superinteligência artificial e a singularidade tecnológica*. p. 4. Disponível em: http://infocat.ucpel.tche.br/disc/ia/m01/SAST.pdf. Acesso em: 7 out. 2019.

[30] Para ilustrar seu posicionamento, John Searle se utiliza, em 1980, do teste chamado de "O argumento do quarto chinês", em que deduz que o robô possui limitações que o restringem no campo da sintaxe. O "argumento do quarto chinês" refere-se à hipótese em que um indivíduo, falante apenas do idioma português, encontra-se fechado em um quarto com uma caixa, símbolos em chinês e um livro com regras, que explicita quais símbolos devem ser enviados quando outros são remetidos. Supõe-se que são enviadas sucessivas perguntas em chinês, de modo que o indivíduo sempre recorre ao material disponível, enviando respostas corretas em chinês, sem, contudo, compreender, semanticamente, aquilo a que se refere. Por analogia, Searle argumenta que tal funcionamento se assemelha à computação, porquanto a máquina não possui capacidades cognitivas efetivas, limitando-se a gerenciar símbolos. Esse argumento se contrapõe ao famoso "Experimento Mental" ou "Teste de Turing", formulado a partir da situação hipotética em que um indivíduo se comunica com uma parte desconhecida, que pode ser um ser humano ou um computador. Se o computador responder ao indivíduo de modo que este acreditasse que se tratava de um ser humano e não de uma máquina, haveria fortes evidências de que o computador era concretamente inteligente. O Teste de Turing, por sua vez, também tem sido considerado ultrapassado e é passível de críticas por depender da percepção do interlocutor, que pode ser variável, e por não avaliar efetivamente a inteligência da máquina, mas sim a sua capacidade de parecer inteligente.

[31] CÂMARA, Marco Sérgio Andrade Leal. *Inteligência artificial*: representação de conhecimento. Disponível em: https://student.dei.uc.pt/~mcamara/artigos/inteligencia_artificial.pdf. Acesso em: 22 set. 2018.

[32] Tradução livre de: "For each possible percept sequence, an ideal rational agent should do whatever action is expected to maximize its performance measure, on the basis of the evidence provided by the percept sequence and whatever built-in knowledge the agent has" (NORVIG, Peter; RUSSELL, Stuart J. *Artificial intelligence*: a modern approach. New Jersey: Prentice Hall, 1995. p. 33).

é um mecanismo de acúmulo e representação de conhecimento, que se expande à medida que coleta mais dados.

Para isso, a inteligência artificial muitas vezes se utiliza de algoritmos, ferramenta que pode ser compreendida como uma sequência de etapas utilizada pela inteligência artificial para solucionar um problema ou realizar uma atividade, cruzando dados e fazendo correlações em busca de um padrão.[33] Os algoritmos, por sua vez, podem atuar por meio de *machine learning*, que é, essencialmente, a atividade da máquina de aprender novos fatos por meio da análise dos dados e da experiência prévia, sem programação explícita para tanto, adaptando a aprendizagem a novas situações.[34] O *deep learning* é uma especialização avançada do *machine learning* e tem a capacidade de processar diferentes tipos de dados de maneira semelhante a um cérebro humano,[35] situando-se da seguinte forma:

Figura 1 – Relação entre *machine learning* e *deep learning*

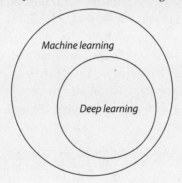

Figura autoral.

---

[33] GUTIERREZ, Andriei. É possível confiar em um sistema de inteligência artificial? Práticas em torno da melhoria da sua confiança, segurança e evidências e accountability. *In*: FRAZÃO, Ana; MULHOLLAND, Caitlin. *Inteligência artificial e direito*: ética, regulação e responsabilidade. São Paulo: Thomson Reuters Brasil, 2019. p. 85.

[34] CERKA, Paulius; GRIGIENE, Jurgita; SIRBIKYTE, Gintare. Liability for damages caused by artificial intelligence. *Computer Law and Security Review*, United Kingdom, v. 31, p. 376-389, 2015. p. 380.

[35] MULHOLLAND, Caitlin. Responsabilidade civil e processos decisórios autônomos em sistemas de inteligência artificial (IA): autonomia, imputabilidade e responsabilidade. *In*: FRAZÃO, Ana; MULHOLLAND, Caitlin (Coord.). *Inteligência artificial e direito*: ética, regulação e responsabilidade. São Paulo: Thomson Reuters Brasil, 2019. p. 329.

A relevância da identificação do *deep learning* surge porque as máquinas que se utilizam de tal funcionamento usualmente possuem maior grau de autonomia e menor dependência aos comandos dos usuários, o que pode refletir na responsabilidade civil quando da ocasião de verificação de danos. A preocupação acerca da interação entre homens e máquinas se renova a cada dia quando se constata que a inteligência artificial assume cada vez mais espaço.

Trata-se de um novo paradigma operacional cibernético cada vez mais presente com máquinas tomando decisões e assumindo posturas típicas de indivíduos, em que antes funcionavam profissões ora obsoletas. Sistemas decidem como serão feitos os investimentos de um banco, carros são conduzidos de modo autônomo, negócios jurídicos são firmados por meio de *softwares* em contratos eletrônicos, microscópios da *Google Brain* são capazes de diagnosticar câncer,[36] robôs são produzidos para colaborar no cotidiano de idosos no Japão,[37] sistemas de reconhecimento facial são utilizados na segurança pública.[38] Mecanismos usados no cotidiano como *Spotify*, *Waze* e *Netflix* são apenas amostras[39] do potencial transformador da inteligência artificial no meio comunitário. A Microsoft, por exemplo, possui um projeto chamado *Hanover*, que se dedica a prever combinações de drogas para tratamento de câncer a partir da memorização de artigos sobre o tema.[40] No mesmo sentido, tal tecnologia foi utilizada massivamente no combate à pandemia da Covid-19.[41]

---

[36] FARINACCIO, Rafael. Microscópio da Google com realidade aumentada e IA pode detectar câncer. *Tecmundo*, 16 abr. 2018. Disponível em: https://www.tecmundo.com.br/produto/129343-microscopio-google-realidade-aumentada-ia-detectar-cancer.htm. Acesso em: 20 set. 2018.

[37] ROBÔS poderão ajudar população de idosos no Japão no futuro. *G1*, 28 out. 2011. Disponível em: http://g1.globo.com/tecnologia/noticia/2011/10/robos-poderao-ajudar-populacao-de-idosos-no-japao-no-futuro.html. Acesso em: 20 set. 2018.

[38] ROSA, Natalie. Polícia do RJ adota sistema de reconhecimento facial para identificar criminosos. *Canal Tech*, 20 dez. 2018. Disponível em: https://canaltech.com.br/inovacao/policia-do-rj-adota-sistema-de-reconhecimento-facial-para-identificar-criminosos-129511/. Acesso em: 19 abr. 2020.

[39] Em razão da contemporaneidade e volatilidade do tema, algumas notícias são utilizadas no presente texto almejando, tão somente, ilustrar questões atinentes ao panorama avaliado.

[40] LINN, Allison. How Microsoft computer scientists and researchers are working to 'solve' cancer. *Microsoft*. Disponível em: https://news.microsoft.com/stories/computingcancer/. Acesso em: 19 set. 2019.

[41] CORONAVÍRUS: inteligência artificial monitora sintomas em multidões. *UOL*, 20 mar. 2020. Disponível em: https://www.uol.com.br/tilt/noticias/redacao/2020/03/20/coronavirus-inteligencia-artificial-monitora-sintomas-em-multidoes.htm. Acesso em: 29 maio 2020.

Com efeito, os impactos da inteligência artificial não se restringem às atividades cotidianas e domésticas. O Poder Judiciário vem absorvendo cada vez mais ferramentas inteligentes para otimizar sua demanda e oferecer prestações jurisdicionais mais céleres.

## 2.2 O uso da inteligência artificial como ferramenta no Poder Judiciário brasileiro

O receio acerca do avanço da inteligência artificial é fomentado pela ausência do conhecimento exato de como ela funciona e pela dinamicidade que impera no âmbito científico, o que estimula a insegurança humana acerca de tal acúmulo de experiências, principalmente no que tange aos algoritmos de aprendizagem profunda.

Em comentário à *black box*[42] da inteligência artificial, Will Knight argumenta que "nós podemos construir esses modelos, mas nós não sabemos como eles trabalham".[43] A preocupação se alarga quando se constata que a utilização da IA não se restringe a aplicativos banais utilizados no cotidiano.

Contemporaneamente, a aplicação do direito também vem sendo mediada por mecanismos de inteligência artificial, conforme se observa, a título exemplificativo, nos termos ressaltados adiante para ilustrar a relevância do fenômeno. Nesse trilhar, o Superior Tribunal de Justiça[44] desenvolveu um projeto-piloto na Secretaria Judiciária, no qual a tecnologia automatizará a definição do assunto do processo na classificação processual e na extração automática de dispositivos legais apontados como violados. Também são conhecidas as chamadas *startups law techs*,[45] que desenvolvem "robôs advogados" capazes de auxiliar o profissional

---

[42] *Black box* é um termo inglês utilizado para designar a opacidade e a incompreensão do funcionamento dos sistemas de inteligência artificial.
[43] Tradução livre de: "We can build these models but we don't know how they work" (KNIGHT, Will. The dark secret at the heart of AI. *MIT Technology Review*, 11 abr. 2017. Disponível em: https://www.technologyreview.com/s/604087/the-dark-secret-at-the-heart-of-ai/. Acesso em: 26 set. 2019).
[44] STJ cria sistema de inteligência artificial para agilizar processos. *Conjur*, 14 jun. 2018. Disponível em: https://www.conjur.com.br/2018-jun-14/stj-cria-sistema-inteligencia-artificial-agilizar-processos. Acesso em: 3 jun. 2020.
[45] MIOZZO, Júlia. Primeiro robô advogado lançado por empresa brasileira; conheça. *Infomoney*, 3 jul. 2017. Disponível em: https://www.infomoney.com.br/negocios/inovacao/noticia/6757258/primeiro-robo-advogado-brasil-lancado-por-empresa-brasileira-conheca. Acesso em: 8 jul. 2019.

na coleta de dados, organização de documentos, cálculos, formatação, interpretações judiciais, prognósticos de decisões, entre outras funções.

O Supremo Tribunal Federal vem utilizando o sistema de IA nomeado Victor,[46] que tem como objetivo inicial ler todos os recursos extraordinários que vão para o STF e identificar os temas de repercussão geral. Posteriormente, espera-se que o sistema possa pré-processar os recursos extraordinários logo após a sua interposição, antecipando o juízo de admissibilidade quanto à vinculação aos temas com repercussão geral. O Tribunal de Contas da União, por exemplo, faz uso de três robôs –[47] Alice, Sofia e Mônica – para identificar fraudes em licitações públicas.

No que se refere à inteligência artificial aplicada aos sistemas jurídicos, entusiastas de tal tecnologia argumentam:

> Uma vez que o processo legal pode ser visto abstratamente como uma computação, introduzindo informações sobre evidências e leis e gerando uma decisão, alguns estudiosos sonham em automatizá-lo totalmente com "robojudges": sistemas de Inteligência Artificial que aplicam incansavelmente os mesmos padrões legais a todos os julgamentos sem sucumbir a falhas humanas como preconceito, fadiga ou falta de conhecimento mais recente.[48]

O Conselho Nacional de Justiça também passou a implantar um centro de inteligência artificial,[49] cujo objetivo é criar ferramentas que auxiliem os julgadores a decidir melhor, aperfeiçoando os fluxos processuais e gerando mais celeridade. O CNJ publicou a Resolução nº 332, que dispõe sobre o uso da IA no Poder Judiciário e determina,

---

[46] SUPREMO TRIBUNAL FEDERAL. *Inteligência artificial vai agilizar a tramitação de processos no STF*. Disponível em: http://www.stf.jus.br/portal/cms/verNoticiaDetalhe.asp?idConteudo=380038. Acesso em: 2 jul. 2019.

[47] GOMES, Helton Simões. Como as robôs Alice, Sofia e Mônica ajudam o TCU a caçar irregularidades em licitações. *G1*, 18 mar. 2018. Disponível em: https://g1.globo.com/economia/tecnologia/noticia/como-as-robos-alice-sofia-e-monica-ajudam-o-tcu-a-cacar-irregularidades-em-licitacoes.ghtml. Acesso em: 4 jul. 2019.

[48] Tradução livre de: "Since the legal process can be abstractly viewed as a computation, inputting information about evidence and laws and outputting a decision, some scholars dream of fully automating it with *robojudges*: AI systems that tirelessly apply the same high legal standards to every judgment without succumbing to human errors such as bias, fatigue or lack of the latest knowledge" (TEGMARK, Max. *Life 3.0*. Being human in the age of artificial intelligence. New York: Alfred A. Knopf, 2017. p. 70).

[49] BAETA, Zínia. CNJ implanta centro de inteligência artificial. *Valor Econômico*, 18 mar. 2019. Disponível em: https://www.valor.com.br/legislacao/6164601/cnj-implanta-centro-de-inteligencia-artificial?origem=G1. Acesso em: 2 jul. 2019.

em síntese, a observância à segurança jurídica, isonomia, não discriminação, proteção de dados, solidariedade, publicidade, transparência, autonomia, prestação de contas e responsabilização.[50]

Não obstante o destaque que a IA obteve nos últimos anos no que tange ao direito, a ideia de computação da norma jurídica remonta aos trabalhos de Loevinger, na década de 40, tendo a prática e a sistematização de aplicações informáticas ao direito iniciado efetivamente ocorrido na década de 60, com a *mechanical jurisprudence* e a *jurimetrics*.[51]

A ideia, entretanto, de que uma máquina, como instrumento do ramo computacional, possa efetivamente decidir também recebe críticas, sob o fundamento de que tal atividade consistiria numa mera escolha do *software* entre várias opções de julgamento. Argumenta-se:

> [...] permitir que uma máquina tome determinada decisão em âmbito jurisdicional só seria possível se se concebesse o processo jurisdicional como uma mera escolha dentre as várias disponíveis, e sem que se considerasse a importância da hermenêutica e dos valores (éticos, sociais e morais) para tal processo.[52]

A crítica se fundamenta na ideia de que a decisão dada por um *software* não engloba efetivamente a hermenêutica e a axiologia constitucional que norteiam o ordenamento, o que a torna insuficiente do ponto de vista jurídico, especialmente no contexto neoconstitucionalista.

Desse modo, a IA vem acarretando reflexos que impactam cada vez mais direitos e garantias fundamentais, seja no Judiciário, seja de modo extrajudicial. Nesse cenário, políticas públicas de reconhecimento facial vêm sendo implantadas e desencadeiam profundos debates acerca de conflitos entre noções de privacidade e deveres estatais de proteção e segurança, máxime tendo em vista o atual estado de incipiência da técnica de reconhecimento, não sendo incomum a ocorrência de falhas.[53]

---

[50] CONSELHO NACIONAL DE JUSTIÇA. *Resolução n. 332, de 21 de agosto de 2020*. Disponível em: https://atos.cnj.jus.br/atos/detalhar/3429. Acesso em: 1º set. 2020.

[51] MAGALHÃES, Renato Vasconcelos. Inteligência artificial e direito – Uma breve introdução histórica. *Revista Direito e Liberdade*, Mossoró, v. 1, n. 1, p. 355-370, jul./dez. 2005.

[52] OLIVEIRA, Samuel Rodrigues de; COSTA, Ramon Silva. Pode a máquina julgar? Considerações sobre o uso de inteligência artificial no processo de decisão judicial. *Revista de Argumentação e Hermenêutica Jurídica*, Porto Alegre, v. 4, n. 2, p. 21-39, jul./dez 2018.

[53] WERNECK, Antônio. Reconhecimento facial falha em segundo dia: mulher inocente é confundida com criminosa já presa. *O Globo*, 11 jul. 2019. Disponível em: https://oglobo.globo.com/rio/reconhecimento-facial-falha-em-segundo-dia-mulher-inocente-confundida-com-criminosa-ja-presa-23798913. Acesso em: 22 mar. 2020.

## 2.3 Possibilidades de lesões e danos da atividade

É inquestionável que o advento de novas descobertas científicas enseja a incerteza acerca de seus efeitos futuros, mormente ante o enorme potencial que tais tecnologias costumam ostentar. O direito intenta instaurar padrões de previsibilidade e confiança no contexto social, o que exige do intérprete o reconhecimento de que o ordenamento jurídico é um fenômeno essencialmente social.

Uma das inquietações oriundas das revoluções tecnológicas e industriais iniciadas no século XX e que se avulta cada vez mais no contexto social é a preocupação com a interação entre o ser humano e a inteligência artificial, manifestada, inclusive, em obras artísticas. A série britânica de ficção científica de Charlie Brooker, *Black Mirror*, traz uma série de episódios em que o espectador é instado a refletir acerca da fragilidade do ser humano ante as possíveis consequências trágicas oriundas de novas tecnologias.

Mas a inteligência artificial não se restringe aos episódios de ficção científica e de alta sofisticação; até mesmo quando o consumidor se dirige a uma farmácia ou padaria e fornece seu CPF em troca de um cupom de descontos, usualmente, há atividade de IA que, por meio de seu algoritmo, recolhe os dados fornecidos pelo cliente e dá uma resposta otimizada naquela situação. A abrangência desse fenômeno, portanto, é exponencial e não há nenhum indício de que essa aceleração venha a ser refreada.

Apesar da evidente utilidade social decorrente do desenvolvimento de tecnologias de inteligência artificial, são também inúmeras as possibilidades de eclosão de danos numa sociedade pós-moderna marcada pelo risco de sua utilização, o que não pode ser desconsiderado pelo ordenamento jurídico. Nelson Rosenvald, Cristiano Chaves e Felipe Peixoto Braga Netto argumentam que o modelo da responsabilidade civil é essencialmente cambiante e sensível aos influxos econômicos e sociais, de modo que na sociedade de riscos o ordenamento jurídico deve induzir comportamentos virtuosos, orientando potenciais ofensores a adotar medidas de segurança e a evitar condutas danosas.[54]

A título exemplificativo, o Knight Capital Group, grupo que compra e vende ações para promover liquidez no mercado, suportou

---

[54] FARIAS, Cristiano Chaves; ROSENVALD, Nelson; BRAGA NETTO, Felipe Peixoto. *Curso de direito civil*: responsabilidade civil. 3. ed. São Paulo: Atlas, 2016. p. 20.

um prejuízo de milhões de dólares após a eclosão de um erro operacional em um *software* de negociações de valores mobiliários.[55] O robô Gaak foi desenvolvido na Inglaterra, no *Magna Science Center*, num experimento que atribuía aos robôs os papéis de "caçador" e "presa", colocando-os numa arena apenas para que, respectivamente, caçassem e fugissem, com o fito de verificar a aplicabilidade do princípio da sobrevivência do mais apto aos robôs dotados de inteligência artificial e verificar se eles poderiam se beneficiar do conhecimento adquirido.

O robô Gaak, no entanto, fora deixado sem vigilância por 15 minutos, conseguindo fugir da arena, atravessar o muro da sede e encontrar uma saída, sendo posteriormente atingido por um carro no estacionamento, sem que tivesse sido programado para tanto.[56] Também impende sublinhar a atuação do robô da Microsoft chamada Tay, que, em menos de 24 horas de interação, passou a proferir termos racistas no *Twitter*.[57]

Outra situação emblemática, ressaltada apenas a título exemplificativo, é o caso Kenji Urada. Um trabalhador japonês foi morto por um robô em 1981 na fábrica em que laborava, por ter sido identificado como um obstáculo para o desempenho da função da máquina, que o removeu do caminho com um braço hidráulico.[58] Outro exemplo é o de Robert Williams, outro trabalhador morto em condições semelhantes numa fábrica da Ford nos Estados Unidos da América; sua família foi indenizada pela empregadora em 10 milhões de dólares.[59]

É inegável que a tecnologia assume vasta relevância no contexto social contemporâneo, não havendo como assegurar que sua atividade será sempre impecável, mormente considerando que já aconteceram

---

[55] KNIGHT Capital says trading glitch cost it $440 million. *The New York Times*, 2 ago. 2012. Disponível em: https://dealbook.nytimes.com/2012/08/02/knight-capital-says-trading-mishap-cost-it-440-million/?hp. Acesso em: 19 nov. 2019.

[56] WAINWRIGHT, Martin. Robot fails to find a place in the sun. *The Guardian*, 20 jun. 2002. Disponível em: https://www.theguardian.com/uk/2002/jun/20/engineering.highereducation. Acesso em: 19 nov. 2019.

[57] EXPOSTO à internet, robô da Microsoft vira racista em um dia. *Veja*, 24 mar. 2016. Disponível em: https://veja.abril.com.br/tecnologia/exposto-a-internet-robo-da-microsoft-vira-racista-em-1-dia/. Acesso em: 29 maio 2020.

[58] WHYMANT, Robert. Robot kills factory worker. *The Guardian*, 9 dez. 2014. Disponível em: https://www.theguardian.com/theguardian/2014/dec/09/robot-kills-factory-worker. Acesso em: 19 nov. 2019.

[59] KRAVETS, David. Jan. 25, 1979: Robot Kills Human. *Wired*, 25 jan. 2010. Disponível em: https://www.wired.com/2010/01/0125robot-kills-worker/. Acesso em: 19 nov. 2019.

inúmeros casos fatais.[60] Por exemplo, uma mulher alemã faleceu após não ser admitida para tratamento em um hospital porque os aparelhos da instituição estavam bloqueados em razão de um ataque de *hackers*,[61] o que evidencia a necessidade de robustez técnica no tratamento dos sistemas.

Nesse sentido, argumenta-se: "um ponto importante a se ter em mente: logo veremos que alcançar a racionalidade perfeita – sempre fazendo a coisa certa – não é possível em ambientes complicados. As demandas computacionais são simplesmente muito altas".[62] No mesmo trilhar, autores como Hubert Dreyfus e Joseph Weizenbaum suscitaram, respectivamente, críticas à inteligência artificial no sentido das suas limitações e inconsistências, bem como da sua imoralidade.[63]

O receio do avanço da inteligência artificial também é fomentado pela ausência de conhecimento exato de como essas máquinas funcionam. A preocupação com a *black box* da IA é tão crescente que novas pesquisas têm sido feitas sob a denominação de *Explainable Artificial Intelligence* (XAI),[64] ramo que visa fazer com que a IA vá além da solução de problemas e também seja capaz de trazer dados que elucidem como suas soluções são tomadas.

Entre as razões elencadas como fatores da inteligência artificial que incrementam a ocorrência de danos estão:

1) O objetivo da IA de se preservar para maximizar a satisfação de seus objetivos finais atuais; 2) o objetivo da IA de preservar o conteúdo de seus objetivos finais atuais; caso contrário, se o conteúdo de suas metas

---

[60] ROBÔ agarra e mata trabalhador dentro de fábrica da Volkswagen. *G1*, 1º jul. 2015. Disponível em: http://g1.globo.com/mundo/noticia/2015/07/robo-agarra-e-mata-trabalhador-dentro-de-fabrica-da-volkswagen.html. Acesso em: 26 set. 2019; SHOPPING suspende uso de robôs de segurança após acidente com criança. *UOL*. Disponível em: https://gizmodo.uol.com.br/shopping-robos-acidente-crianca/. Acesso em: 19 nov. 2019.

[61] SIQUEIRA, Filipe. Mulher alemã pode ser a primeira vítima fatal de um ciberataque. *R7*, 20 set. 2020. Disponível em: https://noticias.r7.com/tecnologia-e-ciencia/fotos/mulher-alema-pode-ser-a-primeira-vitima-fatal-de-um-ciberataque-20092020#!/foto/10. Acesso em: 1º out. 2020.

[62] Tradução livre de: "One important point to keep in mind: we will see before too long that achieving perfect rationality – always doing the right thing – is not possible in complicated environments. The computational demands are just too high" (NORVIG, Peter; RUSSELL, Stuart J. *Artificial intelligence*: a modern approach. New Jersey: Prentice Hall, 1995. p. 8).

[63] HENDERSON, Harry. *Artificial intelligence*: mirrors for the mind. New York: Chelsea House Publishers, 2007. p. 118-144.

[64] DIOP, Lamine; CUPE, Jean. Explainable AI: The data scientist's new challenge. *Towards Data Science*, 14 jun. 2018. Disponível em: https://towardsdatascience.com/explainable-ai-the-data-scientists-new-challenge-f7cac935a5b4. Acesso em: 19 nov. 2019.

finais for alterado, será menos provável que ela aja no futuro para maximizar a satisfação de suas metas finais atuais; 3) o objetivo da IA de melhorar sua própria racionalidade e inteligência, a fim de melhorar sua tomada de decisão e, assim, aumentar sua capacidade de atingir suas metas finais; 4) o objetivo da IA de adquirir tantos recursos quanto possível, para que esses recursos possam ser transformados e colocados em funcionamento para a satisfação dos objetivos finais da IA.[65]

A relevância da análise acerca da responsabilização dos desenvolvedores lastreia-se na necessidade de considerar as implicações inevitáveis da inteligência artificial, assegurando transparência e segurança ao modelo empresarial desde o princípio, em razão de seu exponencial crescimento.

É fundamental que também haja uma postura de ceticismo acerca da concepção de neutralidade dos dados. Isso porque a inteligência artificial se baseia numa grande quantidade de dados e informações cuja mineração depende, sobretudo, de escolhas dos programadores. A operação depende essencialmente de *inputs* e de *outputs* do programador.

Se os dados subjacentes são tendenciosos, as desigualdades estruturais e os preconceitos inculcados nos dados serão amplificados por meio da atividade da inteligência artificial. As próprias escolhas sobre inserção, organização e classificação de dados devem ser feitas de modo cauteloso por todos os envolvidos, sob pena de violação aos direitos de personalidade. Por exemplo, quando se argumenta que existem evidências de que americanos negros são presos cerca de quatro vezes mais que os americanos brancos.[66] Se houver a coleta fiel de tais dados pelo algoritmo, a IA incorporará e refletirá esse viés quando da ocasião de sua atuação judicial.

---

[65] Tradução livre de: "1) The objective of AI to preserve itself in order to maximize the satisfaction of its present final goals; 2) the objective of AI to preserve the content of its current final goals; otherwise, if the content of its final goals is changed, it will be less likely to act in the future to maximize the satisfaction of its present final goals; 3) the objective of AI to improve its own rationality and intelligence in order to improve its decision-making, and thereby increase its capacity to achieve its final goals; 4) the objective of AI to acquire as many resources as possible, so that these resources can be transformed and put to work for the satisfaction of AI's final goals" (CERKA, Paulius; GRIGIENE, Jurgita; SIRBIKYTE, Gintare. Liability for damages caused by artificial intelligence. *Computer Law and Security Review*, United Kingdom, v. 31, p. 376-389, 2015).

[66] JONES, Van. African-Americans don't use drugs at a higher level than whites but "wind up going to prison six times more". *Politifact*, 7 jul. 2016. Disponível em: https://www.politifact.com/punditfact/statements/2016/jul/13/van-jones/van-jones-claim-drug-use-imprisonment-rates-blacks/ Acesso em: 14 maio 2019.

Sobre essa questão criminal,[67] um relatório da *ProPublica*[68] indicou que os algoritmos expunham vieses racistas na aplicação da lei. A fórmula culminava por denunciar equivocadamente réus negros como futuros criminosos, rotulando-os quase duas vezes mais como criminosos de alto risco, mesmo quando não reincidiam de fato. A empresa responsável pelo desenvolvimento do sistema refutou as acusações e aduziu que as conclusões foram extraídas por meio de um questionário de 137 perguntas respondidas pelos réus ou colhidas de registros criminais.

É imprescindível que a utilização da IA no âmbito judicial ocorra de forma transparente, tendo em vista o princípio da publicidade na Administração Pública, estampado no art. 37 da Constituição Federal. Só é possível questionar os fundamentos de uma decisão automatizada quando se conhecem os critérios previamente estipulados. Não se ignoram, contudo, as dificuldades que podem surgir em face da propriedade intelectual do programador. Seria igualmente desejável que a autoridade responsável pela custódia de tais dados os tratasse com sigilo, bem como todas as partes envolvidas na verificação das questões que se fizessem necessárias.

É possível que surjam simplificações inadequadas em face de situações sociais complexas que exigem um raciocínio mais aprofundado, o que demanda um papel proativo e cauteloso do programador, que busque assegurar ampla representação nos dados, para que seja possível reduzir distorções e assegurar condições imparciais.

Evidencia-se, nesse ponto, a necessidade de abertura do sistema jurídico para argumentos pragmáticos e éticos, desvinculando-se de uma perspectiva hermética que se funda em dados limitados, para que se possa assegurar um efetivo controle social. Com efeito, sob a perspectiva de Ulrich Beck em sua obra *A sociedade de risco*,[69] a sociedade contemporânea é marcada por perigos que se situam na imbricação entre construções científicas e sociais, sendo o desenvolvimento tecnológico uma fonte de causa, definição e solução de riscos. O risco passa a ser um mecanismo que se retroalimenta: enquanto é causa de

---

[67] A referência criminal é feita somente a título ilustrativo, no intuito de demonstrar o funcionamento e a abrangência da inteligência artificial, não sendo, entretanto, objeto de análise da presente dissertação a relação de tal tecnologia com o direito penal.

[68] ANGWIN, Julia; LARSON, Jeff; MATTU, Surya; KIRCHNER, Lauren. Machine bias. *Propublica*, 23 maio 2016. Disponível em: https://www.propublica.org/article/machine-bias-risk-assessments-in-criminal-sentencing. Acesso em: 14 maio 2019.

[69] BECK, Ulrich. *La sociedad del riesgo*. España: Paidós, 1998. 305 p.

inúmeras contingências desconhecidas, a solução de tais impasses é desenvolvida por meio de mecanismos que, por sua vez, também incrementam outros riscos.

É imperioso que sejam desenvolvidos mecanismos de precaução e mitigação, considerando que a presença do risco é inevitável. O âmago da obra de Beck é a inevitabilidade da construção de riscos na sociedade moderna e sua potencialidade de ameaça global. A IA deve assumir, nesse contexto, protagonismo na tentativa de mitigação e gerenciamento de crises.

Parte-se da perspectiva de que a tecnologia é um paradoxo, ao passo que simultaneamente é fator de causa e solução de riscos aos direitos fundamentais. Ela pode ajudar indivíduos a terem maiores chances de cura de uma patologia ou aumentar a acessibilidade em educação para pessoas com deficiência, privilegiando o direito à saúde e à educação. Ao mesmo tempo, também pode violar a privacidade dos indivíduos e causar prejuízos imprevisíveis. Políticas públicas que utilizam reconhecimento facial para identificação de criminosos desencadeiam profundos debates acerca de conflitos entre a noção de justiça, autonomia humana, privacidade e os deveres estatais de proteção e segurança,[70] máxime tendo em vista que sua atividade tem apresentado índice de erro e acarretado detenções indevidas.[71]

É imprescindível, portanto, que em tais situações haja uma avaliação dos impactos e uma tentativa de mitigação dos riscos necessários em uma sociedade democrática, com vistas a não infringir as esferas jurídicas dos indivíduos. No mesmo sentido, é importante que haja mecanismos de *feedback* externo sobre os sistemas de IA, com vistas a proporcionar um funcionamento dialógico com a sociedade.

---

[70] TÉCNICAS de vigilância como identificação fácil ainda são falhas. *UOL*, 27 maio 2019. Disponível em: https://www.uol.com.br/tilt/noticias/redacao/2019/05/27/tecnicas-de-vigilancia-como-identificacao-facial-ainda-sao-falhas.htm. Acesso em: 20 mar. 2020.

[71] SISTEMA de reconhecimento facial da PM do RJ falha e mulher é detida por engano. *G1*, 11 jul. 2019. Disponível em: https://g1.globo.com/rj/rio-de-janeiro/noticia/2019/07/11/sistema-de-reconhecimento-facial-da-pm-do-rj-falha-e-mulher-e-detida-por-engano.ghtml. Acesso em: 20 mar. 2020 e FREITAS, Tainá. Reconhecimento facial utilizado pela polícia inglesa falha em 81% dos casos. *StarteSe*, 8 jul. 2019. Disponível em: startse.com/noticia/ecossistema/reconhecimento-facial-policia-londres. Acesso em: 20 mar. 2020.

Nessa perspectiva de prudência, Hans Jonas compreende que no processo decisório se deve conceder preferência aos prognósticos de desastre em face dos prognósticos de felicidade.[72]

Para Antonio E. Perez Luño:

> [...] na sociedade tecnológica de nossa época, os cidadãos mais sensíveis à defesa dos direitos fundamentais sentem-se tensos ou assustados porque alertam que as conquistas do progresso são contrabalançadas por sérias ameaças à sua liberdade, sua identidade ou até a sua própria sobrevivência. A ciência e a tecnologia mantiveram uma taxa de crescimento exponencial nos últimos anos, que nem sempre teve uma reflexão específica sobre a evolução da consciência ética da humanidade. Portanto, as armadilhas liberais subjacentes a certos usos abusivos da cibernética ou da ciência da computação, o perigo de uma catástrofe ecológica ou a psicose da angústia que gera a ameaça latente de um conflito atômico são o cenário terrível que ameaça o exercício completo dos direitos fundamentais e oculta a invalidação das realizações do progresso.[73]

Noutro norte, é imprescindível que sejam avaliados os critérios usados pelos sistemas de IA, uma vez que podem sofrer inclusões de modelos com vieses inadequados que ensejam preconceitos e discriminações contra certos grupos, exacerbando problemas estruturais de marginalização.

Os vieses discriminatórios devem ser tolhidos já na fase de coleta, de modo que os critérios a serem utilizados no processamento da IA estejam livres de tais falhas. É importante, assim, que a base de dados seja inclusiva no que tange às diversas culturas e origens. Tais problemas também podem ser mitigados com supervisões que analisem finalidade, restrições, requisitos e decisões do sistema de maneira coerente e transparente:

---

[72] JONAS, Hans. *O princípio responsabilidade*: ensaio de uma ética para a civilização tecnológica. Rio de Janeiro: Contraponto: Ed. PUC-Rio, 2006. p. 86.
[73] Tradução livre de: "De otro lado, en la sociedad tecnológica de nuestro tiempo los ciudadanos más sensibles a la defensa de los derechos fundamentales se sienten crispados o atemorizados porque advierten que las conquistas del progreso se ven contrapuntadas por graves amenazas para su libertad, su identidad o incluso su propia supervivencia. La ciencia y la tecnología han mantenido en los últimos años un ritmo de crecimiento exponencial, que no siempre ha tenido puntual reflejo en la evolución de la consciencia ética de la humanidad. Por ello, las trampas liberticidas subyacentes en determinados empleos abusivos de la cibernética o de la informática, el peligro de la catástrofe ecológica, o la psicosis de angustia que genera la amenaza latente de un conflicto atómico, son el trasfondo terrible que amenaza el pleno ejercicio de los derechos fundamentales y acecha con invalidar los logros del progreso" (PEREZ LUÑO, Antonio E. *Los derechos fundamentales*. Madrid: Tecnos, 1995. p. 28).

É fácil perceber que, se forem utilizados no modelo estatístico dados com alto potencial discriminatório, tais como dados raciais, étnicos ou de orientação sexual, haverá um grande risco de que a decisão que resultará do processo automatizado (*output*) também seja discriminatória. Esses dados são os chamados dados sensíveis, cujo processamento é limitado pelas legislações de proteção de dados de vários países, assim como pelo Regulamento Europeu de Dados Pessoais. Em segundo lugar, é preciso observar que o próprio método utilizado nas decisões automatizadas – por meio da classificação e seleção dos indivíduos – gera um risco de se produzirem resultados discriminatórios, ainda que de forma não intencional. Isto pode ocorrer porque, na discriminação estatística, teoria econômica que se tornou conhecida a partir dos textos de Edmund Phelps (1972) e Kenneth Arrow (1973), os indivíduos são diferenciados com base em características prováveis de um grupo, no qual esse indivíduo é classificado. Essa prática se baseia em métodos estatísticos, que associam esses atributos a outras características, cuja identificação pelo tomador de decisão é mais difícil, como nível de renda, risco de inadimplência, produtividade no trabalho, etc. (BRITZ, 2008, p. 15). Nesse contexto, é possível a ocorrência da discriminação por erro estatístico, o que decorreria tanto de dados incorretamente capturados como também de modelo estatístico de bases científicas frágeis (BRITZ, 2008).[74]

Ademais, podem surgir problemas de discriminação por outros meios: resultados discriminatórios também são possíveis por meio da generalização, prática muito utilizada nas decisões automatizadas.[75] A discriminação estatística se dá por meio da classificação de pessoas com determinadas características em certos grupos – isto é, por meio da generalização de que pessoas com tais características têm maior probabilidade de agir de certa maneira ou de apresentar determinadas qualidades.

O modelo de generalização, nesse caso, embora possa funcionar bem e seja estatisticamente correto, pode levar à discriminação das pessoas que configuram os casos atípicos, não se enquadrando nas características do grupo geral. É o caso, por exemplo, da pessoa que, apesar de morar em determinada região, considerada de baixa

---

[74] DONEDA, Danilo Cesar Maganhoto; MENDES, Laura Schertel; SOUZA, Carlos Affonso Pereira de; ANDRADE, Norberto Nuno Gomes de. Considerações iniciais sobre inteligência artificial, ética e autonomia pessoal. *Pensar*, Fortaleza, v. 23, n. 4, p. 1-17, out./dez. 2018.

[75] DONEDA, Danilo Cesar Maganhoto; MENDES, Laura Schertel; SOUZA, Carlos Affonso Pereira de; ANDRADE, Norberto Nuno Gomes de. Considerações iniciais sobre inteligência artificial, ética e autonomia pessoal. *Pensar*, Fortaleza, v. 23, n. 4, p. 5, out./dez. 2018.

renda e, portanto, classificada como de maior risco de inadimplência em modelos de risco de crédito, aufere, na realidade, renda superior à de seus vizinhos. Ou vice-versa. Nesse caso, a discriminação ocorreria porque, num modelo em que a informação sobre endereço tem peso fundamental, o caso atípico seria tratado conforme o grupo em que está inserido e não conforme as outras pessoas de sua faixa de renda.[76]

São grandes, portanto, os desafios impostos pelo desenvolvimento da IA no meio social, sobretudo tendo em vista o intrínseco incremento de riscos e a potencialidade de eclosão de danos oriundos dessa atividade. Devido à potencialidade de novos danos, faz-se imprescindível refletir acerca de diretrizes que ajudem a resolver impasses oriundos da inevitável utilização da tecnologia na operacionalização das demandas humanas.

## 2.4 Expoentes internacionais para o marco regulatório brasileiro[77]

Em que pese o atual vácuo normativo no que tange à regulação da inteligência artificial no Brasil, outros países já vêm apresentando documentos normativos que visam, ainda que de maneira não vinculante, estabelecer princípios e diretrizes ao desenvolvimento dessa tecnologia. Doravante, serão analisados os principais documentos internacionais em tais países sobre a matéria, em virtude de estabelecerem parâmetros compatíveis com o ordenamento jurídico brasileiro, cuja reprodução pode ajudar a construir bases sólidas para um desenvolvimento tecnológico harmonizável com a função social.

Nesse sentido, no dia 8.4.2019, a Comissão Europeia divulgou diretrizes éticas para a inteligência artificial (IA) confiável, documento que se baseia no trabalho do Grupo Europeu de Ética na Ciência e Novas Tecnologias e outros esforços similares. A Comissão Europeia é uma

---

[76] DONEDA, Danilo Cesar Maganhoto; MENDES, Laura Schertel; SOUZA, Carlos Affonso Pereira de; ANDRADE, Norberto Nuno Gomes de. Considerações iniciais sobre inteligência artificial, ética e autonomia pessoal. *Pensar*, Fortaleza, v. 23, n. 4, p. 1-17, out./dez. 2018.

[77] A opção metodológica de análise da recepção da inteligência artificial na Europa e nos Estados Unidos da América fundamenta-se na necessidade de seleção de objetos para análise e na constatação de que os documentos pioneiros que visam disciplinar o fenômeno são oriundos de tais localidades.

instituição que, entre outras funções, propõe legislações e programas de ação no contexto europeu.[78]

O Grupo Europeu de Ética na Ciência e Novas Tecnologias é uma organização independente e multidisciplinar, composta por especialistas designados pela Comissão Europeia, criada em 20.11.1991, que contribui na evolução do *soft law* sobre a matéria.[79] Visa estudar os aspectos políticos e legislativos de cruzamento entre as dimensões éticas e sociais dos direitos humanos com o desenvolvimento tecnológico e científico.

O objetivo das diretrizes[80] em análise é promover uma inteligência artificial que seja confiável, característica que se desdobra em três componentes, que devem ser atendidos durante todo o ciclo de vida do sistema e necessariamente em conjunto: a) observância à legalidade; b) a ética; e c) a robustez, tanto do ponto de vista técnico como do ponto de vista social.

As diretrizes determinam, de início, que a inteligência artificial deve respeitar a autonomia humana, a prevenção de danos, a justiça e a explicabilidade. Também deve observar a situação de grupos vulneráveis, como crianças e adolescentes, idosos, pessoas com deficiências ou outros marcados por assimetrias de poder e informação, tais como consumidores e trabalhadores. Em que pese ainda não seja possível constatar se tais recomendações serão suficientes para combater as ameaças de uma ideia de singularidade tecnológica, é inquestionável sua relevância no que concerne ao fomento dos debates necessários à consagração de uma regulação adequada dos impactos do fenômeno.

É fundamental que haja um conhecimento mínimo acerca das capacidades e limitações da inteligência artificial, com o objetivo de facilitar a rastreabilidade e a auditabilidade dos sistemas de IA, especialmente em situações críticas. Não se ignora que muitas vezes não há conhecimento exato sobre como essas máquinas funcionam, fenômeno chamado de *black box* da inteligência artificial. Uma medida que pode ser adotada por governos e empresas é a auditoria de seus sistemas

---

[78] COMISSÃO EUROPEIA. *Index*. Disponível em: https://ec.europa.eu/info/index_pt. Acesso em: 8 ago. 2020.
[79] COMISSÃO EUROPEIA. *European Group on Ethics in Science and New Technologies (EGE)*. Disponível em: https://ec.europa.eu/info/research-and-innovation/strategy/support-policy-making/scientific-support-eu-policies/ege_en. Acesso em: 8 ago. 2020.
[80] HIGH-LEVEL EXPERT GROUP ON ARTIFICIAL INTELLIGENCE SET UP BY THE EUROPEAN COMMISSION ETHICS GUIDELINE. *Ethics Guidelines for trustworthy AI*. Disponível em: https://ec.europa.eu/digital-single-market/en/news/ethics-guidelines-trustworthy-ai. Acesso em: 4 maio 2019.

técnicos, compreendida pela análise da segurança dos procedimentos adotados, verificação de deficiências e sugestão de melhorias.

O Arranjo para o Reconhecimento de Critério Comum é um acordo internacional que busca estabelecer bases técnicas para avaliações e metodologias referentes à segurança em tecnologia da informação, a fim de garantir que produtos possam ser avaliados por laboratórios credenciados, de modo que os certificados emitidos sejam reconhecidos por todos os países signatários,[81] concretizando, assim, a ideia de auditoria global.

No item 2.2, o documento também elenca princípios a serem observados no desenvolvimento da inteligência artificial. Nesse sentido, elenca-se o princípio do respeito pela autonomia humana: "os seres humanos que interagem com os sistemas de IA devem ser capazes de manter uma autodeterminação plena e efetiva sobre si mesmos e poder participar do processo democrático".[82] Não poderia haver, portanto, subordinação ou manipulação dos seres humanos por meio da inteligência artificial, devendo esta servir para complementar e fomentar as habilidades cognitivas, sociais e culturais dos agentes, deixando margem de escolha ao ser humano.

Outro princípio elencado é o da prevenção do dano. Esse princípio determina que os sistemas de IA não devam causar nem agravar danos ou, de outra forma, afetar adversamente os seres humanos. Trata-se da consagração da incolumidade das esferas jurídicas, fundamentada na dignidade e na integridade mental e física do ser humano. Como corolário, torna-se imprescindível que os ambientes de operação sejam suficientemente seguros e tecnicamente robustos, dando especial atenção às situações em que possam existir vulnerabilidades e assimetrias de poder ou informação, em consideração ao ambiente natural de todos os seres humanos.

A prevenção dos danos, cuja ocorrência restou descrita no tópico anterior, é um imperativo cada vez mais constante na contemporânea

---

[81] GUTIERREZ, Andriei. É possível confiar em um sistema de inteligência artificial? Práticas em torno da melhoria da sua confiança, segurança e evidências e accountability. *In*: FRAZÃO, Ana; MULHOLLAND, Caitlin. *Inteligência artificial e direito*: ética, regulação e responsabilidade. São Paulo: Thomson Reuters Brasil, 2019. p. 89.

[82] Tradução livre de: "Humans interacting with AI systems must be able to keep full and effective self-determination over themselves, and be able to partake in the democratic process" (HIGH-LEVEL EXPERT GROUP ON ARTIFICIAL INTELLIGENCE SET UP BY THE EUROPEAN COMMISSION ETHICS GUIDELINE. *Ethics Guidelines for trustworthy AI*. p. 12. Disponível em: https://ec.europa.eu/digital-single-market/en/news/ethics-guidelines-trustworthy-ai. Acesso em: 4 maio 2019).

sociedade de risco. Diariamente surgem notícias acerca de ataques de *hackers*[83] ou vazamentos indevidos de dados,[84] o que seguramente tem o condão de violar direitos de personalidade dos usuários. Isso porque, hoje, o pleno exercício dos direitos de liberdade do indivíduo depende também do controle que possui acerca da circulação de seus dados, especialmente considerando que a manipulação dos dados pessoais pode acarretar uma representação que simboliza o indivíduo perante o meio social.

As diretrizes também referem o princípio da justiça, suscitando que tal princípio deve possuir dimensão substantiva e processual. A dimensão substantiva implica o compromisso de distribuição igualitária e equânime de benefícios e custos, bem como a ausência de discriminações e estigmatizações, na observância da proporcionalidade entre fins e meios e no equilíbrio entre objetivos concorrentes.

O documento também indica o princípio da explicabilidade.[85] Esta possui o objetivo de manter a transparência e a confiança dos usuários na tecnologia, devendo expor as capacidades e o propósito do sistema de IA a todos aqueles que sejam direta ou indiretamente afetados, o que assume especial relevância numa sociedade marcada pelo consumo, em que a informação figura como direito básico.[86]

---

[83] WHATSAPP detecta vulnerabilidade que permite o acesso de hackers a celulares. *G1*, 14 maio 2019. Disponível em: https://g1.globo.com/economia/tecnologia/noticia/2019/05/14/whatsapp-detecta-vulnerabilidade-que-permite-o-acesso-de-hackers-a-celulares.ghtml. Acesso em: 12 maio 2019.

[84] INSTITUTO pede que Facebook seja condenado em 150 milhões. *Migalhas*, 14 maio 2019. Disponível em: https://www.migalhas.com.br/Quentes/17,MI302322,71043-Instituto+pede+que+Facebook+seja+condenado+em+R+150+milhoes+por. Acesso em: 13 maio 2019.

[85] Tradução livre de: "This means that processes need to be transparent, the capabilities and purpose of AI systems openly communicated, and decisions – to the extent possible – explainable to those directly and indirectly affected. Without such information, a decision cannot be duly contested. An explanation as to why a model has generated a particular output or decision (and what combination of input factors contributed to that) is not always possible. These cases are referred to as 'black box' algorithms and require special attention. In those circumstances, other explicability measures (e.g. traceability, auditability and transparent communication on system capabilities) may be required, provided that the system as a whole respects fundamental rights. The degree to which explicability is needed is highly dependent on the context and the severity of the consequences if that output is erroneous or otherwise inaccurate" (HIGH-LEVEL EXPERT GROUP ON ARTIFICIAL INTELLIGENCE SET UP BY THE EUROPEAN COMMISSION ETHICS GUIDELINE. *Ethics Guidelines for trustworthy AI*. Disponível em: https://ec.europa.eu/digital-single-market/en/news/ethics-guidelines-trustworthy-ai. Acesso em: 4 maio 2019. p. 15).

[86] "Art. 6º São direitos básicos do consumidor. [...] III - a informação adequada e clara sobre os diferentes produtos e serviços, com especificação correta de quantidade, características, composição, qualidade, tributos incidentes e preço, bem como sobre os riscos que apresentem".

A partir do segundo capítulo das diretrizes, elencam-se de modo exemplificativo os requisitos que devem ser observados para que o desenvolvimento da inteligência artificial seja confiável: a) agência e fiscalização humana; b) robustez e segurança; c) privacidade e governança de dados; d) transparência; e) diversidade, não discriminação e equidade; f) bem-estar social e ambiental; g) e responsabilização.

Vale ressaltar que, na condição de *soft law* no plano internacional, não há que se falar em imposição de sanções específicas quando houver descumprimento das diretrizes. Com efeito, o Estado poderá ser alijado de compromissos e sofrer represálias da comunidade internacional, o que pode ensejar questionamentos acerca da eficácia desse grau de coercibilidade para a maximização dos preceitos de proteção à pessoa humana.

José Barros Correia Júnior trata dos *stakeholders* sob a perspectiva de que a empresa é uma atividade concentradora de interesses múltiplos, indo além do tradicional negócio de interesses exclusivos dos investidores.[87] Nesse cenário, sobressai o cumprimento do *soft law*, uma vez que atender aos interesses dos *stakeholders* envolvidos é primordial para o alcance da responsabilidade social da empresa no plano internacional.

Apesar da ausência de sanções específicas nesse contexto, para além da responsabilidade social, impende ressaltar que a função social é norma de natureza cogente no Brasil, razão pela qual a violação de preceitos atinentes à autonomia e fiscalização humana, prevenção de danos, justiça, robustez, não discriminação, bem-estar social e ambiental, responsabilização e tutela de vulneráveis acarreta a responsabilização pela concreta violação à legalidade constitucional.

Recentemente, o Parlamento Europeu publicou um estudo minucioso sobre responsabilidade civil e inteligência artificial, considerando a ausência de legislação específica pelos Estados-Membros e sugerindo uma revisão desse regime com vistas a agregar um sistema coerente com potencial de reduzir os riscos, aumentar a segurança, diminuir a incerteza jurídica e os custos legais e contenciosos relacionados, melhorando a tutela dos direitos do consumidor.[88]

---

[87] CORREIA JÚNIOR, José Barros. *A função social e a responsabilidade social da empresa perante os stakeholders*. 2013. Tese (Doutorado em Direito) – Pós-Graduação, Faculdade de Direito de Recife, Universidade Federal de Pernambuco, Recife, 2013. p. 173.

[88] EUROPEAN PARLIAMENTARY RESEARCH SERVICE. *Civil liability regime for artificial intelligence*. Disponível em: https://www.europarl.europa.eu/thinktank/en/document.html?reference=EPRS_STU(2020)654178. Acesso em: 29 set. 2020.

Em 2021, houve a publicação da proposta para um regulamento do Parlamento Europeu estabelecendo regras harmonizadas sobre inteligência artificial chamado *Artificial Intelligence Act*. O referido documento objetiva melhorar o funcionamento do mercado interno, estabelecendo um quadro jurídico uniforme, em particular para o desenvolvimento, *marketing* e utilização de inteligência artificial em conformidade com os valores da União Europeia e tendo em vista razões de interesse público, como nível de proteção da saúde, segurança e direitos fundamentais, bem como garantindo a livre circulação de bens e serviços baseados em inteligência artificial, para evitar imposições de restrições impertinentes.

Nesse ponto, o regulamento estabelece, em síntese, regras harmonizadas para a colocação no mercado, a entrada em serviço e utilização dos sistemas de IA; proibições de certas práticas de inteligência artificial; requisitos específicos para sistemas de IA de alto risco e obrigações para operadores de tais sistemas; regras de transparência harmonizadas para sistemas de IA destinados a interagir com pessoas, sistemas de reconhecimento de emoções, sistemas de categorização biométrica e sistemas de IA usados para gerar ou manipular conteúdo de imagem, áudio ou vídeo e regras de fiscalização do mercado.

O regulamento, no entanto, não se aplica a sistemas desenvolvidos ou usados exclusivamente para fins militares, nem às autoridades públicas de um terceiro país, organizações internacionais que utilizam os sistemas para fins de quadro de acordos internacionais para aplicação da lei e cooperação judiciária; tampouco afeta a aplicação das disposições sobre a responsabilidade das prestadoras de serviços intermediários.

Ainda no cenário europeu, em abril de 2016, o Parlamento adotou o Regulamento Geral de Proteção de Dados (GDPR), que entrou em vigor em 2018 e substituiu a Diretiva de Proteção de Dados da União Europeia de 1995, regulando a temática da proteção de dados pessoais nos países envolvidos de modo vinculante.

### 2.4.1 Fronteiras entre a Lei nº 13.709/18 e o *General Data Protection Regulation* (GDPR)

O GDPR é um regulamento pelo qual o Parlamento Europeu, o Conselho da União Europeia e a Comissão europeia objetivam reforçar e unificar a proteção dos dados pessoais para todos os indivíduos da União Europeia, harmonizando as leis de privacidade de dados em toda a Europa.[89]

Conforme argumenta Eduardo Magrani, o impulso para uma maior proteção da privacidade adveio de acontecimentos relativos a vazamentos de informações e edição de leis gerais para a proteção de dados em países estrangeiros, entre os quais se destacam os vazamentos noticiados por Edward Snowden[90] acerca da espionagem do governo norte-americano em nível mundial, que atingiu chefes de Estado, como os do Brasil (Dilma Rousseff, à época) e da Alemanha (Angela Merkel); estes apresentaram à Assembleia-Geral da ONU uma proposta com regras para proteger o direito à privacidade na era digital.[91]

Os princípios do GDPR e da Lei nº 13.709/18 (Lei Geral de Proteção de Dados – LGPD) são extremamente semelhantes e partem do pressuposto de tutela da privacidade em uma sociedade democrática,[92] de modo que a experiência europeia pode trazer influxos positivos para a construção de um sistema de proteção de dados no Brasil. A LGPD importa a essência dos princípios do GDPR, tornando-se evidente a inspiração europeia na formulação do diploma legislativo brasileiro.

A LGPD, no art. 6º, traz como princípios a finalidade, a adequação, a necessidade, o livre acesso, a qualidade dos dados, a transparência, a segurança, a não discriminação, a responsabilização e a prestação de contas. Além desses princípios, esse artigo menciona expressamente a licitude, a lealdade, a limitação da conservação, a integridade e a confidencialidade.

Ambos os diplomas normativos são aplicáveis às entidades públicas e privadas que tratam os dados pessoais, prevendo direitos atribuíveis aos titulares cujos dados são processados, disciplinam obrigações aos agentes de tratamento e estabelecem sanções em face do descumprimento.

---

[89] MAGRANI, Eduardo. *Entre dados e robôs*: ética e privacidade na era da hiperconectividade. 2. ed. Porto Alegre: Arquipélago Editorial, 2019. p. 102.

[90] Edward Joseph Snowden é um analista de sistemas, ex-administrador de sistemas da Agência Central de Inteligência americana e ex-contratado da Agência de Segurança Nacional dos EUA. Publicizou uma série de programas que constituíam um sistema de vigilância global da Agência americana, cujos detalhes, em síntese, podem ser encontrados na obra *Eterna vigilância: como montei e desvendei o maior sistema de espionagem do mundo* (2019) e no filme *Snowden: herói ou traidor* (2016), dirigido por Oliver Stone.

[91] MAGRANI, Eduardo. *Entre dados e robôs*: ética e privacidade na era da hiperconectividade. 2. ed. Porto Alegre: Arquipélago Editorial, 2019. p. 91.

[92] MAGRANI, Eduardo. *Entre dados e robôs*: ética e privacidade na era da hiperconectividade. 2. ed. Porto Alegre: Arquipélago Editorial, 2019. p. 103.

O documento assume relevância tendo em vista que os dados são o efetivo combustível da inteligência artificial, caracterizando o que se chama de *big data*. A expressão pode ser conceituada como um grande conjunto de dados, cada vez mais alimentado graças à presença de dispositivos sensores na vida cotidiana e o crescente número de indivíduos conectados a essas tecnologias por meio de redes digitais.[93]

A experiência da disciplina europeia não se resume ao GDPR. Em Portugal,[94] a Lei nº 58/2019 visa assegurar, na ordem jurídica nacional, a observância da regularidade no que diz respeito ao tratamento de dados pessoais e à circulação desses dados. Para tanto, determina a criação, em seu art. 4º,[95] de uma autoridade de controle nacional, estipulando, ainda, o dever das entidades públicas e privadas de colaborarem com tal autoridade.

A autoridade terá, entre outras atribuições, nos termos do art. 6º,[96] a competência para se pronunciar, a título não vinculativo, sobre

---

[93] BIG Data in the Global South Project Report on the Brazilian Case Studies. *ITS Rio*, 2016. Disponível em: https://itsrio.org/wp-content/uploads/2017/01/Big-Data-in-the-Global-South-Project.pdf. Acesso em: 3 nov. 2019.

[94] O corte metodológico que selecionou o diploma português se deu em virtude das similaridades das disposições com a legislação brasileira e da proximidade do idioma.

[95] "A CNPD é uma entidade administrativa independente, com personalidade jurídica de direito público e poderes de autoridade, dotada de autonomia administrativa e financeira, que funciona junto da Assembleia da República. 2 – A CNPD controla e fiscaliza o cumprimento do RGPD e da presente lei, bem como as demais disposições legais e regulamentares em matéria de proteção de dados pessoais, a fim de defender os direitos, liberdades e garantias das pessoas singulares no âmbito dos tratamentos de dados pessoais. 3 – A CNPD age com independência na prossecução das suas atribuições e no exercício dos poderes que lhe são atribuídos pela presente lei. 4 – Os membros da CNPD ficam sujeitos ao regime de incompatibilidades estabelecido para os titulares de altos cargos públicos, não podendo, durante o seu mandato, desempenhar outra atividade, remunerada ou não, com exceção da atividade de docência no ensino superior e de investigação".

[96] "1 – Para além do disposto no artigo 57.º do RGPD, a CNPD prossegue as seguintes atribuições: a) Pronunciar-se, a título não vinculativo, sobre as medidas legislativas e regulamentares relativas à proteção de dados pessoais, bem como sobre instrumentos jurídicos em preparação, em instituições europeias ou internacionais, relativos à mesma matéria; b) Fiscalizar o cumprimento das disposições do RGPD e das demais disposições legais e regulamentares relativas à proteção de dados pessoais e dos direitos, liberdades e garantias dos titulares dos dados, e corrigir e sancionar o seu incumprimento; c) Disponibilizar uma lista de tratamentos sujeitos à avaliação do impacto sobre a proteção de dados, nos termos do n.º 4 do artigo 35.º do RGPD, definindo igualmente critérios que permitam densificar a noção de elevado risco prevista nesse artigo; d) Elaborar e apresentar ao Comité Europeu para a Proteção de Dados, previsto no RGPD, os projetos de critérios para a acreditação dos organismos de monitorização de códigos de conduta e dos organismos de certificação, nos termos dos artigos 41.º e 43.º do RGPD, e assegurar a posterior publicação dos critérios, caso sejam aprovados; e) Cooperar com o Instituto Português de Acreditação, I. P. (IPAC, I. P.), relativamente à aplicação do disposto no artigo 14.º da presente lei, bem como na

as medidas legislativas e regulamentares relativas à proteção de dados, fiscalizar o cumprimento das disposições do GDPR, disponibilizar uma lista de tratamentos sujeitos à avaliação do impacto sobre proteção de dados, elaborar e apresentar critérios para credibilidade dos organismos de monitorização de códigos de conduta e de certificação.

Nesse contexto, observa-se que a Europa tem manifestado preocupação com os fenômenos digitais e suas potenciais violações de direitos, delineando um marco regulatório que visa salvaguardar os interesses jurídicos envolvidos num contexto democrático. Isso não significa que outros países não estejam definindo regulações sobre o fenômeno. Nesse ponto, impende analisar o marco regulatório dos Estados Unidos da América sobre a matéria.

### 2.4.2 Do marco regulatório norte-americano sobre a matéria

Nos Estados Unidos da América foi realizada em 2017 uma conferência em Asilomar, Califórnia,[97] cujo objetivo era definir princípios para o desenvolvimento de programas de inteligência artificial, em que restaram definidos 23 princípios[98] que incorporam a essência do GDPR e denotam, ademais, alguns direcionamentos axiológicos específicos.

Nesse panorama, restou definido que os investimentos em inteligência artificial devem ser acompanhados de financiamento para pesquisas que garantam seu uso benéfico e que deve haver um intercâmbio construtivo entre pesquisadores e formuladores de políticas, em fomento a uma cultura de cooperação, confiança e transparência.[99]

---

definição de requisitos adicionais de acreditação, tendo em vista a salvaguarda da coerência de aplicação do RGPD".

[97] A opção metodológica pela conferência efetuada na Califórnia se deu em virtude de ser uma região de alto investimento em tecnologia, inovação e inteligência artificial, berço do Vale do Silício.

[98] FUTURE OF LIFE INSTITUTE. *Asilomar AI principles*. Disponível em: https://futureoflife.org/ai-principles/. Acesso em: 5 nov. 2019.

[99] "2) *Financiamento da pesquisa*: Os investimentos em IA devem ser acompanhados de financiamento para pesquisas que garantam seu uso benéfico, incluindo perguntas espinhosas em ciência da computação, economia, direito, ética e estudos sociais, como: como podemos tornar os futuros sistemas de IA altamente robustos, para que eles façam o que queremos sem funcionar mal ou ser invadidos? Como podemos aumentar nossa prosperidade por meio da automação, mantendo os recursos e o propósito das pessoas? Como podemos atualizar nossos sistemas legais para que sejam mais justos e eficientes, para acompanhar a IA e gerenciar os riscos associados à IA? Com que conjunto de valores

Na Conferência também restou alinhado que os sistemas mais autônomos devem ser projetados de modo que seus objetivos e comportamentos estejam em consonância com os valores humanos durante toda a operação[100] e beneficiem o maior número de pessoas.[101] Trata-se de um cenário de difícil controle por parte dos desenvolvedores, porquanto nem sempre é possível delinear toda a atividade da inteligência artificial.

Ademais, ao consagrar o princípio do benefício compartilhado, compreendido como a determinação de que as tecnologias de inteligência artificial devem beneficiar o maior número de pessoas, o texto consagra uma ética utilitária no funcionamento das máquinas, o que pode, em determinadas circunstâncias, acarretar riscos aos valores fundamentais da pessoa humana sob um prisma individual.[102]

---

a AI deve ser alinhada e qual *status* legal e ético deve ter? 3) *Link Ciência-Política*: Deveria haver um intercâmbio construtivo e saudável entre pesquisadores da IA e formuladores de políticas. 4) *Cultura de Pesquisa*: Uma cultura de cooperação, confiança e transparência deve ser promovida entre pesquisadores e desenvolvedores de IA" (tradução livre). Original: "2) Research Funding: Investments in AI should be accompanied by funding for research on ensuring its beneficial use, including thorny questions in computer science, economics, law, ethics, and social studies, such as: How can we make future AI systems highly robust, so that they do what we want without malfunctioning or getting hacked? How can we grow our prosperity through automation while maintaining people's resources and purpose? How can we update our legal systems to be more fair and efficient, to keep pace with AI, and to manage the risks associated with AI? What set of values should AI be aligned with, and what legal and ethical status should it have? 3) Science-Policy Link: There should be constructive and healthy exchange between AI researchers and policy-makers. 4) Research Culture: A culture of cooperation, trust, and transparency should be fostered among researchers and developers of AI".

[100] "10) *Alinhamento de valor*: Os sistemas de IA altamente autônomos devem ser projetados para garantir que seus objetivos e comportamentos possam se alinhar aos valores humanos durante toda a operação. 11) *Valores humanos*: Os sistemas de IA devem ser projetados e operados de modo a serem compatíveis com os ideais de dignidade humana, direitos, liberdades e diversidade cultural" (tradução livre). Original: "10) Value Alignment: Highly autonomous AI systems should be designed so that their goals and behaviors can be assured to align with human values throughout their operation. 11) Human Values: AI systems should be designed and operated so as to be compatible with ideals of human dignity, rights, freedoms, and cultural diversity".

[101] "14) *Benefício compartilhado*: as tecnologias de IA devem beneficiar e capacitar o maior número possível de pessoas" (tradução livre). Original: "14) Shared Benefit: AI technologies should benefit and empower as many people as possible".

[102] Um exemplo sempre suscitado como dilema ético é a questão dos carros autônomos. Carro autônomo é aquele dotado de sistema de piloto automático, o que lhe permite mover-se de um lugar para outro sem o auxílio de um motorista humano. É inevitável que eventualmente aconteçam situações de acidentes ou escolhas trágicas. Como deve um carro autônomo ser programado para agir em face de um acidente inevitável? Imagine-se a situação em que surge um grupo de transeuntes na rota do veículo, não havendo, no caso concreto, possibilidade de evitar um acidente. O veículo deve, então, fazer uma escolha: permanecer na rota e atropelar os transeuntes ou desviar a rota e colidir com outros veículos ou até

Se a avaliação ética de ações humanas já é um problema central cuja complexidade assume níveis alarmantes, a avaliação ética de máquinas dotadas de inteligência artificial enfrenta ainda maiores dificuldades. É imprescindível questionar se é possível falar em ética para máquinas ou se tal âmbito se restringiria ao agir humano.

Sendo perturbadoras até mesmo para seres humanos, os programadores da inteligência artificial enfrentam ainda maiores dificuldades, tendo em vista que precisam prever, em abstrato, como deve a máquina orientar-se ante as situações de crise e/ou escolhas trágicas. Veículos autônomos, por exemplo, precisariam ser programados para decidir entre atropelar pedestres ou sacrificar seus passageiros, de modo que sua programação vai além da mera observância da legislação de tráfego.

Indaga-se, assim, como se daria a responsabilização civil em tais hipóteses e como se daria a priorização de um veículo em face de outro.[103] Em que pese a solução utilitária, em diversas situações envolvendo veículos autônomos, pareça mais razoável, tal constatação implica um redirecionamento da consagração da ética kantiana nas relações intersubjetivas. Isso não significa que todos os problemas éticos estejam solucionados.

Em continuidade, na conferência também restou assentado que os sistemas de IA devem aprimorar, e não subverter, os processos sociais e cívicos dos quais depende a saúde da sociedade,[104] e que uma corrida armamentista em armas autônomas letais deve ser evitada.[105] Ressalta-se, ainda, a necessidade de esforços de planejamento e mitigação

---

com outras pessoas? Deve o veículo desviar a rota e priorizar a perda mínima de vidas? Deve manter a rota? E se o desvio acarretar a supressão da vida ou da integridade física do proprietário, deveria o veículo manter o desvio ainda assim?

[103] FELIPE, Bruno Farage da Costa. Direito dos robôs, tomadas de decisões e escolhas morais: algumas considerações acerca da necessidade de regulamentação ética e jurídica da inteligência artificial. *Revista Juris Poiesis*, Rio de Janeiro, v. 20, n. 22, p. 150-169, 2017. p. 12.

[104] "17) *Não subversão*: o poder conferido pelo controle de sistemas de IA altamente avançados deve respeitar e melhorar, em vez de subverter, os processos sociais e cívicos dos quais depende a saúde da sociedade" (tradução livre). Original: "17) Non-subversion: The power conferred by control of highly advanced AI systems should respect and improve, rather than subvert, the social and civic processes on which the health of society depends".

[105] "18) *Corrida de armas da IA*: Uma corrida armamentista em armas autônomas letais deve ser evitada" (tradução livre). Original: "18) AI Arms Race: An arms race in lethal autonomous weapons should be avoided".

proporcionais aos riscos apresentados pela inteligência artificial,[106] além da implantação de medidas de segurança e controle.[107]

É mais uma tentativa de conjugação de esforços no desenvolvimento de uma inteligência artificial que observe os direitos fundamentais e o equilíbrio social. Por outro lado, a cidade de Nova York aprovou a Lei nº 1.696-A/2017, que busca garantir a transparência dos algoritmos utilizados pela Administração Pública, definindo o que seria um sistema de decisão automatizada:

> o termo "sistema de decisão automatizado" significa implementações computadorizadas de algoritmos, incluindo aquelas derivadas de aprendizado de máquina ou outras técnicas de processamento de dados ou inteligência artificial, usadas para ajudar na tomada de decisões.[108]

A lei, no entanto, não é tão ambiciosa e se limita a determinar a criação de uma força-tarefa que estude e aponte recomendações sobre a transparência algorítmica e as decisões automatizadas. Nesse ponto, a lei ressalta a necessidade de recomendações no que tange aos critérios de identificação de quais sistemas automatizados devem estar sujeitos aos procedimentos recomendados,[109] à implementação de um procedimento por meio do qual as pessoas afetadas pelas decisões possam

---

[106] "21) *Riscos*: Os riscos apresentados pelos sistemas de IA, especialmente os riscos catastróficos ou existenciais, devem estar sujeitos a esforços de planejamento e mitigação proporcionais ao impacto esperado" (tradução livre). Original: "21) Risks: Risks posed by AI systems, especially catastrophic or existential risks, must be subject to planning and mitigation efforts commensurate with their expected impact."

[107] "22) *Autoaperfeiçoamento recursivo*: Os sistemas de IA projetados para automelhorar recursivamente ou autorreplicar de uma forma que possa levar a um aumento rápido da qualidade ou quantidade devem estar sujeitos a rigorosas medidas de segurança e controle" (tradução livre). Original: "22) Recursive Self-Improvement: AI systems designed to recursively self-improve or self-replicate in a manner that could lead to rapidly increasing quality or quantity must be subject to strict safety and control measures."

[108] Tradução livre de: "The term 'automated decision system' means computerized implementations of algorithms, including those derived from machine learning or other data processing or artificial intelligence techniques, which are used to make or assist in making decisions" (Disponível em: https://legistar.council.nyc.gov/LegislationDetail.aspx?ID=3137815&GUID=437A6A6D-62E1-47E2-9C42-461253F9C6D0. Acesso em: 6 nov. 2019).

[109] "(a) Critérios para identificar quais sistemas de decisão automatizados da agência devem estar sujeitos a um ou mais dos procedimentos recomendados por essa força-tarefa nos termos deste parágrafo" (tradução livre). Original: "(a) Criteria for identifying which agency automated decision systems should be subject to one or more of the procedures recommended by such task force pursuant to this paragraph" (Disponível em: https://legistar.council.nyc.gov/LegislationDetail.aspx?ID=3137815&GUID=437A6A6D-62E1-47E2-9C42-461253F9C6D0. Acesso em: 6 nov. 2019).

solicitar explicação,[110] à determinação de se um sistema automatizado possui atividade desproporcional e que afeta as pessoas com base em critérios não isonômicos,[111] além de um procedimento para tratar tais casos,[112] à disponibilização de informações públicas que permitam a avaliação de como o sistema funciona, inclusive no que tange aos critérios técnicos,[113] e, por fim, ao desenvolvimento de expediente para arquivar sistemas de decisão automatizados.[114]

---

[110] "(b) Desenvolvimento e implementação de um procedimento através do qual uma pessoa afetada por uma decisão relativa a uma regra, política ou ação implementada pela cidade, onde tal decisão foi tomada por ou com a assistência de um sistema automatizado de decisão da agência, possa solicitar e receber uma explicação dessa decisão e a base dela" (tradução livre). Original: "(b) Development and implementation of a procedure through which a person affected by a decision concerning a rule, policy or action implemented by the city, where such decision was made by or with the assistance of an agency automated decision system, may request and receive an explanation of such decision and the basis therefor" (Disponível em: https://legistar.council.nyc.gov/LegislationDetail.aspx?ID=3137815&GUID=437A6A6D-62E1-47E2-9C42-461253F9C6D0. Acesso em: 6 nov. 2019).

[111] "(c) Desenvolvimento e implementação de um procedimento que possa ser usado pela cidade para determinar se um sistema de decisão automatizado da agência afeta desproporcionalmente pessoas com base em idade, raça, credo, cor, religião, origem nacional, gênero, deficiência, estado civil, parceria *status*, *status* de cuidador, orientação sexual, alienação ou *status* de cidadania" (tradução livre). Original: "(c) Development and implementation of a procedure that may be used by the city to determine whether an agency automated decision system disproportionately impacts persons based upon age, race, creed, color, religion, national origin, gender, disability, marital status, partnership status, caregiver status, sexual orientation, alienage or citizenship status" (Disponível em: https://legistar.council.nyc.gov/LegislationDetail.aspx?ID=3137815&GUID=437A6A6D-62E1-47E2-9C42-461253F9C6D0. Acesso em: 6 nov. 2019).

[112] "(d) Desenvolvimento e implementação de um procedimento para tratar de casos em que uma pessoa é prejudicada por um sistema automatizado de decisão da agência, se for considerado que um sistema desse tipo afeta desproporcionalmente pessoas com base em uma categoria descrita na alínea (c)" (tradução livre). Original: "(d) Development and implementation of a procedure for addressing instances in which a person is harmed by an agency automated decision system if any such system is found to disproportionately impact persons based upon a category described in subparagraph (c)" (Disponível em: https://legistar.council.nyc.gov/LegislationDetail.aspx?ID=3137815&GUID=437A6A6D-62E1-47E2-9C42-461253F9C6D0. Acesso em: 6 nov. 2019).

[113] "(e) Desenvolvimento e implementação de um processo para disponibilizar publicamente as informações que, para cada sistema de decisão automatizado de cada agência, permitirá ao público avaliar significativamente como esse sistema funciona e é usado pela cidade, inclusive disponibilizando publicamente informações técnicas sobre esse sistema, onde apropriado" (tradução livre). Original: "(e) Development and implementation of a process for making information publicly available that, for each agency automated decision system, will allow the public to meaningfully assess how such system functions and is used by the city, including making technical information about such system publicly available where appropriate; and" (Disponível em: https://legistar.council.nyc.gov/LegislationDetail.aspx?ID=3137815&GUID=437A6A6D-62E1-47E2-9C42-461253F9C6D0. Acesso em: 6 nov. 2019).

[114] "(f) A viabilidade do desenvolvimento e implementação de um procedimento para arquivar sistemas de decisão automatizados da agência, dados usados para determinar relações preditivas entre dados para esses sistemas e dados de entrada para tais sistemas, desde que isso não precise incluir sistemas de decisão automatizados da agência que cessaram,

No tocante à divulgação de informações técnicas, é possível que tal recomendação sofra resistência por parte da indústria tecnológica, especialmente em face do direito de propriedade intelectual do programador, além de que o *machine learning*, em certo ponto, pode ser desconhecido até para o próprio desenvolvedor.

Apenas a título exemplificativo, ressalta-se que algoritmos de avaliação de risco vêm sendo utilizados nos EUA para medir a probabilidade de reincidência de um acusado,[115] em fenômeno chamado de *predictive justice*. Nesse sistema, o algoritmo avalia o "grau de periculosidade" e determina riscos de reincidência, bem como constata padrões aplicáveis aos réus.

O americano Eric Loomis foi condenado a seis anos de prisão, cujo fundamento foi uma previsão do sistema que concluiu que o sujeito voltaria a cometer crimes.[116] Em contrapartida, a defesa impugnou a falta de transparência quanto aos dados e ao funcionamento do programa, tendo a Suprema Corte de Wisconsin decidido, contudo, que o algoritmo estava revestido pela propriedade intelectual e que, portanto, não poderia ser violado.[117] A defesa argumentou que a utilização do sistema:

> [...] viola o direito do requerido ao devido processo por três razões: (1) viola o direito de um réu de ser condenado com base em informações, em parte porque a propriedade do COMPAS o impede de avaliar sua precisão; (2) viola o direito do acusado a uma sentença individualizada; e (3) usa indevidamente avaliações de gênero na sentença.[118]

---

sendo usado pela cidade antes da data efetiva desta lei local" (tradução livre). Original: "(f) The feasibility of the development and implementation of a procedure for archiving agency automated decision systems, data used to determine predictive relationships among data for such systems and input data for such systems, provided that this need not include agency automated decision systems that ceased being used by the city before the effective date of this local law" (Disponível em: https://legistar.council.nyc.gov/LegislationDetail.aspx?ID=3137815&GUID=437A6A6D-62E1-47E2-9C42-461253F9C6D0. Acesso em: 6 nov. 2019).

[115] PREDICTIVE justice: when algorithms pervade the law. *Paris Inovation Review*, 9 jun. 2017. Disponível em: http://parisinnovationreview.com/articles-en/predictive-justice-when-algorithms-pervade-the-law. Acesso em: 28 mar. 2020.

[116] SENT to prison by a software programs secret algorithms. *The New York Times*, 1º maio 2017. Disponível em: https://www.nytimes.com/2017/05/01/us/politics/sent-to-prison-by-a-software-programs-secret-algorithms.html?_r=0. Acesso em: 28 mar. 2020.

[117] NUNES, Dierle; MARQUES, Ana Luiza Pinto Coelho. Inteligência artificial e direito processual: vieses algorítmicos e os riscos de atribuição de função decisória às máquinas. *Revista de Processo*, v. 285, p. 421-447, nov. 2018. p. 9.

[118] Tradução livre de: "Specifically, Loomis asserts that the circuit court's use of a COMPAS risk assessment at sentencing violates a defendant's right to due process for three reasons:

Já a decisão assevera:

Loomis está certo de que as pontuações de risco não explicam como o programa COMPAS usa as informações para calculá-las. No entanto, o Guia Profissional da Northpointe para o COMPAS de 2015 explica que as pontuações de risco são baseadas amplamente em informações estáticas (histórico criminal), com uso limitado de algumas variáveis dinâmicas (ou seja, associados criminosos, abuso de substâncias). O relatório COMPAS anexado ao PSI de Loomis contém uma lista de 21 perguntas e respostas sobre esses fatores estáticos, como: Quantas vezes essa pessoa foi devolvida à custódia enquanto estava em liberdade condicional? Quantas vezes essa pessoa sofreu uma nova acusação / prisão enquanto estava em liberdade condicional? Quantas vezes essa pessoa já foi presa antes como adulto ou juvenil (somente prisão criminal)? Assim, na medida em que a avaliação de risco de Loomis se baseia em suas respostas a perguntas e em dados publicamente disponíveis sobre seu histórico criminal, Loomis teve a oportunidade de verificar se as perguntas e respostas listadas no relatório COMPAS eram precisas.[119]

Constata-se, então, que a tendência se manifesta no sentido da legitimação da utilização algorítmica em diversos setores sociais, o que, na hipótese de equívocos ou falhas, sem dúvida terá o condão de assegurar a responsabilidade civil daquele que se utiliza da programação.

---

(1) it violates a defendant's right to be sentenced based upon accurate information, in part because the proprietary nature of COMPAS prevents him from assessing its accuracy; (2) it violates a defendant's right to an individualized sentence; and (3) it improperly uses gendered assessments in sentencing" (USA. Supreme Court of Wisconsin. *Case n.: 2015AP157-CR*. State of Wisconsin, Plaintiff-Respondent, v. Eric L. Loomis, Defendant-Appellant. Opinion Filed: July 13, 2016 Submitted On Briefs: Oral Argument: April 5, 2016. Disponível em: https://www.wicourts.gov/sc/opinion/DisplayDocument.pdf?content=pdf&seqNo=171690. Acesso em: 2 abr. 2020).

[119] Tradução livre de: "Loomis is correct that the risk scores do not explain how the COMPAS program uses information to calculate the risk scores. However, Northpointe's 2015 Practitioner's Guide to COMPAS explains that the risk scores are based largely on static information (criminal history), with limited use of some dynamic variables (i.e. criminal associates, substance abuse). The COMPAS report attached to Loomis's PSI contains a list of 21 questions and answers regarding these static factors such as: How many times has this person been returned to custody while on parole? How many times has this person had a new charge/arrest while on probation? How many times has this person been arrested before as an adult or juvenile (criminal arrest only)? Thus, to the extent that Loomis's risk assessment is based upon his answers to questions and publicly available data about his criminal history, Loomis had the opportunity to verify that the questions and answers listed on the COMPAS report were accurate" (USA. Supreme Court of Wisconsin. *Case n.: 2015AP157-CR*. State of Wisconsin, Plaintiff-Respondent, v. Eric L. Loomis, Defendant-Appellant. Opinion Filed: July 13, 2016 Submitted On Briefs: Oral Argument: April 5, 2016. Disponível em: https://www.wicourts.gov/sc/opinion/DisplayDocument.pdf?content=pdf&seqNo=171690. Acesso em: 2 abr. 2020).

Nesse panorama, nos Estados Unidos já se discute proposta de repensar a responsabilidade subjetiva, com regras suplementares que definiriam um nível de cuidado aceitável predeterminado a ser aplicado aos desenvolvedores e operadores de inteligências artificiais e que poderiam ajudar na caracterização de uma presunção de culpa, quando inobservadas.[120] Nesse panorama, se os parâmetros fossem devidamente cumpridos, os demandantes teriam de comprovar a real negligência do desenvolvedor.

Também impende sublinhar as proposições feitas por Jack Balkin no que diz respeito à questão: 1) operadores algorítmicos devem ser fiduciários das informações em relação aos seus usuários; 2) operadores algorítmicos têm deveres com o público em geral; 3) operadores algorítmicos têm o dever de evitar a externalização de custos e danos de suas operações.[121] Frank Pasquale sugere, ainda, o acréscimo da proposição de que um robô deve sempre indicar a identidade do seu criador, controlador ou proprietário.[122]

Em síntese, sobre o panorama internacional, verifica-se que a Europa tem editado recomendações e normatizações mais robustas quanto à regulação da inteligência artificial, ainda que muitas, no campo internacional, sejam *soft laws*, como as Diretrizes Éticas para a Inteligência Artificial Confiável. Isso porque impõem parâmetros concretos que devem nortear a atividade de desenvolvimento da IA. Tais documentos, embora não possuam natureza coercitiva, ensejam a criação de guias deontológicos relevantes para o desenvolvimento dessa tecnologia. Além disso, a Europa já conta com uma legislação uniforme que vincula todos os países componentes da União Europeia no que tange ao tratamento dos dados, com o GDPR.

---

[120] Tradução livre de: "Instead of resorting to conceptually new models of remedies and liability, I suggest enhancing an existing liability rule, namely negligence, with supplementary rules that will set a predetermined acceptable level of care applicable to designers and operators of AI-based robots (regardless of whether AI is embedded in the product sold to the consumer or AI capabilities are delivered as a service)" (RACHUM-TWAIG, Omri. Whose robot is it anyway? Liability for artificial-intelligence-based robots. *University of Illinois Law Review*, 2020. Disponível em: https://papers.ssrn.com/sol3/papers.cfm?abstract_id=3339230. Acesso em: 13 maio 2020).

[121] PASQUALE, Frank. Toward a fourth law of robotics: preserving attribution, responsability and explainability in an algorithmic society. *Ohio State Law Journal*. v. 78, n. 5, p. 1.243-1.255, 2017. p. 1.244.

[122] PASQUALE, Frank. Toward a fourth law of robotics: preserving attribution, responsability and explainability in an algorithmic society. *Ohio State Law Journal*. v. 78, n. 5, p. 1.243-1.255, 2017. p. 1.253.

Não se ignora que a abertura semântica e a relativização de quais seriam os conceitos éticos aplicados no caso concreto podem vir a ensejar dificuldades, tornando abstratas as prescrições estipuladas no documento. É possível que surjam tensões entre os próprios interesses jurídicos envolvidos. No entanto, tais diretrizes podem ser incorporadas no ordenamento jurídico pátrio, em que ainda há certo vácuo legislativo no tocante à regulação da inteligência artificial, servindo como ponto de partida para a disciplina da questão, especialmente quanto aos parâmetros principiológicos.

Os requisitos de autonomia e fiscalização humana, prevenção de danos, justiça, robustez, não discriminação, bem-estar social e ambiental, responsabilização e tutela de vulneráveis são incorporados no ordenamento jurídico brasileiro sob a unidade do princípio da função social. A função social caracteriza-se pelo pensamento no bem-estar coletivo, de modo integral, especialmente no que tange às condutas lesivas de entes de poderio econômico e social.[123] Noutro norte, privacidade, governança de dados e explicabilidade entram sob o prisma da boa-fé objetiva, que deve proporcionar todos os meios necessários a consagrar a transparência, a cooperação e a confiança dos usuários nos sistemas.

Sobre a governança de dados, Ana Frazão argumenta que a LGPD determina que o instrumento de governança deve demonstrar o efetivo comprometimento com a observância das normas de proteção de dados pessoais, explicitando quais dados podem ser coletados ou tratados, em quais hipóteses e para que finalidades, impondo que se prevejam pormenorizada e concretamente os comportamentos que devem ser adotados para cada hipótese de tratamento e ressaltando os procedimentos que devem ser realizados.[124]

A tendência regulatória que se verifica no cenário da inteligência artificial "tem sido conjugar ferramentas de autorregulação (ética, por exemplo), com meios de corregulação (fomento e colaboração) e regulação tradicional (fiscalização com base na proteção de dados pessoais)".[125] Tal tendência se alicerça na constatação de que a regula-

---

[123] SANTOS, Adriano Barreto Espíndola. Novos paradigmas para a função social da responsabilidade civil. *Revista Jurídica Luso-Brasileira*, ano 4, n. 3, 2018. p. 15.
[124] FRAZÃO, Ana; OLIVA, Milena Donato; ABILIO, Vivianne da Silveira. Compliance de dados pessoais. *In*: FRAZÃO, Ana; TEPEDINO, Gustavo; OLIVA, Milena Donato. *A Lei Geral de Proteção de Dados Pessoais e suas repercussões no direito brasileiro*. São Paulo: Thomson Reuters Brasil, 2019. p. 704.
[125] VERONESE, Alexandre; SILVEIRA, Alessandra; LEMOS; Amanda Nunes Lopes Espiñeira. Inteligência artificial, mercado único digital e a postulação de um direito as inferências justas e

ção da inteligência artificial é fenômeno essencialmente sensível, por envolver interesses constitucionalmente tutelados e com grande potencial de conflito, razão por que a opção mais prudente é a descentralização da regulação, com vistas a efetivar o controle social sobre o fenômeno.

O modelo legislativo puro tem mostrado dificuldades no acompanhamento da velocidade das mudanças sociais, sendo impossível que, atualmente, legisle sobre tudo. Patricia Peck argumenta que "o ritmo da evolução tecnológica será sempre mais veloz que o da atividade legislativa".[126] É de extrema relevância o diálogo entre as fontes, a permitir um efetivo controle sobre as operações de desenvolvimento e que leve em consideração as mudanças sociais que vêm ocorrendo.

Tal conjugação se acentua ainda mais quando se constata que o desenvolvimento da inteligência artificial faz-se acompanhar do incremento inequívoco de riscos, seja quanto aos seus efeitos sociais ou quanto à obscuridade de seu funcionamento. Torna-se cada vez mais imprescindível repensar os cânones clássicos que disciplinam a responsabilidade civil e adaptá-los ao adequado atendimento dos problemas oriundos da atividade que se analisa.

---

razoáveis: uma questão jurídica entre a ética e a técnica. *In*: FRAZÃO, Ana; MULHOLLAND, Caitlin (Coord.). *Inteligência artificial e direito*: ética, regulação e responsabilidade. São Paulo: Thomson Reuters Brasil, 2019. p. 244.

[126] PINHEIRO, Patricia Peck. *Direito digital*. 6. ed. rev., atual. e ampl. São Paulo: Saraiva, 2016. p. 78.

CAPÍTULO 3

# DA PREVENÇÃO E GESTÃO DOS RISCOS ENVOLVIDOS NO DESENVOLVIMENTO DA INTELIGÊNCIA ARTIFICIAL

O desenvolvimento tecnológico acarreta, inegavelmente, o surgimento de novos riscos e novos problemas. Nos termos de Zygmunt Bauman, riscos são perigos calculáveis.[127] A sociedade pós-moderna traz demandas que não se resumem aos clássicos problemas de escassez e distribuição de recursos, mas se estendem a conflitos oriundos da distribuição de riscos produzidos em razão do desenvolvimento técnico-científico. Bauman argumenta acerca da necessidade de calcular riscos para além de seu efeito imediato, considerando também os efeitos de longo prazo:

> Riscos, afinal, são pragmaticamente importantes desde que continuem calculáveis e passíveis de uma análise de custo-benefício – e assim, quase que por definição, os únicos riscos que causam alguma preocupação aos planejadores da ação são os que podem afetar os resultados numa perspectiva relativamente curta em termos de espaço e tempo. Para a ética, contudo, a fim de restaurar seu potencial orientador do passado nas circunstâncias presentes, é necessário realizar exatamente o oposto (ir *além* dos domínios confortáveis, já que relativamente familiares e, no curto prazo, previsíveis), de modo que a aporia supramencionada, derivada da natureza da incerteza atual (e, em última instância, da globalização negativa, unilateral), é um grande obstáculo e uma preocupação fundamental.[128]

---

[127] BAUMAN, Zygmunt. *Medo líquido*. 1. ed. Rio de Janeiro: Zahar, 2012. p. 14.
[128] BAUMAN, Zygmunt. *Medo líquido*. 1. ed. Rio de Janeiro: Zahar, 2012. p. 95.

A tentativa jurídica de instaurar padrões mínimos de previsibilidade e confiança em face dos riscos da inovação exige do intérprete o reconhecimento de que o direito é um fenômeno essencialmente social. Nos termos de Marcos Bernardes de Mello:[129]

> As normas do Direito (por consequência o próprio direito), embora abstratamente formuladas, tornam-se realidade no meio social, materializando-se nas condutas por ela prescritas. Pela sua atuação no ambiente social, adaptando a conduta humana, diz-se que o direito é um fato social.

A regulação da tecnologia, nesse contexto, é especialmente sensível, por envolver interesses contrapostos e observar um ponto de equilíbrio para que não se sufoque o desenvolvimento tecnológico e tampouco negligencie os direitos fundamentais de eventuais vítimas envolvidas. Dessa forma, "o Estado se vê provocado a dirimir os possíveis descompassos entre sua atuação preestabelecida e as novas formas de funcionamento de mercados e da vida em geral trazidas pela inovação".[130]

Sobre a relevância da tutela da inovação, argumenta-se:

> No âmbito da regulação de novas tecnologias, é possível observar, ainda, a necessidade de preservação e promoção da inovação – que, de forma geral, pode ser entendida como a capacidade de traduzir novas ideias em resultados econômicos desejáveis (ou socialmente eficazes), por meio da utilização de novos processos, produtos ou serviços. A preservação da inovação como embasamento da ação regulatória se baseia na teoria econômica que a entende como fator de produção essencial ao desenvolvimento das economias industrializadas.[131]

O surgimento de novas tecnologias e bens de consumo impulsiona o desenvolvimento econômico e impacta as formas de organização sociais, o que, em regra, é desejável em Estados que gozam da livre iniciativa. No entanto, os contornos da sociedade contemporânea atestam

---

[129] MELLO, Marcos Bernardes de. *Teoria do fato jurídico*: plano da existência. 17. ed. São Paulo: Saraiva, 2014. p. 46.

[130] BAPTISTA, Patrícia; KELLER, Clara Iglesias. Por que, quando e como regular as novas tecnologias? Os desafios trazidos pelas inovações disruptivas. *Revista de Direito Administrativo*, Rio de Janeiro, v. 273, p. 123-163, set./dez. 2016. p. 138.

[131] BAPTISTA, Patrícia; KELLER, Clara Iglesias. Por que, quando e como regular as novas tecnologias? Os desafios trazidos pelas inovações disruptivas. *Revista de Direito Administrativo*, Rio de Janeiro, v. 273, p. 123-163, set./dez. 2016. p. 142.

que as medidas estruturais, os marcos normativos e as construções legais definidos para a sociedade moderna podem não ser suficientes para tutelar os problemas oriundos das novas atividades.

A sociedade de risco acentua a decadência da culpa como requisito imprescindível à responsabilização civil e incorpora papel relevante na estruturação de uma base teórica para a eleição de vias alternativas.[132] Os riscos da sociedade contemporânea são marcados pela globalidade e pela complexidade.

Segundo Marcos Catalan:

> As contingências inerentes à contemporaneidade afastam quaisquer possibilidades de juízos de previsibilidade e, nessa esteira, antigos bastiões transformam-se em produtores de riscos. Criados pela atividade humana – e não mais pelas forças da natureza – são aceitos – ainda que possa questionar se há legitimidade nessa aquiescência – em razão de um meio de vida ao qual a sociedade não pretende renunciar. Na atual conformação social os riscos assumem nova configuração. São indetectáveis, seus efeitos ultrapassam a esfera do indivíduo, projetando-se no tempo e no espaço ao afetar a todos de modo indiscriminado. Suas causas são as mais distintas e seus efeitos, mais cruéis que outrora. No mais das vezes, antevê-los é impossível.[133]

O risco torna-se uma constante sempre presente no meio social, fazendo parte do cotidiano e do desenvolvimento econômico e industrial e tornando premente a necessidade de analisá-los e desvendar alternativas de resolução. Nesse contexto, começa-se a falar em ideias de precaução e prevenção, sendo importante precisar a diferença entre tais princípios. A precaução surge da necessidade da adoção de uma postura cautelosa em face de incertezas científicas[134] e se mostra mais consentânea com a ideia do desenvolvimento da inteligência artificial:

> Filosoficamente o princípio da precaução é sustentado por uma ética da responsabilidade, na qual o imperativo categórico para a civilização

---

[132] PORTO, Uly de Carvalho Rocha. *A responsabilidade civil extracontratual por danos causados por robôs autônomos*. 2018. Dissertação (Mestrado em Ciências Jurídico-Civilistas) – Faculdade de Direito, Universidade de Coimbra, Coimbra, 2018. p. 35.

[133] CATALAN, Marcos. O desenvolvimento nanotecnológico e o dever de reparar os danos ignorados pelo processo produtivo. *Revista de Direito do Consumidor*, São Paulo, n. 74, p. 113-147, abr./jun. 2010. p. 115.

[134] DORNELAS, Henrique Lopes. Sociedade de risco e o princípio da precaução: conceito, finalidade e a questão de sua imperatividade. *Revista Uniabeu*, Nova Iguaçu, v. 4, n. 6, jan./abr. 2011. p. 4.

tecnológica consiste na aquisição de conhecimento acerca dos efeitos a longo prazo da tecnologia desenvolvida, com a aplicação da inversão do ônus da prova e a imposição de elevados e diferenciados *standards* qualitativos para o exercício da atividade potencialmente danosa. Buscando um desenvolvimento sustentado, em compatibilidade com o progresso científico e tecnológico, a filosofia da precaução apresenta um duplo objetivo: a minimização e gestão dos riscos, bem como a aceitação da inovação.[135]

É um princípio invocado, sobretudo, quando não há certeza científica acerca dos efeitos adversos de determinada medida. É uma determinação do princípio 15 da Declaração do Rio sobre Meio Ambiente e Desenvolvimento de 1992, documento normativo *soft law* de que o Brasil é signatário:

> Com o fim de proteger o meio ambiente, o princípio da precaução deverá ser amplamente observado pelos Estados, de acordo com suas capacidades. Quando houver ameaça de danos graves ou irreversíveis, a ausência de certeza científica absoluta não será utilizada como razão para o adiamento de medidas economicamente viáveis para prevenir a degradação ambiental.[136]

O princípio da precaução caracteriza-se pela incerteza na avaliação do risco, na atribuição do ônus da prova ao proponente da atividade e na avaliação de alternativas ao produto ou processo de forma transparente e democrática.[137] Está implicitamente inserido na Constituição Federal de 1988, por força do art. 225.

A noção de meio ambiente não se restringe ao conjunto de fatores biológicos, físicos e químicos; também abrange o espaço urbano preenchido por suas edificações e equipamentos. Celso Fiorillo desenvolve a ideia de meio ambiente artificial, compreendido como "espaço urbano construído, consistente no conjunto de edificações (chamado de espaço urbano fechado), e pelos equipamentos públicos (espaço urbano

---

[135] DORNELAS, Henrique Lopes. Sociedade de risco e o princípio da precaução: conceito, finalidade e a questão de sua imperatividade. *Revista Uniabeu*, Nova Iguaçu, v. 4, n. 6, jan./abr. 2011. p. 6.

[136] Disponível em: http://www.meioambiente.pr.gov.br/arquivos/File/agenda21/Declaracao_Rio_Meio_Ambiente_Desenvolvimento.pdf. Acesso em: 22 dez. 2019.

[137] DORNELAS, Henrique Lopes. Sociedade de risco e o princípio da precaução: conceito, finalidade e a questão de sua imperatividade. *Revista Uniabeu*, Nova Iguaçu, v. 4, n. 6, jan./abr. 2011. p. 14.

aberto)".[138] A composição tecnológica passa, portanto, a compor a ideia de meio ambiente, tendo em vista que está diretamente inserida no funcionamento e na paisagem urbana.

A tutela constitucional do meio ambiental vai além do art. 225, constituindo-se, também, por meio do art. 182, que trata da política de desenvolvimento urbano e inclui, nesse contexto, a compreensão dos equipamentos tecnológicos. Nesse cenário assume relevância o conceito de internet das coisas, compreendido como

> [...] um termo que acaba evocando o aumento da comunicação entre máquinas pela internet (M2M, ou *machine-to-machine*, que recentemente ultrapassou em volume a comunicação interpessoal pela internet), o desenvolvimento de diversos utensílios (desde os prosaicos exemplos das geladeiras ou torradeiras ligadas à internet), além de microdispositivos, como sensores que, dispostos das mais diversas maneiras para captar dados a partir de seu ambiente, tornam-se partes integrantes da internet.[139]

A interação por meio da internet das coisas é uma forma de construção do meio ambiente artificial que usualmente se utiliza da inteligência artificial e que consolida a utilização do espaço urbano como um elemento inerente à vida em sociedade. Ainda no que tange ao princípio da precaução no contexto tecnológico, argumenta-se que este é:

> [...] sustentado por uma ética da responsabilidade, na qual o imperativo categórico para a civilização tecnológica consiste na aquisição de conhecimento acerca dos efeitos a longo prazo da tecnologia desenvolvida, com a aplicação da inversão do ônus da prova e a imposição de elevados e diferenciados standards qualitativos para o exercício da atividade potencialmente danosa.[140]

Em 1998, a Declaração de *Wingspread*[141] determinou que medidas de precaução devem ser tomadas em caso de ameaça de dano à saúde

---

[138] FIORILLO, Celso Antonio Pacheco. 30 anos de direito ambiental constitucional: a consolidação do direito ambiental brasileiro em proveito da dignidade humana. *Revista Eletrônica OAB/RJ*. Edição Especial Direito Ambiental. Disponível em: http://revistaeletronica.oabrj.org.br/wp-content/uploads/2017/11/FIORILLO-Celso.-30-anos-de-direito-ambiental-constitucional-Celso-Fiorillo.pdf. Acesso em: 30 mar. 2020.

[139] MAGRANI, Eduardo. *A internet das coisas*. Rio de Janeiro: FGV Editora, 2018. p. 11.

[140] DORNELAS, Henrique Lopes. Sociedade de risco e o princípio da precaução: conceito, finalidade e a questão de sua imperatividade. *Revista Uniabeu*, Nova Iguaçu, v. 4, n. 6, jan./abr. 2011. p. 113.

[141] "Therefore, it is necessary to implement the Precautionary Principle: When an activity raises threats of harm to human health or the environment, precautionary measures should be taken even if some cause and effect relationships are not fully established scientifically".

ou ao meio ambiente, ainda que as relações causais entre a atividade e os danos não estejam cientificamente estabelecidas.[142] Uma das noções mais recentes do princípio da precaução está exposta no Comunicado da Comissão Europeia (CE),[143] publicado em 2000, no qual se esclarecem pontos que vinham sendo disputados em tribunais ao redor da União Europeia e segundo o qual a aplicação do princípio pressupõe efeitos potencialmente perigosos ocasionados por um fenômeno, produto ou processo, cuja avaliação científica não forneça grau suficiente de certeza.[144]

Trata-se de mecanismo de administração dos riscos a que se está vulnerável. Nesse cenário, Zygmunt Bauman argumenta:

> No ambiente líquido-moderno, contudo, a luta contra os medos se tornou tarefa para a vida inteira, enquanto os perigos que os deflagram – ainda que nenhum deles seja percebido como *inadministrável* – passaram a ser considerados companhias permanentes e *indissociáveis* da vida humana. Nossa vida está longe de ser livre do medo, e o ambiente líquido moderno em que tende a ser conduzida está longe de ser livre de perigos e ameaças. A *vida inteira* é agora uma longa luta, e provavelmente impossível de vencer, contra o impacto potencialmente incapacitante dos medos e contra os perigos, genuínos ou supostos, que nos tornam temerosos. Pode-se percebê-la melhor como uma busca contínua e uma perpétua checagem de estratagemas e expedientes que nos permitem afastar, mesmo que temporariamente, a iminência dos perigos – ou, melhor ainda, deslocar a preocupação com eles para o incinerador lateral onde possam, ao que se espera, fenecer ou permanecer esquecidos durante a nossa duração. A inventividade humana não conhece fronteiras. Há uma plenitude de estratagemas. Quanto mais exuberantes são, mais ineficazes e conclusivos os seus resultados.[145]

---

[142] BIONI, Bruno Ricardo; LUCIANO, Maria. O princípio da precaução na regulação de inteligência artificial: seriam as leis de proteção de dados o seu portal de entrada? *In*: FRAZÃO, Ana. MULHOLLAND, Caitlin (Coord.). *Inteligência artificial e direito*: ética, regulação e responsabilidade. São Paulo: Thomson Reuters Brasil, 2019. p. 210.

[143] "O recurso ao princípio da precaução pressupõe que se identificaram efeitos potencialmente perigosos decorrentes de um fenómeno, de um produto ou de um processo e que a avaliação científica não permite a determinação do risco com suficiente segurança".

[144] BIONI, Bruno Ricardo; LUCIANO, Maria. O princípio da precaução na regulação de inteligência artificial: seriam as leis de proteção de dados o seu portal de entrada? *In*: FRAZÃO, Ana. MULHOLLAND, Caitlin (Coord.). *Inteligência artificial e direito*: ética, regulação e responsabilidade. São Paulo: Thomson Reuters Brasil, 2019. p. 211.

[145] BAUMAN, Zygmunt. *Medo líquido*. 1. ed. Rio de Janeiro: Zahar, 2012. p. 13.

Tal perspectiva assenta a inafastabilidade dos riscos no contexto social e a indissociável necessidade de administração, acompanhada do medo que permeia a sociedade líquida. Os danos objeto de análise do princípio da precaução usualmente se constituem como danos coletivos, o que evidencia as razões de sua original consagração na esfera ambiental e na sua compreensão de princípio de ordem política, voltado a direcionar a ação dos poderes, estendendo-se, também, ao setor privado, a fim de orientar quem movimenta atividade apta a gerar risco a terceiros ou à coletividade.[146]

Nesse trilhar teórico, alicerça-se o art. 10 do Código de Defesa do Consumidor,[147] que estipula o dever do fornecedor de não inserir no mercado produto ou serviço que apresenta alto grau de nocividade ou periculosidade à saúde ou segurança. Quanto à precaução consumerista, assume relevância a questão da informação, enquanto elemento socializador do risco.

> A informação é elemento essencial da precaução porque garante o acesso das pessoas ao conteúdo das decisões tomadas, permitindo a devida fiscalização. A informação permite que cada um, em última análise, tome para si parte do gerenciamento dos riscos que lhe assombram. A informação é indispensável para o exercício da escolha, da autodeterminação, sempre que há espaço para tanto.[148]

Os riscos peculiares à era de produção em massa e de avanços tecnológicos bruscos implicam o dever de prudência diferenciado do fornecedor.[149] No que tange ao desenvolvimento da IA, a diretriz normativa da precaução exsurge como uma garantia de proteção ao consumidor no que concerne aos padrões mínimos de qualidade e segurança dos produtos comercializados, máxime considerando os casos em que os dados científicos disponíveis ainda não permitem

---

[146] PORTO, Uly de Carvalho Rocha. *A responsabilidade civil extracontratual por danos causados por robôs autônomos*. 2018. Dissertação (Mestrado em Ciências Jurídico-Civilistas) – Faculdade de Direito, Universidade de Coimbra, Coimbra, 2018. p. 43.
[147] "Art. 10. O fornecedor não poderá colocar no mercado de consumo produto ou serviço que sabe ou deveria saber apresentar alto grau de nocividade ou periculosidade à saúde ou segurança".
[148] HARTMANN, Ivar Alberto Martins. O princípio da precaução e sua aplicação no direito do consumidor: dever de informação. *Revista Direito e Justiça*, v. 38, n. 2, p. 156-182, jul./dez. 2012. p. 8.
[149] HARTMANN, Ivar Alberto Martins. O princípio da precaução e sua aplicação no direito do consumidor: dever de informação. *Revista Direito e Justiça*, v. 38, n. 2, p. 156-182, jul./dez. 2012. p. 13.

uma completa avaliação do risco à integridade dos interesses jurídicos dos consumidores.

No caso da IA, em que a presença da *black box* é relevante, o princípio da precaução se materializa por meio da proporcionalidade entre as medidas adotadas e o nível de proteção, exame de vantagens e desvantagens resultantes do objeto, reexame de orientações similares consagradas em casos análogos e permanência de pesquisas e avaliações científicas acerca da atividade.

O princípio da prevenção, por sua vez, trata de eventos mais previsíveis ou cujo risco já é concreto e razoavelmente delimitado pelo estágio científico, diferenciando-se, assim, do princípio da precaução. Trata-se de princípio consagrado a partir da constatação de que o desenvolvimento da sociedade industrial caminha lado a lado com o desenvolvimento dos riscos. Nesse sentido, afirma-se que "o princípio da prevenção é uma conduta racional ante um mal que a ciência pode objetivar e mensurar, que se move dentro das certezas das ciências".[150]

A responsabilidade civil sempre se marcou pela preocupação primordial com a reparação do dano, visando restabelecer um equilíbrio ao indivíduo lesado, uma vez que eventual dano não reparado representa fator de inquietação social.[151] Contemporaneamente, sublinha-se também a função preventiva da responsabilidade civil. Ressalte-se que se evidencia a função punitiva da responsabilidade civil, que tem como característica primordial "[...] a repressão às condutas excessivamente graves, para que, educativamente e dissuasivamente, possa-se evitar que o causador do dano pratique novamente o mesmo ato, ao passo que tenta restabelecer a vida do indivíduo lesado ao estado inicial".[152]

A responsabilidade civil assume, assim, também um caráter pedagógico, com a possibilidade de pautar comportamentos adequados e consentâneos com o ordenamento jurídico. A função preventiva, por sua vez, assume caráter de extrema relevância no referido contexto de riscos, pois visa assegurar padrões de segurança, evitando a

---

[150] HAMMERSCHMIDT, Denise. O risco na sociedade contemporânea e o princípio da precaução no Direito Ambiental. *Revista Sequência*, n. 45, p. 97-122, dez. 2002. p. 111.
[151] AQUINO JÚNIOR, Geraldo Frazão de. Responsabilidade civil dos provedores de internet. In: EHRHARDT JÚNIOR, Marcos; LÔBO, Fabíola Albuquerque (Coord.). *Privacidade e sua compreensão no direito brasileiro*. Belo Horizonte: Fórum, 2019. p. 107.
[152] SANTOS, Adriano Barreto Espíndola. O instituto da responsabilidade civil, a função punitiva e a teoria do valor do desestímulo no cenário luso-brasileiro. *Revista Jurídica Luso-Brasileira*, ano 4, n. 2, 2018. p. 589.

proliferação de danos, e acarreta uma alteração na fisionomia sistemática da responsabilidade civil.

Nos termos de Marcos Ehrhardt Júnior:

> Costuma sempre ser destacada em casos de danos transindividuais, com o objetivo de se evitar a ocorrência de tais danos – por atingirem interesses da generalidade de pessoas que integram uma comunidade, como ocorre, por exemplo, nos casos de danos ambientais. A função de matiz dissuasório vem sendo debatida na doutrina e na jurisprudência sob várias denominações e frequentemente vem associada à denominada "teoria do valor do desestímulo".[153]

Alicerçada na teoria do valor do desestímulo, a função preventiva tem por objetivo evitar as condutas lesantes e prevenir futuros danos. Começa-se a tratar acerca da função social na responsabilidade civil, que se consubstancia no caráter protetivo e preventivo que adverte o lesante de seu dever de se abster de novas investidas.[154]

Nelson Rosenvald sustenta que os mecanismos restitutórios transcendem uma função compensatória própria da responsabilidade civil clássica sem, ao mesmo tempo, converterem-se em sanções punitivas, de modo que a valorização da função preventiva da responsabilidade civil pode materializar-se tanto pela aplicação de sanções punitivas civis quanto por pretensões restitutórias, como regra de incentivo à reação aos ilícitos, superando o plano intersubjetivo da neutralização de danos para valorizar a função de desestímulo de comportamentos nocivos a toda a sociedade e a remoção de ganhos ilícitos.[155]

Trata-se de consagrar a tutela dos direitos de personalidade, compreendidos como aqueles direitos imprescindíveis ao pleno e saudável desenvolvimento das virtudes biopsíquicas do ser humano,[156] com fulcro no dever normativo de solidariedade social que passa a disciplinar as relações com o advento da Constituição Federal de 1988.

---

[153] EHRHARDT JÚNIOR, Marcos. Apontamentos para uma teoria geral da responsabilidade civil no Brasil. *In*: ROSENVALD, Nelson; MILAGRES, Marcelo (Org.). *Responsabilidade civil*: novas tendências. 2. ed. Indaiatuba: Foco, 2018. p. 45-72.

[154] SANTOS, Adriano Barreto Espíndola. Novos paradigmas para a função social da responsabilidade civil. *Revista Jurídica Luso-Brasileira*, ano 4, n. 3, 2018. p. 25.

[155] ROSENVALD, Nelson. Responsabilidade civil: compensar, punir e restituir. *In*: SENA, Michel Canuto de. *Responsabilidade civil*: aspectos gerais e temas contemporâneos. 1. ed. Campo Grande: Contemplar, 2020. p. 136.

[156] JABUR, Gilberto Haddad. Direito privado, direito constitucional e dignidade humana. *Revista Jurídica Luso-Brasileira*, ano 4, n. 5, 2018. p. 5.

Abandona-se o paradigma exclusivo da culpa, que, como um produto do século XVII, designava a ideia de censura moral do dano, enfatizada na reprovação da consciência,[157] dando espaço à reparação com fulcro no risco da atividade, além de situações de presunção de culpa. Essa tendência é percebida cada vez mais com o intuito de abarcar uma maior gama de fenômenos.

> De molde a fazer com que considerável parcela dos danos não reste irresarcida, os ordenamentos jurídicos contemporâneos têm procurado alargar o campo do dever de indenizar, englobando situações antes não previstas, principalmente se se toma em conta a crescente complexidade da sociedade atual e as inovações tecnológicas levadas a efeito no contexto atual do mundo globalizado e do desenvolvimento dos meios de comunicação.[158]

Passa-se a conviver com um modelo dualista de responsabilidade civil: a responsabilidade subjetiva, baseada no art. 186[159] do Código Civil, e a responsabilidade objetiva para determinadas atividades, nos termos da cláusula geral do parágrafo único do art. 927[160] do mesmo diploma normativo. Abandona-se a perspectiva clássica de que a responsabilidade civil somente adviria de atos ilícitos, já que mesmo atos lícitos passam a ter o condão de ensejar o dever de indenização em determinadas hipóteses, o que se caracteriza pelo reconhecimento do risco como um fator intrínseco à sociedade contemporânea. Ademais, esse modelo dualista também começa a enfrentar suas dificuldades, instaurando discussões incipientes sobre padrões de responsabilidade proativa.

Considera-se a possibilidade de caracterização da inteligência artificial como uma atividade de risco,[161] posição sustentável em países

---

[157] PEREIRA, Alexandre Pimenta Batista. Os confins da responsabilidade objetiva nos horizontes da sociologia do risco. *Revista de Informação Legislativa*, v. 43, n. 170, p. 181-189, abr./jun. 2006. p. 4.

[158] AQUINO JÚNIOR, Geraldo Frazão de. Responsabilidade civil dos provedores de internet. In: EHRHARDT JÚNIOR, Marcos; LÔBO, Fabíola Albuquerque (Coord.). *Privacidade e sua compreensão no direito brasileiro*. Belo Horizonte: Fórum, 2019. p. 108.

[159] "Art. 186. Aquele que, por ação ou omissão voluntária, negligência ou imprudência, violar direito e causar dano a outrem, ainda que exclusivamente moral, comete ato ilícito".

[160] "Art. 927. Aquele que, por ato ilícito (arts. 186 e 187), causar dano a outrem, fica obrigado a repará-lo. Parágrafo único. Haverá obrigação de reparar o dano, independentemente de culpa, nos casos especificados em lei, ou quando a atividade normalmente desenvolvida pelo autor do dano implicar, por sua natureza, risco para os direitos de outrem".

[161] CERKA, Paulius; GRIGIENE, Jurgita; SIRBIKYTE, Gintare. Liability for damages caused by artificial intelligence. *Computer Law and Security Review*, United Kingdom, v. 31, p. 376-389, 2015. p. 386; e TEPEDINO, Gustavo; SILVA, Rodrigo da Guia. Desafios da inteligência artificial

que possuem cláusulas gerais de responsabilidade para atividades de risco, como o Brasil (art. 927, parágrafo único, Código Civil), além da disciplina do regime de responsabilidade pelo fato de o produto ou serviço achar-se previsto pelo Código de Defesa do Consumidor.

## 3.1 Das contingências tecnológicas e dos riscos do desenvolvimento

Nessa perspectiva de risco, a noção de risco de desenvolvimento emerge como um fator por vezes suscitado como excludente de responsabilização. Os riscos de desenvolvimento "são os efeitos negativos colaterais provenientes da utilização dos produtos industriais, que podem ocorrer após os produtos serem fornecidos pelos consumidores".[162]

Nos termos de Cavalieri, o princípio da precaução tem se tornado útil e necessário na prevenção dos riscos de desenvolvimento, assim entendidos aqueles que, em face do estado da ciência e da técnica à época da colocação do produto ou serviço em circulação, eram desconhecidos e imprevisíveis.[163]

A solução jurídica demandaria uma análise do caso concreto que considerasse as disposições do estado científico atinente ao ramo em questão. Para Marcos Catalan, os riscos do desenvolvimento "gravitam ao redor do momento temporal favorável à identificação dos riscos atados ao consumo de determinado bem ou serviço".[164] Conforme Gustavo Tepedino, é "expressão que busca aludir à possibilidade de que o desenvolvimento científico venha a apresentar novas e mais seguras tecnologias que anteriormente não poderiam ser conhecidas

---

em matéria de responsabilidade civil. *Revista Brasileira de Direito Civil*, Belo Horizonte, v. 21, p. 61-86, jul./set. 2019. p. 83.

[162] MENEZES, Joyceane Bezerra de; COELHO, José Martônio Alves; BUGARIM, Maria Clara Cavalcante. A expansão da responsabilidade civil na sociedade de riscos. *Scientia Iuris*, Londrina, v. 15, n. 1, p. 29-50, jun. 2011. p. 2.

[163] CAVALIERI FILHO, Sergio. *Programa de responsabilidade civil*. 9. ed. São Paulo: Atlas, 2010.

[164] CATALAN, Marcos. Estado da arte, riscos do desenvolvimento e proteção do consumidor frente às incertezas contidas no porvir. *In*: MIRAGEM, Bruno; MARQUES, Cláudia Lima; OLIVEIRA, Amanda Flávio de. *25 anos de Código de Defesa do Consumidor*: trajetória e perspectivas. São Paulo: Revista dos Tribunais, 2016. p. 196.

pelo agente, o que justificaria a exclusão da sua responsabilidade por eventuais danos".[165]

O risco do desenvolvimento consiste em danos causados por um produto que, inicialmente, não se mostra defeituoso; pela impossibilidade técnica de verificação de ameaças e danos na época da introdução do produto no mercado, somente identificados após o desenvolvimento científico posterior.

De acordo com Uly de Carvalho:

> A questão parece centrar-se, no fundo, em discutir se os consumidores deveriam ou não suportar os riscos que acompanham o avanço tecnológico e científico, já que são danos que se presumem inevitáveis. Apesar da previsão expressa da excludente de responsabilidade do produtor a este título nos diplomas aludidos, discute-se se as consequências lesivas dos atos independentes de robôs autônomos devem ser consideradas abrangidas de fato pela noção de riscos de desenvolvimento ou, contrariamente, se o dano ocasionado em razão de conduta não determinada e não prevista pelos programadores corresponde a um fato do produto por simplesmente haver gerado dano e, assim, não funcionar como cláusula de exclusão da responsabilidade do produtor.[166]

Em que pese a citação se refira aos robôs autônomos, o raciocínio também é aplicável à inteligência artificial de um modo geral, já que essa tecnologia também tem o potencial de causar danos que muitas vezes não são esperados pelo desenvolvedor. Na Europa, tal fator é considerado como excludente de responsabilização civil, nos termos da Diretiva de Comunidade Europeia (Directiva 85/374/CEE), cujo art. 7º, "e", dispõe: "O produtor não é responsável nos termos da presente directiva se provar: [...] e) Que o estado dos conhecimentos científicos e técnicos no momento da colocação em circulação do produto não lhe permitiu detectar a existência do defeito".[167] Impende verificar, nesse contexto, se os atos de inteligência artificial se enquadram na concepção

---

[165] TEPEDINO, Gustavo; SILVA, Rodrigo da Guia. Desafios da inteligência artificial em matéria de responsabilidade civil. *Revista Brasileira de Direito Civil*, Belo Horizonte, v. 21, p. 61-86, jul./set. 2019. p. 78.
[166] PORTO, Uly de Carvalho Rocha. *A responsabilidade civil extracontratual por danos causados por robôs autônomos*. 2018. Dissertação (Mestrado em Ciências Jurídico-Civilistas) – Faculdade de Direito, Universidade de Coimbra, Coimbra, 2018. p. 54.
[167] UNIÃO EUROPEIA. *Diretivas da Comunidade Europeia*. Disponível em: https://eur-lex.europa.eu/legal-content/PT/TXT/?uri=celex%3A31985L0374. Acesso em: 17 set. 2018.

de risco de desenvolvimento ou se originariam meros danos oriundos do fato da coisa.

No Brasil, há resistência à aplicabilidade da teoria do risco do desenvolvimento como excludente de responsabilização civil. Tanto é assim que o Enunciado nº 43 da Jornada de Direito Civil estipula que "a responsabilidade civil pelo fato do produto, prevista no art. 931 do novo Código Civil, também inclui os riscos do desenvolvimento". No mesmo sentido, em maio de 2020, o Superior Tribunal de Justiça decidiu, no REsp nº 1.774.372/RS,[168] de Relatoria da Ministra Nancy Andrighi, que o laboratório tem responsabilidade objetiva na ausência de prévia informação qualificada quanto aos possíveis efeitos colaterais da medicação, ainda que se trate de risco de desenvolvimento, por este se caracterizar como um fortuito interno.

---

[168] "RECURSO ESPECIAL. [...] DEVER DE INFORMAR QUALIFICADO DO FABRICANTE. VIOLAÇÃO. DEFEITO DO PRODUTO. RISCO DO DESENVOLVIMENTO. DEFEITO DE CONCEPÇÃO. FORTUITO INTERNO. RESPONSABILIDADE OBJETIVA DO FABRICANTE CONFIGURADA. CULPA CONCORRENTE DO CONSUMIDOR AFASTADA. COMPROVAÇÃO DOS DANOS EMERGENTES E DOS LUCROS CESSANTES. NECESSIDADE DE LIQUIDAÇÃO DA SENTENÇA. REEXAME DE FATOS E PROVAS. SÚMULA 7/STJ. DANO MORAL. MAJORAÇÃO DA VERBA FIXADA. VERBA ALIMENTAR RECEBIDA EM ANTECIPAÇÃO DE TUTELA. NATUREZA IRREPETÍVEL. COMPENSAÇÃO INVIÁVEL. INCIDENTE DE FALSIDADE JULGADO IMPROCEDENTE. ÔNUS DA SUCUMBÊNCIA QUE RECAI SOBRE A PARTE VENCIDA. JULGAMENTO: CPC/15. 6. O ordenamento jurídico não exige que os medicamentos sejam fabricados com garantia de segurança absoluta, até porque se trata de uma atividade de risco permitido, mas exige que garantam a segurança legitimamente esperável, tolerando os riscos considerados normais e previsíveis em decorrência de sua natureza e fruição, desde que o consumidor receba as informações necessárias e adequadas a seu respeito (art. 8º do CDC). 7. O fato de o uso de um medicamento causar efeitos colaterais ou reações adversas, por si só, não configura defeito do produto se o usuário foi prévia e devidamente informado e advertido sobre tais riscos inerentes, de modo a poder decidir, de forma livre, refletida e consciente, sobre o tratamento que lhe é prescrito, além de ter a possibilidade de mitigar eventuais danos que venham a ocorrer em função dele. 8. O risco do desenvolvimento, entendido como aquele que não podia ser conhecido ou evitado no momento em que o medicamento foi colocado em circulação, constitui defeito existente desde o momento da concepção do produto, embora não perceptível a priori, caracterizando, pois, hipótese de fortuito interno. 9. Embora a bula seja o mais importante documento sanitário de veiculação de informações técnico-científicas e orientadoras sobre um medicamento, não pode o fabricante se aproveitar da tramitação administrativa do pedido de atualização junto a Anvisa para se eximir do dever de dar, prontamente, amplo conhecimento ao público - pacientes e profissionais da área de saúde -, por qualquer outro meio de comunicação, dos riscos inerentes ao uso do remédio que fez circular no mercado de consumo. 10. Hipótese em que o desconhecimento quanto à possibilidade de desenvolvimento do jogo patológico como reação adversa ao uso do medicamento SIFROL subtraiu da paciente a capacidade de relacionar, de imediato, o transtorno mental e comportamental de controle do impulso ao tratamento médico ao qual estava sendo submetida, sobretudo por se tratar de um efeito absolutamente anormal e imprevisível para a consumidora leiga e desinformada, especialmente para a consumidora portadora de doença de Parkinson, como na espécie. [...]" (REsp nº 1.774.372/RS. Rel. Min. Nancy Andrighi, Terceira Turma, j. 5.5.2020. DJe, 18 maio 2020).

Joyceane Bezerra de Menezes e Roberta Teles Cardoso sustentam que o risco do desenvolvimento usualmente está associado ao dano injusto, na condição de riscos imprevisíveis e anônimos, que não possuem conexão imediata com uma conduta individualizada, legitimando a indenização às respectivas vítimas.[169]

A posição refratária à ideia do risco do desenvolvimento como uma excludente de responsabilidade baseia-se também no fato de que o rol de excludentes de responsabilidade do Código de Defesa do Consumidor, exposto no art. 12, parágrafo terceiro, é taxativo e, por conseguinte, não menciona expressamente o defeito oriundo do risco do desenvolvimento.[170]

Ademais, argumenta-se que é necessário pensar na tutela da pessoa humana além "dos riscos derivados dos defeitos qualificados numa legislação de caráter temporal que é o CDC. É imperioso garantir-lhe a tutela macro permitida pelos princípios constitucionais, em face de uma realidade desafiadora e atemorizadora que são os riscos de desenvolvimento",[171] considerando que todo dano derivado de máquinas automatizadas seria proveniente de uma falha humana *lato sensu*, quanto à concepção, à fabricação ou à informação prestada ao consumidor.

A verificação do defeito de concepção nem sempre é fácil, dada a existência de múltiplas cadeias de produção:

> A tomada de decisão da AI, a partir do *self-learning*, poderia ser equiparada a um defeito de concepção imputável ao fornecedor? O defeito de concepção é caracterizado pelo erro de projeto ou pela escolha equivocada dos materiais a serem utilizados na fabricação do produto, de tal maneira que a insegurança está diretamente ligada, como o próprio termo explicita, à concepção ou idealização. Seria esse o caso da tomada

---

[169] MENEZES, Joyceane Bezerra de; CARDOSO, Roberta Teles. A figura do dano injusto na doutrina e a sua aplicação pelos Tribunais Superiores do Brasil. *In*: SENA, Michel Canuto de. *Responsabilidade civil*: aspectos gerais e temas contemporâneos. 1. ed. Campo Grande: Contemplar, 2020. p. 199.

[170] MENEZES, Joyceane Bezerra de; COELHO, José Martônio Alves; BUGARIM, Maria Clara Cavalcante. A expansão da responsabilidade civil na sociedade de riscos. *Scientia Iuris*, Londrina, v. 15, n. 1, p. 29-50, jun. 2011. p. 41.

[171] MENEZES, Joyceane Bezerra de; COELHO, José Martônio Alves; BUGARIM, Maria Clara Cavalcante. A expansão da responsabilidade civil na sociedade de riscos. *Scientia Iuris*, Londrina, v. 15, n. 1, p. 29-50, jun. 2011. p. 42.

de decisão da AI ou estar-se-ia tratando apenas de um desdobramento independente e autônomo a partir da nova realidade tecnológica?[172]

Sob esse prisma o condicionamento da responsabilidade do fornecedor à verificação de um defeito pode acarretar dificuldades para a vítima, soando mais consentânea com o paradigma atual do direito de danos a caracterização da responsabilidade com fulcro na teoria do risco, em diálogo de fontes.

Observam Gustavo Tepedino e Rodrigo da Guia Silva:

> Afigura-se tênue, com efeito, a linha divisória entre o dano (que se espera não previsto, em homenagem à presunção de boa-fé subjetiva) produzido por sistema autônomo defeituoso e o dano produzido por sistema autônomo não defeituoso. Em meio às dúvidas sobre o que se deveria considerar sistema defeituoso, cresce não apenas o potencial de lesão à coletividade exposta às novas tecnologias, mas também o temor da responsabilização de uma pessoa por danos imprevisíveis causados pelos sistemas autônomos.[173]

Marcos Catalan aduz:

> O direito brasileiro optou, ainda que implicitamente, por imputar tais consequências àquele que introduz o produto ou serviço no mercado, induzindo – diante da apontada opção axiológica – à assimilação coletiva dos danos e à socialização da dimensão econômica, materializada por meio das lesões havidas na seara fenomenológica.[174]

Acompanham esse posicionamento, entre outros, autores como Paulo de Tarso Vieira Sanseverino,[175] Marco Aurélio Lopes Ferreira da

---

[172] MAGRANI, Eduardo; SILVA, Priscilla; VIOLA, Rafael. Novas perspectivas sobre ética e responsabilidade de inteligência artificial. *In*: FRAZÃO, Ana; MULHOLLAND, Caitlin (Coord.). *Inteligência artificial e direito*: ética, regulação e responsabilidade. São Paulo: Thomson Reuters Brasil, 2019. p. 134.

[173] TEPEDINO, Gustavo; SILVA, Rodrigo da Guia. Inteligência artificial e elementos da responsabilidade civil. *In*: FRAZÃO, Ana; MULHOLLAND, Caitlin (Coord.). *Inteligência artificial e direito*: ética, regulação e responsabilidade. São Paulo: Thomson Reuters Brasil, 2019. p. 306.

[174] CATALAN, Marcos. Estado da arte, riscos do desenvolvimento e proteção do consumidor frente às incertezas contidas no porvir. *In*: MIRAGEM, Bruno; MARQUES, Cláudia Lima; OLIVEIRA, Amanda Flávio de. *25 anos de Código de Defesa do Consumidor*: trajetória e perspectivas. São Paulo: Revista dos Tribunais, 2016. p. 195.

[175] SANSEVERINO, Paulo de Tarso Vieira. Responsabilidade civil por acidentes de consumo. *In*: LOPEZ, Teresa Ancona; AGUIAR JÚNIOR, Ruy Rosado (Coord.). *Contratos de consumo e atividade econômica*. São Paulo: Saraiva, 2009. p. 332-338.

Silva,[176] Carla Marshall,[177] Eduardo Arruda Alvim,[178] Manoel Martins Júnior[179] e Marcelo Junqueira Calixto.[180] A defesa lastreada no desconhecimento de defeitos parece acarretar um retorno ao paradigma já obsoleto da responsabilidade civil baseada na culpa, o que não se coaduna com os ditames de risco da sociedade contemporânea.

A perspectiva favorável à caracterização do risco do desenvolvimento como uma excludente de responsabilidade civil se alicerça na determinação do art. 12, parágrafo único, do Código de Defesa do Consumidor, que estipula a responsabilidade objetiva do fornecedor e determina que seja considerado defeituoso o produto quando não oferecer a segurança que dele legitimamente se espera, levando-se em consideração as circunstâncias relevantes, entre as quais a sua apresentação, o uso e os riscos que razoavelmente dele se preveem e a época em que foi colocado em circulação.

Essa noção é corroborada pelo §3º do mesmo dispositivo legal. Este dispõe que o fornecedor não será responsabilizado se provar que o defeito inexiste. Paulo Lôbo considera o risco do desenvolvimento como exoneratório da responsabilidade do fornecedor, tendo em vista que todo produto lançado no mercado, em conformidade com os dados da ciência e tecnologia atualmente irrefutáveis, pode ser considerado adequado e seguro.[181]

A posição favorável à ideia de risco do desenvolvimento como uma excludente de responsabilidade baseia-se na hipótese de que tal responsabilização acarretaria um desestímulo à introdução de novos produtos e de padrões atualizados de segurança no mercado, já que o

---

[176] SILVA, Marco Aurélio Lopes Ferreira de. Responsabilidade pelo risco do desenvolvimento. *Revista da Faculdade de Direito de Campos*, Campos dos Goytacazes, n. 8, p. 379-397, jan./jun. 2006.

[177] MARSHALL, Carla Izolda Fiúza Costa. Responsabilidade civil do fabricante por produto defeituoso na União Europeia e no Brasil. *Revista de Administração Pública*, Rio de Janeiro, v. 32, n. 3, p. 249-255, mar. 1998. ISSN 1982-3134. Disponível em: http://bibliotecadigital.fgv.br/ojs/index.php/rap/article/view/7744. Acesso em: 1º jan. 2020.

[178] ALVIM, Eduardo Arruda. Responsabilidade civil pelo fato do produto no Código de Defesa do Consumidor. *Revista de Direito do Consumidor*, São Paulo, n. 15, p. 132-151, jul./set. 1995.

[179] MARTINS JÚNIOR, Manoel. A responsabilidade civil do fornecedor pelo fato do produto no Código de Defesa do Consumidor. *Revista IMES de Direito*, São Caetano do Sul, v. 2, n. 4, jan./jun. 2002.

[180] CALIXTO, Marcelo Junqueira. O art. 931 do Código Civil e os riscos do desenvolvimento. *Revista Trimestral de Direito Civil*, Rio de Janeiro, jan./mar. 2005.

[181] LÔBO, Paulo Luiz Netto. A informação como direito fundamental do consumidor. *Revista de Direito do Consumidor*, São Paulo, n. 37, p. 59-76, 2001. p. 69.

fornecedor seria obrigado a arcar com indenizações de qualquer forma, além de acarretar um acréscimo no valor dos produtos comercializados.

Catalan classifica os argumentos que envolvem a matéria em argumentos de ordem econômico-social, de ordem dogmática e de ordem filosófica.[182] Os de ordem econômico-social dispõem acerca da questão da inviabilização de paralisação das atividades tecnológicas, que ocorreria em razão da responsabilização por danos desconhecidos no processo produtivo; os de cunho dogmático se referem à ausência estrita de defeito, por não ser razoável a existência de expectativa de segurança que ultrapasse o conhecimento apreendido pelo estado da arte quando da introdução do produto no mercado, além da inexistência de violação ao dever de informação ou concepção e o fato de que produtos nocivos não se confundem com produtos defeituosos; por fim, os de cunho filosófico dizem respeito à injustiça de imputação de um dever de reparação ao empresário por força da utilização retroativa de parâmetro de aferição que não poderia ser previsto no momento da introdução do produto no mercado. O embate assume um caráter de choque entre argumentos de ordem protetiva em face de argumentos de ordem consequencial.

A discussão dos riscos do desenvolvimento remonta a danos e efeitos de longo prazo, como efeitos de fármacos,[183] uso de transgênicos,[184] utilização contínua e frequente de artefatos tecnológicos,[185] entre outros aspectos ora mencionados a título exemplificativo. Cita-se, nesse teor, o caso do amianto crisotila, cuja utilização fora proibida no território brasileiro a partir da declaração de inconstitucionalidade do art. 2º da Lei Federal nº 9.055/95, pelo Supremo Tribunal Federal, em sede da ADI

---

[182] CATALAN, Marcos. O desenvolvimento nanotecnológico e o dever de reparar os danos ignorados pelo processo produtivo. *Revista de Direito do Consumidor*, São Paulo, n. 74, p. 113-147, abr./jun. 2010. p. 128.

[183] AINDA não se conhecem os efeitos dos medicamentos para esclerose múltipla no longo prazo. *Cochrane Brasil*, 17 fev. 2016. Disponível em: https://brazil.cochrane.org/news/ainda-n%C3%A3o-se-conhecem-os-efeitos-dos-medicamentos-para-esclerose-m%C3%BAltipla-no-longo-prazo. Acesso em: 31 dez. 2019.

[184] TRANSGÊNICOS: como podem impactar à saúde e causar danos ao meio ambiente. *Dr. Barakat*, 9 nov. 2016. Disponível em: https://www.brasildefato.com.br/node/12318/. Acesso em: 31 dez. 2019.

[185] PAPADA, insônia e acne: veja danos que o uso de celular pode causar. *Terra*. Disponível em: https://www.terra.com.br/vida-e-estilo/saude/bem-estar/papada-insonia-e-acne-veja-danos-que-o-uso-de-celular-pode-causar,518ab3680b600410VgnVCM10000098cceb0aRCRD.html Acesso em: 31 dez. 2019.

nº 3.937.[186] No julgado, compreendeu-se que o dispositivo que permitia a comercialização do amianto no Brasil passou por um processo de inconstitucionalização, dada a alteração dos fatos e o conhecimento científico sobre o tema.

Na época da publicação da legislação autorizativa, não existia consenso científico acerca dos prejuízos oriundos do amianto, razão pela qual o dispositivo não fora questionado – o que, ressalte-se, já é controverso sob o prisma do princípio da precaução. No momento atual,

---

[186] "Ação direta de inconstitucionalidade. Lei nº 12.684/2007 do Estado de São Paulo. Proibição do uso de produtos, materiais ou artefatos que contenham quaisquer tipos de amianto ou asbesto. Produção e consumo, proteção do meio ambiente e proteção e defesa da saúde. Competência legislativa concorrente. Impossibilidade de a legislação estadual disciplinar matéria de forma contrária à lei geral federal. Lei federal nº 9.055/1995. Autorização de extração, industrialização, utilização e comercialização do amianto da variedade crisotila. Processo de inconstitucionalização. Alteração nas relações fáticas subjacentes à norma jurídica. Natureza cancerígena do amianto crisotila e inviabilidade de seu uso de forma efetivamente segura. Existência de matérias-primas alternativas. Ausência de revisão da legislação federal, como determina a Convenção nº 162 da OIT. Inconstitucionalidade superveniente da Lei Federal nº 9.055/1995. Competência legislativa plena dos estados. Constitucionalidade da Lei estadual nº 12.684/2007. Improcedência da ação [...]. 4. No entanto, o art. 2º da Lei Federal nº 9.055/1995 passou por um processo de inconstitucionalização, em razão da alteração nas relações fáticas subjacentes à norma jurídica, e, no momento atual, não mais se compatibiliza com a Constituição de 1988. Se, antes, tinha-se notícia dos possíveis riscos à saúde e ao meio ambiente ocasionados pela utilização da crisotila, falando-se, na época da edição da lei, na possibilidade do uso controlado dessa substância, atualmente, o que se observa é um consenso em torno da natureza altamente cancerígena do mineral e da inviabilidade de seu uso de forma efetivamente segura, sendo esse o entendimento oficial dos órgãos nacionais e internacionais que detêm autoridade no tema da saúde em geral e da saúde do trabalhador. 5. A Convenção nº 162 da Organização Internacional do Trabalho, de junho de 1986, prevê, dentre seus princípios gerais, a necessidade de revisão da legislação nacional sempre que o desenvolvimento técnico e o progresso no conhecimento científico o requeiram (art. 3º, §2). A convenção também determina a substituição do amianto por material menos danoso, ou mesmo seu efetivo banimento, sempre que isso se revelar necessário e for tecnicamente viável (art. 10). Portanto, o Brasil assumiu o compromisso internacional de revisar sua legislação e geral federal, desvirtuando o mínimo de unidade normativa almejado pela Constituição Federal. [...] 6. Quando da edição da lei federal, o país não dispunha de produto qualificado para substituir o amianto crisotila. No entanto, atualmente, existem materiais alternativos. Com o advento de materiais recomendados pelo Ministério da Saúde e pela Anvisa e em atendimento aos compromissos internacionais de revisão periódica da legislação, a Lei Federal nº 9.055/1995 – que, desde sua edição, não sofreu nenhuma atualização -, deveria ter sido revista para banir progressivamente a utilização do asbesto na variedade crisotila, ajustando-se ao estágio atual do consenso em torno dos riscos envolvidos na utilização desse mineral. 7. (i) O consenso dos órgãos oficiais de saúde geral e de saúde do trabalhador em torno da natureza altamente cancerígena do amianto crisotila, (ii) a existência de materiais alternativos à fibra de amianto e (iii) a ausência de revisão da legislação federal revelam a inconstitucionalidade superveniente (sob a óptica material) da Lei Federal nº 9.055/1995, por ofensa ao direito à saúde (art. 6º e 196, CF/88), ao dever estatal de redução dos riscos inerentes ao trabalho por meio de normas de saúde, higiene e segurança (art. 7º, inciso XXII, CF/88), e à proteção do meio ambiente (art. 225, CF/88)".

contudo, resta consolidado o conhecimento científico de seus efeitos nefastos, o que teria tornado incompatível com a Constituição Federal a permissão de uso do amianto.

Sobre o fluxo científico, Marcos Catalan argumenta:

> O que parece diferir os contornos delineadores do ambiente contemporâneo dos cenários outrora existentes é a velocidade com que o conhecimento é produzido, transformado e propagado e, em tal contexto, a rapidez que marca o processo de mutação do estado da arte nos mais diversos segmentos do saber, um processo, é oportuno apontar, que, raras vezes, parece ser informado pela dimensão preventiva que pulsa do direito de danos em construção no Brasil.[187]

Nesse mesmo contexto, a problemática da consolidação científica se agrava quando se constata um cenário de relativizações e de infodemia,[188] isto é, um fluxo superabundante e incessante de informações falsas e verdadeiras que se misturam e confundem o receptor, além de dificultar a localização de fontes e orientações confiáveis.

Um caso holandês paradigmático submetido a julgamento versa acerca da condenação de empresas que forneceram medicamentos à base da substância *diethylstilbestrol* (DES) ao dever de indenizar mulheres vitimadas pelo câncer associado ao uso da substância.[189] Pesquisadores haviam descoberto um vínculo entre o uso da DES por mulheres grávidas e a formação de câncer urogenital em meninas oriundas daquelas gestações, razão por que o Judiciário condenou as companhias farmacêuticas que fabricaram a substância a indenizar as vítimas.

Ainda no cenário da saúde, no auge da pandemia da Covid-19, a inteligência artificial vem sendo considerada um instrumento de combate, cujo risco de distorção pode ocasionar riscos de segregação e à privacidade dos indivíduos. Nesse ponto, uma empresa canadense

---

[187] CATALAN, Marcos. Estado da arte, riscos do desenvolvimento e proteção do consumidor frente às incertezas contidas no porvir. *In*: MIRAGEM, Bruno; MARQUES, Cláudia Lima; OLIVEIRA, Amanda Flávio de. *25 anos de Código de Defesa do Consumidor*: trajetória e perspectivas. São Paulo: Revista dos Tribunais, 2016. p. 194.

[188] DONOVAN, Joan. Here's how social media can combat the coronavirus 'infodemic'. *MIT Technology Review*, 17 mar. 2020. Disponível em: https://www.technologyreview.com/s/615368/facebook-twitter-social-media-infodemic-misinformation/. Acesso em: 1º abr. 2020.

[189] MENEZES, Joyceane Bezerra de; COELHO, José Martônio Alves; BUGARIM, Maria Clara Cavalcante. A expansão da responsabilidade civil na sociedade de riscos. *Scientia Iuris*, Londrina, v. 15, n. 1, p. 29-50, jun. 2011. p. 43.

chamada BlueDot coleta dados multilíngues de bases de dados oficiais da saúde pública para prever potenciais surtos.[190]

Pesquisadores da Harvard Medical School coletam dados autorizados e dados de mídias sociais para explorar tendências geográficas da doença.[191] Na China, drones são utilizados para alertar a população a usar máscaras.[192] Placas e tecnologias de reconhecimento fácil rastreiam pessoas para que se mantenham em isolamento,[193] além da implantação de *scanners* infravermelhos em estações de trem e aeroportos, que detectam indivíduos com febre.[194]

A China também adotou um aplicativo que classifica as pessoas segundo riscos de contágio e determina quem deve ficar em quarentena, além de enviar dados à polícia chinesa.[195] A empresa responsável pelo aplicativo e as autoridades não explicam como exatamente o sistema funciona, não sendo possível, no momento, avaliar com mais profundidade a dinâmica de utilização dos dados pessoais naquele país, que nos últimos anos vem se destacando na utilização de ferramentas de tratamento de dados biométricos para as mais diversas finalidades, em geral, estabelecidas e controladas pelo governo central.[196]

---

[190] NIILER, Eric. AI epidemiologist Wuhan public health warnings. *Wired*, 25 jan. 2020. Disponível em: https://www.wired.com/story/ai-epidemiologist-wuhan-public-health-warnings/. Acesso em: 22 mar. 2020.

[191] KNIGHT, Will. How AI is tracking coronavirus outbreak. *Wired*, 8 fev. 2020. Disponível em: https://www.wired.com/story/how-ai-tracking-coronavirus-outbreak/. Acesso em: 22 mar. 2020.

[192] 'YES, this drone is speaking to you': How China is reportedly enforcing coronavirus rules. *Global News*. Disponível em: https://globalnews.ca/news/6535353/china-coronavirus-drones-quarantine/. Acesso em: 22 mar. 2020.

[193] YANG, Yingzhi; ZHU, Julie. Coronavirus brings China's surveillance state out of the shadows. *Reuters* 7 fev. 2020. Disponível em: https://www.reuters.com/article/us-china-health-surveillance/coronavirus-brings-chinas-surveillance-state-out-of-the-shadows-idUSKBN2011HO. Acesso em: 22 mar. 2020.

[194] FENG, Coco. Coronavirus: AI firms deploy fever detection systems in Beijing to fight outbreak. *South China Morning Post*, 6 fev. 2020. Disponível em: https://www.scmp.com/tech/policy/article/3049215/ai-firms-deploy-fever-detection-systems-beijing-help-fight-coronavirus. Acesso em: 22 mar. 2020.

[195] IN CORONAVIRUS fight, China gives citizens a color code, with red flags. *The New York Times*, 1º mar. 2020. Disponível em: https://www.nytimes.com/2020/03/01/business/china-coronavirus-surveillance.html. Acesso em: 22 mar. 2020.

[196] Neste ponto, interessante destacar matéria publicada no jornal *El País*, com o seguinte título "O coronavírus de hoje e o mundo de amanhã, segundo o filósofo Byung-Chul Han", que compara o modo ocidental de se comportar perante as mais diversas formas de vigilância digital com a perspectiva oriental: "[...] A consciência crítica diante da vigilância digital é praticamente inexistente na Ásia. Já quase não se fala de proteção de dados, incluindo Estados liberais como o Japão e a Coreia. Ninguém se irrita pelo frenesi das autoridades em recopilar dados. Enquanto isso a China introduziu um sistema de crédito social inimaginável aos

No Brasil, o governo também suscitou a proposta de utilização da inteligência artificial para fazer consultas a distância e mapear riscos da Covid-19.[197] Torna-se evidente, nesse panorama, a indispensabilidade de compatibilização entre a necessária proteção dos dados pessoais sensíveis e o premente interesse público de adotar todas as medidas disponíveis ao combate da pandemia. Tal medida deve ser adotada com extrema cautela para que não se recaia numa posição de vigilância, obsessão e assédio social que ameace devassar a privacidade pessoal e segregar indivíduos. É incontestável que a adoção de novas tecnologias para a solução de velhos problemas acarreta novos riscos que, muitas vezes, não foram antevistos pelo desenvolvedor e cuja resolução se torna urgente no contexto social.

Noutro norte, impende ressaltar que a irresponsabilidade do fornecedor pelo reconhecimento da limitação da máquina pode suscitar patentes conflitos com a teoria do risco. Esta demanda que o fornecedor assuma os riscos de prejuízos oriundos da circulação de seu produto ou serviço no meio comunitário. Nessa perspectiva, a mera circulação de determinado produto ou serviço, de modo objetivo e independente da capacidade ou incapacidade da máquina de determinados atos, desde que desencadeie um prejuízo, acarreta o dever de indenizar.

Argumenta Maria Celina Bodin de Moraes:

> Com o passar do tempo, porém, o dever de solidariedade social, o fundamento constitucional da responsabilidade objetiva, sobressairá e aceitar-se-á que seu alcance é amplo o suficiente para abranger a

---

europeus, que permite uma valorização e avaliação exaustiva das pessoas. Cada um deve ser avaliado em consequência de sua conduta social. Na China não há nenhum momento da vida cotidiana que não esteja submetido à observação. Cada clique, cada compra, cada contato, cada atividade nas redes sociais são controlados. Quem atravessa no sinal vermelho, quem tem contato com críticos do regime e quem coloca comentários críticos nas redes sociais perde pontos. A vida, então, pode chegar a se tornar muito perigosa. Pelo contrário, quem compra pela Internet alimentos saudáveis e lê jornais que apoiam o regime ganha pontos. Quem tem pontuação suficiente obtém um visto de viagem e créditos baratos. Pelo contrário, quem cai abaixo de um determinado número de pontos pode perder seu trabalho. Na China essa vigilância social é possível porque ocorre uma irrestrita troca de dados entre os fornecedores da Internet e de telefonia celular e as autoridades. Praticamente não existe a proteção de dados. No vocabulário dos chineses não há o termo 'esfera privada'" (Disponível em https://brasil.elpais.com/ideas/2020-03-22/o-coronavirus-de-hojeeo-mundo-de-amanha-segundoofilosofo-byung-chul-han.html?rel=mas. Acesso em: 24 mar. 2020).

[197] LINDNER, Julia; BORGES, André; TOMAZELLI, Idiana; SAMPAIO, Dida. Governo usará inteligência artificial para fazer consulta a distância e mapear riscos do coronavírus. *Estadão*, 31 mar. 2020. Disponível em: https://saude.estadao.com.br/noticias/geral,governo-usara-inteligencia-artificial-para-fazer-consulta-a-distancia-e-mapear-riscos-do-coronavirus, 70003255622. Acesso em: 1º abr. 2020.

reparação de todos os danos injustamente sofridos, em havendo nexo de causalidade com a atividade desenvolvida, seja ela perigosa ou não. Não se sustentará mais qualquer resquício de culpa, de sanção ou de descumprimento de deveres no fundamento da responsabilidade objetiva. Com efeito, todas são atividades que geram "risco para os direitos de outrem", como prevê o dispositivo legal.[198]

Em contraponto, Gustavo Tepedino e Rodrigo da Guia Silva asseveram que não parece possível a "invocação indiscriminada e irrefletida da noção de atividade de risco. Deve-se, com efeito, lançar mão dos critérios desenvolvidos pela doutrina para a elucidação do que vem a ser atividade de risco para fins de incidência da correlata cláusula geral de responsabilidade objetiva".[199]

A relevância da análise do risco surge porque, havendo vácuo normativo na objetivação da responsabilidade por danos causados por atos de inteligência artificial, torna-se necessário recorrer à cláusula geral do parágrafo único do art. 927 do Código Civil. Seu enquadramento como responsabilidade objetiva ocorrerá quando for verificado que a atividade acarreta risco para os direitos de outrem.

Para a caracterização da teoria do risco, o desafio surge a fim de verificar se a atividade da inteligência artificial, incluindo aquelas com menor grau de autonomia e maior utilização no cotidiano, pode ser considerada intrinsecamente perigosa ou extraordinariamente arriscada, apta a atrair a incidência da teoria, especialmente sabendo que pode haver diferenciação entre prejuízos oriundos da atividade normal, autônoma e regular do objeto ou prejuízos oriundos de instruções passadas pelos usuários.

O art. 927, parágrafo único, do Código Civil atrai a responsabilidade objetiva e não exige que a atividade seja perigosa, mas, tão somente, arriscada:

> Deve ficar claro que risco é o conceito mínimo. Obviamente, atividades perigosas, mais que arriscadas, estão incluídas no dispositivo estudado aqui. Se o menor – o risco – gera responsabilidade estrita, o maior – o perigo – também o faz. Esta não seria a conclusão se o Código Civil

---

[198] MORAES, Maria Celina Bodin de. A constitucionalização do direito civil e seus efeitos sobre a responsabilidade civil. *Direito, Estado e Sociedade*, Rio de Janeiro, n. 29, p. 233-258, 2006.
[199] TEPEDINO, Gustavo; SILVA, Rodrigo da Guia. Inteligência artificial e elementos da responsabilidade civil. In: FRAZÃO, Ana; MULHOLLAND, Caitlin (Coord.). *Inteligência artificial e direito*: ética, regulação e responsabilidade. São Paulo: Thomson Reuters Brasil, 2019. p. 319.

Brasileiro adotasse a mesma expressão – perigo – que encontramos nos códigos italiano e português.[200]

Emergem, nesse contexto, dificuldades na precisão do que seriam atividades intrínsecas ao serviço prestado, porquanto muitos robôs autônomos são desenvolvidos com multifuncionalidades. A conceituação do que seria um serviço defeituoso nos casos de inteligência artificial impõe-se como um dos desafios jurídicos à doutrina.

O desconhecimento acerca do funcionamento exato da inteligência artificial pode acarretar dificuldades probatórias até mesmo para o fornecedor. O receio com o avanço da inteligência artificial também é fomentado pela ausência de conhecimento exato das capacidades e limitações da máquina.

É possível inferir que o reconhecimento de que não há pleno conhecimento da capacidade e de todo o funcionamento da máquina pode ser considerado um fator de caracterização de periculosidade intrínseca à inteligência artificial, atraindo, em diálogo de fontes, a teoria do risco, em conjugação com a cláusula geral de ressarcimento da vítima.

> Portanto, é claro que uma fonte maior de perigo é definida como um objeto específico do mundo físico que possui propriedades específicas. Isso é precisamente o que AI é, ou seja, um objeto específico caracterizado por propriedades específicas inerentes apenas a ele. Como a AI é capaz de tirar conclusões individuais das informações coletadas, estruturadas e generalizadas, bem como responder de acordo, deve-se aceitar que suas atividades são perigosas.[201]

Em contraponto à argumentação da teoria do risco, a Ministra Nancy Andrighi, no julgamento do REsp nº 1.326.921/RJ, em apreciação

---

[200] Tradução livre de: "Debe quedar claro que el riesgo es el concepto mínimo. Evidentemente, las actividades peligrosas, más que las arriesgadas, están comprendidas por el dispositivo aquí estudiado. Si lo menos – el riesgo – genera responsabilidad objetiva, lo más – el peligro – también lo hace" (TARTUCE, Flavio. La cláusula general de responsabilidad objetiva en los diez años del nuevo código civil brasileño In: MORENO MORE, César E. *Estudios sobre la responsabilidad civil*. Lima: Ediciones legales, 2015. p. 136).

[201] Tradução livre de: "Therefore, it is clear that a greater source of danger is defined as a specific object of the physical world that has specific properties. That is precisely what A.I is, i.e. a specific object characterized by specific properties inherent only to it. Since A.I is able to draw individual conclusions from the gathered, structured, and generalized information as well as to respond accordingly, it should be accepted that its activies are hazardous" (CERKA, Paulius; GRIGIENE, Jurgita; SIRBIKYTE, Gintare. Liability for damages caused by artificial intelligence. *Computer Law and Security Review*, United Kingdom, v. 31, p. 376-389, 2015).

à pretensão de responsabilização civil do provedor de pesquisas por danos decorrentes do conteúdo das buscas realizadas por terceiros, assim argumentou:

> Tampouco se pode falar em risco da atividade como meio transverso para a responsabilização do provedor de pesquisa por danos decorrentes do conteúdo das buscas realizadas por usuários. Há de se ter cautela na interpretação do art. 927, parágrafo único, do CC/02. No julgamento do REsp 1.067.738/GO, 3ª Turma, Rel. Min. Sidnei Beneti, minha relatoria para acórdão, DJe de 25.6.2009, tive a oportunidade de enfrentar o tema, tendo me manifestado no sentido de que "a natureza da atividade é que irá determinar sua maior propensão à ocorrência de acidentes. O risco que dá margem à responsabilidade objetiva não é aquele habitual, inerente a qualquer atividade. Exige-se a exposição a um risco excepcional, próprio de atividades com elevado potencial ofensivo". Roger Silva Aguiar bem observa que o princípio geral firmado no art. 927, parágrafo único, do CC/02 "inicia-se com a conjunção quando, denotando que o legislador acolheu o entendimento de que nem toda atividade humana importa em 'perigo' para terceiros com o caráter que lhe foi dado na terceira parte do parágrafo" (Responsabilidade civil objetiva: do risco à solidariedade. São Paulo: Atlas, 2007, p. 50). Com base nesse entendimento, a I Jornada de Direito Civil, promovida pelo Centro de Estudos Judiciários do CJF, aprovou o Enunciado 38, que aponta interessante critério para definição dos riscos que dariam margem à responsabilidade objetiva, afirmando que esta fica configurada "quando a atividade normalmente desenvolvida pelo autor do dano causar a pessoa determinada um ônus maior do que aos demais membros da coletividade". Transpondo a regra para o universo virtual, não se pode considerar o dano moral um risco inerente à atividade dos provedores de pesquisa. A esse respeito Erica Brandini Barbagalo anota que as atividades desenvolvidas pelos provedores de serviços na Internet não são "de risco por sua própria natureza, não implicam riscos para direitos de terceiros maior que os riscos de qualquer atividade comercial" (Aspectos da responsabilidade civil dos provedores de serviços da Internet. In Ronaldo Lemos e Ivo Waisberg, Conflitos sobre nomes de domínio. São Paulo: RT, 2003, p. 361). Conclui-se, portanto, ser ilegítima a responsabilização dos provedores de pesquisa pelo conteúdo do resultado das buscas realizadas por seus usuários.

O problema perpassa, nesse ponto, pela definição de quais os riscos assumidos pelo exercício da atividade empresarial, perspectiva ainda mais problemática num contexto de sociedade digital, em que muitos dos efeitos e potencialidades das novas tecnologias são desconhecidos. Outro ponto crítico é o mito da neutralidade do algoritmo, pois os sistemas inteligentes atendem aos critérios aplicados pelo seu programador. O sistema, em regra, atende aos seus valores e convicções, o que se afasta da pretensão de imparcialidade.[202]

Trata-se de temática que gera inegáveis conflitos entre os interesses envolvidos e exige do intérprete esforço argumentativo e cautela na apreciação de casos, tendo em vista o choque entre o dever de promoção ao desenvolvimento tecnológico e o dever de tutela das vítimas.

Observa Marcos Catalan:

> Não se pretende negar que o risco de diminuição na velocidade da evolução em pesquisa e consequente utilização das novas tecnologias seja algo real, nem que a tarefa de internalizar os custos de riscos desconhecidos seja algo simples, mas destacar que, será exatamente em razão desse comportamento preventivo que o produtor ampliará seu mercado, mormente em um momento em que o consumo consciente e a responsabilidade social são valores cada vez mais exigidos pela ética da contemporaneidade; até porque, se a manutenção das garantias do modo de produção capitalista é essencial à sociedade, por outro lado, o processo evolutivo deve ser conduzido por uma racionalidade social que busca a eliminação de todo dano injusto.[203]

Não se defende uma responsabilização integral e ilimitada dos fornecedores, o que, sem dúvida, lhes acarretaria um estrangulamento na atividade inovadora. Nem toda atividade regular e autônoma da inteligência artificial enseja necessariamente o dever de indenização, mormente tendo em vista a necessidade de verificação de um adequado nexo de causalidade.

Perspectiva relevante é a de responsabilização proativa, suscitada por Maria Celina Bodin de Moraes em comentário ao regime de responsabilidade exposto na Lei Geral de Proteção de Dados; é necessário ir além do mero cumprimento da lei, demonstrando, também, a tomada de medidas proativas para a prevenção do dano:

---

[202] OLIVEIRA, Samuel Rodrigues de; COSTA, Ramon Silva. Pode a máquina julgar? Considerações sobre o uso de inteligência artificial no processo de decisão judicial. *Revista de Argumentação e Hermenêutica Jurídica*, Porto Alegre, v. 4, n. 2, p. 21-39, jul./dez 2018. p. 15.

[203] CATALAN, Marcos. O desenvolvimento nanotecnológico e o dever de reparar os danos ignorados pelo processo produtivo. *Revista de Direito do Consumidor*, São Paulo, n. 74, p. 113-147, abr./jun. 2010. p. 142.

Exigem-se, em síntese, atitudes conscientes, diligentes e proativas por parte das empresas em relação à utilização dos dados pessoais. Assim, a partir de agosto de 2020, quando entra em vigor a LGPD, qualquer empresa que processe dados pessoais não apenas terá que cumprir a lei, mas também deverá provar que está em conformidade com a Lei. Caberá às empresas, e não mais (apenas) à Administração Pública, a responsabilidade de identificar os próprios riscos e escolher e aplicar as medidas apropriadas para mitigá-los. Em conclusão, vê-se que o legislador, embora tenha flertado com o regime subjetivo, elaborou a um novo sistema, de prevenção, e que se baseia justamente no risco da atividade. Tampouco optou pelo regime da responsabilidade objetiva, que seria talvez mais adequado à matéria dos dados pessoais, porque buscou ir além na prevenção, ao aventurar-se em um sistema que tenta, acima de tudo, evitar que danos sejam causados.[204]

Trata-se da conjugação de esforços para que danos injustos, isto é, desarrazoados, não sejam suportados por vítimas que sequer participaram do processo produtivo do artefato tecnológico ou usufruem dos lucros auferidos. A tutela das vítimas de danos injustos deve ser sempre pautada pela axiologia constitucional e pelo ordenamento jurídico de forma unitária e sistemática, em toda a sua complexidade. Eleva-se, portanto, a necessidade de equalizar a livre iniciativa com a solidariedade social e a necessidade de proteção da pessoa humana, conformando as balizas que delimitam o Estado Democrático de Direito e evitando a proliferação de danos injustos e distorções no processo produtivo massificado.

Nessa perspectiva de tutela do vulnerável, assumem destaque os deveres do fornecedor, enquanto ente que possui maior capacidade técnica e econômica de operacionalizar a relação. O dever de cooperação e a boa-fé objetiva caracterizam a necessidade de informação, enquanto direito básico do consumidor que não pode ser negligenciado, ainda quando não se conhecem as efetivas fronteiras da inteligência artificial.

## 3.2 Do dever de informação sobre a máquina inteligente

A Constituição Federal consagrou explicitamente a defesa do consumidor como um princípio da ordem econômica (art. 170, V,

---

[204] MORAES, Maria Celina Bodin de. LGPD: um novo regime de responsabilização dito "proativo". *Civilística*, ano 8, n. 3, 2019. Disponível em: http://civilistica.com/lgpd-um-novo-regime-de-responsabilizacao-civil-dito-proativo/. Acesso em: 28 mar. 2020.

CF/88)[205] e direito fundamental (art. 5º, XXXII, CF/88),[206] tendo previsto, ainda, que "é assegurado a todos o acesso à informação" (art. 5º, XIV, CF/88).[207] O direito à informação, consagrado como direito básico no art. 6º do Código de Defesa do Consumidor,[208] por sua vez, se alicerça nos deveres de cooperação e boa-fé objetiva, possibilitando ao consumidor uma opção esclarecida e autodeterminada na aquisição de produtos ou serviços, tendo em vista a massificação do mercado contemporâneo.

Paulo Lôbo sustenta que o direito à informação do consumidor é um direito fundamental.[209] Segundo Leonardo Garcia:

> Para que o fornecedor aja com lealdade e de modo a não frustrar as legítimas expectativas do consumidor, deve o fornecedor dar a máxima informação possível sobre os dados e riscos do produto ou serviço (dever anexo de informação). O princípio da informação acarreta o dever para o fornecedor de esclarecer ao consumidor sobre todos os elementos do produto ou serviço, assim como, também, de esclarecer sobre o conteúdo do contrato que será estipulado, sob pena de ser passível de responder pela falha na informação.[210]

A insuficiência da informação acerca do produto ou serviço a ser comercializado é um defeito que gera a responsabilização do fornecedor na hipótese de eclosão de danos conectados a essa falha. O princípio da transparência, disposto no art. 4º do Código de Defesa do Consumidor,[211] aduz a necessidade de que a relação contratual e

---

[205] "Art. 170. A ordem econômica, fundada na valorização do trabalho humano e na livre iniciativa, tem por fim assegurar a todos existência digna, conforme os ditames da justiça social, observados os seguintes princípios: [...] V - defesa do consumidor; [...]".

[206] "Art. 5º Todos são iguais perante a lei, sem distinção de qualquer natureza, garantindo-se aos brasileiros e aos estrangeiros residentes no País a inviolabilidade do direito à vida, à liberdade, à igualdade, à segurança e à propriedade, nos termos seguintes: [...] XXXII - o Estado promoverá, na forma da lei, a defesa do consumidor; [...]".

[207] "XIV - é assegurado a todos o acesso à informação e resguardado o sigilo da fonte, quando necessário ao exercício profissional".

[208] "Art. 6º São direitos básicos do consumidor: [...] III - a informação adequada e clara sobre os diferentes produtos e serviços, com especificação correta de quantidade, características, composição, qualidade, tributos incidentes e preço, bem como sobre os riscos que apresentem; (Redação dada pela Lei nº 12.741, de 2012)".

[209] LÔBO, Paulo Luiz Netto. A informação como direito fundamental do consumidor. *Revista de Direito do Consumidor*, São Paulo, n. 37, p. 59-76, 2001.

[210] GARCIA, Leonardo de Medeiros. O princípio da informação na pós-modernidade: direito fundamental do consumidor para o equilíbrio nas relações de consumo. *Revista Direito UNIFACS*, Salvador, n. 176, 2015. p. 6.

[211] "Art. 4º A Política Nacional das Relações de Consumo tem por objetivo o atendimento das necessidades dos consumidores, o respeito à sua dignidade, saúde e segurança, a

os direitos e deveres envolvidos na aquisição do produto ou serviço estejam devidamente esclarecidos para as partes.

Claudia Lima Marques ressalta que a informação na relação consumerista é um dever qualificado, com base no pressuposto de que é necessário esclarecer e explicar até mesmo dados que seriam banais entre dois empresários, uma vez que o consumidor é considerado uma parte leiga na relação.[212]

Para essa autora, cumpre destacar a ideia de vulnerabilidade informacional, compreendida como o fornecimento insuficiente de dados sobre determinado produto ou serviço capaz de influenciar no processo decisório de compra,[213] especialmente relevante no mercado eletrônico e que pode representar um desequilíbrio entre as partes, pois os fornecedores são os efetivos detentores da informação.[214]

A informação conecta-se diretamente com a questão da prevenção. Tal ideia usualmente demanda que haja uma prévia consciência acerca do potencial de riscos de determinado objeto. Já a Resolução nº 30/248 da Assembleia-Geral das Nações Unidas, de 1985, determina em seu art. 3º a obrigatoriedade do acesso dos consumidores à informação.

A informação, se insuficiente ou inadequada, pode constituir tanto um defeito extrínseco do produto ou serviço (arts. 12 a 14) – quando a falha da informação acarreta um dano à saúde ou segurança do consumidor – como um vício (arts. 18 a 20), quando a falha informativa estiver relacionada à funcionalidade do produto ou serviço.[215]

O consumidor tem o direito de ser informado acerca da periculosidade ou da nocividade do produto ou serviço a ser adquirido. É inegável que os influxos sociais acarretam modificação na interpretação da legislação vigente, o que desafia a epistemologia consolidada em determinado ramo científico.

---

proteção de seus interesses econômicos, a melhoria da sua qualidade de vida, bem como a transparência e harmonia das relações de consumo, atendidos os seguintes princípios: (Redação dada pela Lei nº 9.008, de 21.3.1995)".

[212] MARQUES, Cláudia Lima. Superação das antinomias pelo diálogo das fontes: o modelo brasileiro de coexistência entre o Código de Defesa do Consumidor e o Código Civil de 2002. *Revista da Esmese*, n. 7, 2004. p. 27.

[213] BENJAMIN, Antonio Herman V.; BESSA, Leonardo Roscoe; MARQUES, Claudia Lima. *Manual de direito do consumidor*. 5. ed. São Paulo: Revista dos Tribunais, 2013. p. 99.

[214] BENJAMIN, Antonio Herman V.; BESSA, Leonardo Roscoe; MARQUES, Claudia Lima. *Manual de direito do consumidor*. 5. ed. São Paulo: Revista dos Tribunais, 2013. p. 106.

[215] GARCIA, Leonardo de Medeiros. O princípio da informação na pós-modernidade: direito fundamental do consumidor para o equilíbrio nas relações de consumo. *Revista Direito UNIFACS*, Salvador, n. 176, 2015. p. 10.

Essas transformações do mercado de consumo desafiam então, igualmente, os conceitos estabelecidos do direito do consumidor, exigindo o estudo e inteRpretação de suas normas orientados a dois propósitos essenciais: a) primeiro, um esforço no sentido de subsumir as novas situações do mercado às normas em vigor, considerando o pressuposto da vulnerabilidade do consumidor (princípio da vulnerabilidade) que justifica a proteção constitucional e legal que lhe é endereçada; e b) a identificação das situações de suficiência ou não das normas legais vigentes à realidade que decorre das transformações do mercado em razão das inovações tecnológicas, seja para a colmatação de lacunas ou proposição de lege ferenda, sempre observado o fundamento constitucional de defesa do consumidor na forma da lei (art. 5º, XXXII, da Constituição da República).[216]

O Decreto Federal nº 7.962/2013[217] definiu o conteúdo e a extensão do dever de informar do empresário, que deve dispor em local de destaque e fácil visualização no sítio eletrônico os elementos atinentes à oferta e ao fornecedor.

Leciona Paulo Lôbo:

> A concepção, a fabricação, a composição, o uso e a utilização dos produtos e serviços atingiram, em nossa era, elevados níveis de complexidade, especialidade e desenvolvimento científico e tecnológico cujo conhecimento é difícil ou impossível de domínio pelo consumidor típico, ao qual eles se destinam. A massificação do consumo, por outro lado, agravou o distanciamento da informação suficiente. Nesse quadro, é compreensível que o direito avance para tornar o dever de informar um dos esteios eficazes do sistema de proteção.[218]

---

[216] MIRAGEM, Bruno. Novo paradigma tecnológico, mercado de consumo digital e o direito do consumidor. *Revista de Direito do Consumidor*, São Paulo, v. 125, set./out. 2019. p. 18.

[217] "Art. 2º Os sítios eletrônicos ou demais meios eletrônicos utilizados para oferta ou conclusão de contrato de consumo devem disponibilizar, em local de destaque e de fácil visualização, as seguintes informações: I - nome empresarial e número de inscrição do fornecedor, quando houver, no Cadastro Nacional de Pessoas Físicas ou no Cadastro Nacional de Pessoas Jurídicas do Ministério da Fazenda; II - endereço físico e eletrônico, e demais informações necessárias para sua localização e contato; III - características essenciais do produto ou do serviço, incluídos os riscos à saúde e à segurança dos consumidores; IV - discriminação, no preço, de quaisquer despesas adicionais ou acessórias, tais como as de entrega ou seguros; V - condições integrais da oferta, incluídas modalidades de pagamento, disponibilidade, forma e prazo da execução do serviço ou da entrega ou disponibilização do produto; e VI - informações claras e ostensivas a respeito de quaisquer restrições à fruição da oferta".

[218] LÔBO, Paulo Luiz Netto. A informação como direito fundamental do consumidor. *Revista de Direito do Consumidor*, São Paulo, n. 37, p. 59-76, 2001. p. 67.

Cumpre-se o dever de informação quando a informação é transmitida com adequação, suficiência e veracidade. Considera-se adequada a informação quando os meios de comunicação são compatíveis com o produto ou serviço e com o consumidor destinatário, devendo o conteúdo veiculado ser claro e preciso.[219] Considera-se suficiente a informação quando o conteúdo do produto ou serviço é transmitido de forma completa e integral, sem omissões de dados ou referências não vantajosas do produto ou serviço.[220] Por fim, considera-se veraz a informação quando corresponde às reais características do produto ou serviços, além dos dados referentes à composição, conteúdo, preço, prazos, garantias e riscos.[221]

No que tange ao comércio eletrônico, Claudia Lima Marques argumenta que "deve o fornecedor informar sobre o meio usado, sobre o produto ou serviço que oferece, sobre as suas condições gerais contratuais e condições específicas da oferta e deve se identificar de forma clara e eficaz".[222]

Na hipótese da inteligência artificial, a informação é adequada, suficiente e veraz quando, para além dos requisitos mencionados, veicula, de forma clara, sintética e compreensível, as limitações do estado da técnica acerca do funcionamento da máquina, bem como as potencialidades para as quais o sistema foi originalmente desenvolvido.

Segundo Paulo Lôbo, é insuficiente a informação que "reduz, de modo proposital, as consequências danosas pelo uso do produto, em virtude do estágio ainda incerto do conhecimento científico ou tecnológico".[223] Esse autor considera que a falta de informação suficiente acerca do estágio do conhecimento científico e tecnológico sobre a matéria infringe o dever de informar, pois sonega dados necessários à escolha do consumidor.[224]

---

[219] LÔBO, Paulo Luiz Netto. A informação como direito fundamental do consumidor. *Revista de Direito do Consumidor*, São Paulo, n. 37, p. 59-76, 2001. p. 69.

[220] LÔBO, Paulo Luiz Netto. A informação como direito fundamental do consumidor. *Revista de Direito do Consumidor*, São Paulo, n. 37, p. 59-76, 2001. p. 69.

[221] LÔBO, Paulo Luiz Netto. A informação como direito fundamental do consumidor. *Revista de Direito do Consumidor*, São Paulo, n. 37, p. 59-76, 2001. p. 70.

[222] MARQUES, Cláudia Lima. A proteção do consumidor de produtos e serviços estrangeiros no Brasil: primeiras observações sobre os contratos à distância no comércio eletrônico. *Revista da Faculdade de Direito da UFRGS*, v. 21, mar. 2002. p. 79.

[223] LÔBO, Paulo Luiz Netto. A informação como direito fundamental do consumidor. *Revista de Direito do Consumidor*, São Paulo, n. 37, p. 59-76, 2001. p. 69.

[224] LÔBO, Paulo Luiz Netto. A informação como direito fundamental do consumidor. *Revista de Direito do Consumidor*, São Paulo, n. 37, p. 59-76, 2001. p. 69.

Sobre o perigo verificado posteriormente, Marinoni argumenta:

[...] descoberto o perigo, o produtor deve informar o consumidor, através de meios de comunicação que se presumam eficazes para tanto, para que o produto passe a ser utilizado com determinado cuidado, ou para que o produto seja conduzido às oficinas do produtor para certas modificações técnicas, ou ainda para que o produto não mais seja utilizado.[225]

No mesmo sentido, é possível que haja o dever de indenizar quando o fornecedor não informa suficientemente ao consumidor os riscos associados à inteligência artificial. Não se ignora que a incipiência científica de determinada tecnologia pode entrar em conflito com o dever de informação do fornecedor acerca dos riscos que o objeto produz. Como informar ao consumidor riscos que sequer há ciência de quais sejam?

Nesse ponto, a solução passa pelos deveres de cooperação e lealdade que norteiam as relações contratuais e impõem ao fornecedor, numa perspectiva de cuidado e precaução, o ônus de comunicar aos consumidores os riscos envolvidos na inteligência artificial, ocasionados pela ausência do conhecimento exato das capacidades e limitações da máquina. Ademais, há a possibilidade de que efeitos adversos surjam apenas por força do desenvolvimento posterior do estado da técnica.

Seria um modelo análogo ao que vem sendo feito com maços de cigarros, em que o próprio fornecedor adverte acerca do caráter tóxico do produto a ser adquirido. Não se vislumbra necessidade de lei expressa determinando tal advertência, uma vez que essa informação decorre diretamente dos ditames estampados no Código de Defesa do Consumidor e da axiologia constitucional, especialmente no que tange à boa-fé objetiva.

Descobertos quaisquer perigos ou ameaças apresentados pelo produto já inserido no mercado, o fornecedor possui o dever de informar aos consumidores acerca de tal descoberta, para a tomada de cuidados ou até mesmo a inutilização do produto.

De acordo com Gilberto Almeida:

Sem esse acesso, os consumidores ficarão à mercê do arbítrio dos agentes empresariais para que se possa discernir quando tenha havido algum

---

[225] MARINONI, Luiz Guilherme. *A tutela específica do consumidor*. Disponível em: http://www.marinoni.adv.br/wp-content/uploads/2012/06/PROF-MARINONI-A-TUTELA-ESPEC%C3%8DFICA-DO-CONSUMIDOR-.pdf. Acesso em: 1º jan. 2020.

excesso ou falha na concepção ou implantação da inteligência artificial. Além de que nessas situações em que a inteligência artificial se alimenta da inteligência do próprio consumidor (eis que o uso amplia a base de dados coletados bem como os conhecimentos e as interferências), o consumidor pode se interessar por compreender como sua interação tem contribuído (com traços efêmeros, ou permanentes; com apropriação consentida, ou sub-reptícia; para ilações benéficas, ou prejudiciais) para esse processo.[226]

Ainda que não haja conhecimento exato das potencialidades da máquina e/ou dos efeitos nocivos que possam posteriormente ser descobertos, é imprescindível que o fornecedor informe sobre esse fator de imprevisibilidade, sob pena de a informação ser considerada insuficiente e restarem violados os direitos básicos dos consumidores envolvidos, com a consequente responsabilização.

---

[226] ALMEIDA, Gilberto. Notas sobre utilização de inteligência artificial por agentes empresariais e suas implicações no âmbito do direito do consumidor. *In*: FRAZÃO, Ana; MULHOLLAND, Caitlin (Coord.). *Inteligência artificial e direito*: ética, regulação e responsabilidade. São Paulo: Thomson Reuters Brasil, 2019. p. 424.

# CAPÍTULO 4

## DA PRESCINDIBILIDADE DE ENQUADRAMENTO DA INTELIGÊNCIA ARTIFICIAL AUTÔNOMA COMO PESSOA OU SUJEITO DE DIREITO

O Parlamento Europeu, tomando por base o art. 225[227] do Tratado sobre o Funcionamento da União Europeia, aprovou o *Draft Report with Recommendations to the Comission on Civil Law Rules on Robotics*, de 31.5.2016. A resolução propõe à Comissão sobre as Regras de Direito Civil em Robótica, em seu item 59, alínea "f", que seja criado um *status* legal específico para robôs. As comissões europeias são instituições que, entre outras funções, propõem legislações e programas de ação, e a resolução propugna por apresentar uma proposta legislativa e regulatória sobre o desenvolvimento da robótica e da IA nas próximas décadas.

Em anexo ao documento, ainda se apresentam recomendações relativas ao conteúdo da proposta, incluindo definição de robô, sistema de registro, regras de responsabilidade civil, seguros e fundos de garantia e código de conduta dirigido a *designers* e desenvolvedores em robótica.[228] Desse modo, pelo menos os robôs autônomos mais sofisticados, que interagem com terceiros de forma independente, poderiam ser estabelecidos com o *status* de pessoas eletrônicas responsáveis por remediar qualquer dano que possam causar. O *Draft Report*

---

[227] O Parlamento Europeu pode, por maioria dos membros que o compõem, solicitar à Comissão que submeta à sua apreciação todas as propostas adequadas sobre as questões que se lhe afigurem requerer a elaboração de atos da União para efeitos de aplicação dos Tratados. Caso não apresente uma proposta, a Comissão informa o Parlamento Europeu dos motivos para tal.

[228] SILVA, Nuno Sousa e. *Direito e robótica*: uma primeira aproximação. p. 3. Disponível em: https://papers.ssrn.com/sol3/papers.cfm?abstract_id=2990713. Acesso em: 16 jul. 2019.

diz respeito a uma série de preceitos a que a Comissão deverá buscar atender quando elaborar uma propositura legislativa.

Sobre a proposta, argumenta-se:

> O que se propõe é que se criem parâmetros ou patamares para que se tenha, sob a ótica jurídica, robôs não inteligentes que continuem sendo objeto de direito, outros relativamente capazes, monitorados e tutelados, cujas decisões mais críticas careçam de intervenção humana e outros, plenos como os humanos adultos, sem restrições jurídicas.[229]

A proposição é inusitada no ordenamento brasileiro e pode ensejar inúmeros questionamentos. Nesse prisma, Fábio Konder Comparato argumenta que "a realidade da pessoa é sempre escondida pela máscara que o direito lhe atribui, em razão do papel que representa na sociedade. Toda pessoa é personagem".[230] Ressalte-se que a noção de personalidade eletrônica acarreta desafios quanto à ideia de que ser pessoa é ser titular não somente de responsabilidades, mas também de direitos.[231]

A noção de sujeito de direito abarca não somente a titularidade de direitos, mas também a existência de deveres: o conteúdo eficacial das relações jurídicas se compõe, no mínimo, por direitos e deveres correlatos, necessariamente.[232] Quando se diz "sujeito de direito", diz-se, elipticamente, sujeito de direito, pretensões, ações, exceções, deveres, obrigações e situações passivas nas ações e exceções. Indaga-se se seria possível falar em direitos de máquinas.

A ideia ressoa inicialmente ilógica sob a perspectiva do ordenamento pátrio, especialmente considerando que, no Brasil, atualmente se lida com mecanismos de inteligência artificial fraca e com grau de sofisticação diminuto quando comparado àqueles desenvolvidos em outros países. Ocorre que, no contexto internacional, o debate acerca da instituição de uma personalidade jurídica eletrônica é concreto e enseja calorosas discussões acerca de sua viabilidade.

---

[229] CASTRO JÚNIOR, Marco Aurélio de. *Personalidade jurídica do robô e sua efetividade no direito*. Tese (Doutorado em Direito) – Programa de Pós-Graduação, Faculdade de Direito, Universidade Federal da Bahia, Salvador, 2009. p. 191.

[230] COMPARATO, Fábio Konder. *O poder de controle na sociedade anônima*. 2. ed. São Paulo: Revista dos Tribunais, 1977. p. 273.

[231] MIRANDA, Pontes de. *Tratado de direito privado*. Parte geral. 4. ed. São Paulo: Revista dos Tribunais, 1974. t. I. p. 155.

[232] MELLO, Marcos Bernardes de. *Teoria do fato jurídico*: plano da eficácia, 1ª parte. 8. ed. São Paulo: Saraiva, 2013. p. 199.

A instituição de uma personalidade eletrônica é ideia que se alicerça no fato de que o ordenamento pátrio admite, por exemplo, a instituição da pessoa jurídica, e que muitos robôs possuiriam autonomia, autoaprendizagem e adaptação de comportamento ao meio ambiente. Argumenta-se que a lei já tornou possíveis agentes coletivos de ordem superior, como grupos de empresas e estados federais que não poderiam existir sem a técnica de personificação legal.[233] Ademais, a titularidade de direitos e deveres não é atributo exclusivo das pessoas, dado que o ordenamento jurídico pode atribuir posições a determinados entes ideais, isto é, a conceitos abstratos que servem de instrumento para melhor regular a vida em sociedade.[234]

Nesse contexto:

> Nunca se exigiu, histórica e juridicamente, a presença de vida orgânica para que uma entidade tivesse atribuída a si personalidade, e, por decorrência, a capacidade de realizar atos jurídicos, como atesta o conhecido e solidamente estabelecido instituto da pessoa jurídica. Seria infundada, portanto, a negativa de conceder personalidade baseada em origem, visto que, há muito, o Direito permite personalidade a entes vazios de vida.[235]

A proposta não é, entretanto, imune às críticas, especialmente no que se refere às tentativas de analogia com o comportamento humano. Em contraposição à proposta formulada, Mafalda Miranda Barbosa observa:

> Em primeiro lugar, não se pode, com base nas características apontadas, estabelecer qualquer analogia com os seres humanos. Dir-se-ia mesmo que a comparação – por maior que seja o grau de sofisticação dos robots (sic) e de outros mecanismos dotados de inteligência artificial – é desdignificante para o ser humano, reduzindo a sua autonomia a uma anódina capacidade de escolha. A autonomia dos robots é uma autonomia

---

[233] Tradução livre de: "In addition, law has made higher-order-collective-actors possible like groups of companies and federal states that could not exist without the technique of legal personification" (TEUBNER, Gunther. Rights of non-humans? Electronics agents and animals as new actors in politics and law. Max Weber Lecture Series MWP 2007/4. *European University Institute*, n. 4, 2007).

[234] EHRHARDT JÚNIOR, Marcos. *Direito civil*: LINDB e Parte Geral. 2. ed. Salvador: JusPodivm, 2011. p. 127.

[235] PIMENTEL JÚNIOR, Gutenberg Farias. *Perspectiva de personalidade para inteligências artificiais*. 2013. 22f. Monografia (Conclusão de curso) – Centro de Ciências Jurídicas, Universidade Estadual da Paraíba, Campina Grande, 2013. p. 17.

tecnológica, fundada nas potencialidades da combinação algorítmica que é fornecida ao *software*. Está, portanto, longe do agir ético dos humanos, em que radica o ser pessoa. Falta-lhes, em cada tomada de decisão, a pressuposição ética, falha a relação de cuidado com o outro, até porque, em muitos casos, ela pode mostrar-se incompatível com a eficiência que esta na base da programação computacional. A pessoalidade e a absoluta dignidade que a acompanha não existem por referência à inteligência artificial, razão pela qual se, ainda que em concreto um ser humano esteja privado da capacidade de agir, não lhe pode ser negado o estatuto de pessoa (e de pessoa para o direito), o mesmo não pode ser sustentado por referência aos robots. Mesmo que se veja na personalidade jurídica um conceito operativo e técnica, porque ela é reconhecida (e não atribuída) às pessoas singulares em razão do seu estatuto ético, não é possível encontrar aí um ponto de apoio seguro para a extensão do conceito a entes artificiais. Como ainda há pouco tempo esclarecia Antonio Damásio, por maior que seja a capacidade de raciocínio algorítmico de um robot, faltar-lhe-ão sempre as outras componentes essenciais da inteligência humana, como seja a dimensão dos sentimentos. E faltará sempre ao robot, acrescentamos nós, a dimensão espiritual e da alma. Impor-se-ia, portanto, o confronto com as pessoas coletivas.[236]

Pontua-se, ainda, que o ser humano possui inteligências múltiplas – que o caracterizam como tal e não se restringem à racionalidade – e que a inteligência artificial não é capaz de levar em conta todas as variáveis oriundas dessa multiplicidade.[237] Também se levantam objeções no sentido de que as máquinas seriam entes desprovidos de alma, sentimento, consciência ou intencionalidade.[238] Tais argumentos, contudo, não prosperam porquanto tais características não são elementos consagrados como requisitos de personalidade, máxime tendo em vista a existência de pessoas jurídicas já mencionadas.

Anota Marco Aurélio Castro Junior:

> É lícito afirmar que, se outro ente for encontrado dotado desses mesmos elementos, a conclusão lógica é a de se lhe atribuir o mesmo status jurídico de pessoa [...]. Hoje as legislações vigentes em Portugal e no

---

[236] BARBOSA, Mafalda Miranda. Inteligência artificial, e-persons e direito: desafios e perspectivas. *Revista Jurídica Luso-Brasileira*, ano 3, n. 6, 2017. p. 1.482.
[237] TOMASEVICIUS FILHO, Eduardo. Inteligência artificial e direitos da personalidade: uma contradição em termos? *Revista da Faculdade de Direito da Universidade de São Paulo*, v. 113, p. 133-149, jan./dez. 2018. p. 137.
[238] SARIPAN, Hartini; PUTERA, Nurus Sakinatul Fikriah Moh Shith. Are robots humans? A review of the legal personality model. *World Applied Sciences Journal*, Malaysia, n. 34, p. 824-831, 2016.

Brasil aboliram adjetivos dos seus conceitos de pessoa, abrindo a porta para que se compreenda como pessoa, como dotado de personalidade jurídica, não apenas o Homem, mas à moda da visão oriental sobre a equiparação da dignidade de todos os seres com o Homem, dando chances à teoria do direito animal e, assim, também a do direito robótico para que um robô seja juridicamente qualificado como Pessoa.[239]

É inquestionável que o advento de novas descobertas científicas enseja a incerteza acerca de seus efeitos futuros, máxime ante o exponencial potencial que tais tecnologias costumam ostentar. Nessa perspectiva, a atribuição de personalidades coletivas é fenômeno que resulta da necessidade de operacionalização de interesses sociais. Diferentemente da personalidade da pessoa física, que visa o reconhecimento da dignidade intrínseca ao ser humano, a criação de personalidades coletivas é um expediente técnico que se justifica à luz das pessoas físicas que a compõem e que busca operacionalizar seus interesses jurídicos.

Na hipótese de atribuir uma personalidade aos robôs mais sofisticados, não haveria, a princípio, interesse jurídico de pessoa física a ser operacionalizado, além da tentativa de se furtar de responsabilidade atribuindo-a à máquina, o que não parece se coadunar com a axiologia da solidariedade social, que propugna pela reparação integral da vítima e pela contenção da proliferação de danos injustos.

Surgiriam, também, discussões acerca da possibilidade de desconsideração da personalidade jurídica, uma vez que tal instituto está disciplinado no Código Civil[240] e no Código de Defesa do Consumidor,[241] o que enfrentaria dificuldades práticas em razão da inexistência de sócios nesse tipo de personalidade jurídica.

---

[239] CASTRO JÚNIOR, Marco Aurélio de. *Personalidade jurídica do robô e sua efetividade no direito*. Tese (Doutorado em Direito) – Programa de Pós-Graduação, Faculdade de Direito, Universidade Federal da Bahia, Salvador, 2009. p. 205.

[240] "Art. 50. Em caso de abuso da personalidade jurídica, caracterizado pelo desvio de finalidade ou pela confusão patrimonial, pode o juiz, a requerimento da parte, ou do Ministério Público quando lhe couber intervir no processo, desconsiderá-la para que os efeitos de certas e determinadas relações de obrigações sejam estendidos aos bens particulares de administradores ou de sócios da pessoa jurídica beneficiados direta ou indiretamente pelo abuso".

[241] "Art. 28. O juiz poderá desconsiderar a personalidade jurídica da sociedade quando, em detrimento do consumidor, houver abuso de direito, excesso de poder, infração da lei, fato ou ato ilícito ou violação dos estatutos ou contrato social. A desconsideração também será efetivada quando houver falência, estado de insolvência, encerramento ou inatividade da pessoa jurídica provocados por má administração [...]. §5º Também poderá ser desconsiderada a pessoa jurídica sempre que sua personalidade for, de alguma forma, obstáculo ao ressarcimento de prejuízos causados aos consumidores".

Também impende evidenciar que os conceitos de pessoa e sujeito de direitos são ideias que não se confundem, em que pese ambos sejam eficácias classificadas como situações jurídicas unissubjetivas.[242] Trata-se de um assunto tormentoso, sobre o qual existem, há décadas, vozes doutrinárias em sentido diverso, as quais defendem que pessoa é sinônimo de sujeito de direito.[243] No entanto, a melhor compreensão é no sentido de que o conceito de sujeito de direito precede o de pessoa, considerando que ser pessoa é ter a possibilidade de ser sujeito de direito.[244]

Nos termos de Marcos Bernardes de Mello:

> Sujeito de direito é todo ente, seja grupo de pessoas, sejam universalidades patrimoniais, a que o ordenamento jurídico atribui capacidade jurídica (= capacidade de direito) e que, por isso, detém titularidade de posição como termo, ativo ou passivo, em relação jurídica de direito material (= ser titular de direito ou de dever, de pretensão ou de obrigação, de ação ou de situação de acionado, de exceção ou de situação de excetuado) ou de direito formal (= ser autor, réu, embargante, oponente, assistente ou, apenas, recorrente), ou, mais amplamente, de alguma situação jurídica.[245]

A concepção de sujeito de direito, portanto, é mais ampla que a de pessoa, tendo em vista que toda pessoa é sujeito de direito, mas nem todo sujeito de direito é pessoa. A noção de sujeito de direito abarca não somente a titularidade de direitos, mas também a existência de deveres correlatos: os fatos do mundo jurídico não apresentam seres com a possibilidade de terem deveres sem a possibilidade de terem direitos e vice-versa.[246] Quando se diz "sujeito de direito", diz-se, elipticamente, sujeito de direito, pretensões, ações, exceções, deveres, obrigações e situações passivas nas ações e exceções.

Com efeito, a discussão emerge num contexto de preocupação com a reparação pelos prejuízos que podem ser causados pelo desenvolvimento tecnológico. Buscam-se mecanismos que visem assegurar

---

[242] MELLO, Marcos Bernardes de. *Teoria do fato jurídico*: plano da eficácia, 1ª parte. 8. ed. São Paulo: Saraiva, 2013. p. 104-106.

[243] MONTEIRO, Washington de Barros. *Curso de direito civil*. São Paulo: Saraiva, 1976. v. 1. p. 56.

[244] MELLO, Marcos Bernardes de. *Teoria do fato jurídico*: plano da eficácia, 1ª parte. 8. ed. São Paulo: Saraiva, 2013. p. 141.

[245] MELLO, Marcos Bernardes de. *Teoria do fato jurídico*: plano da eficácia, 1ª parte. 8. ed. São Paulo: Saraiva, 2013. p. 141.

[246] MELLO, Marcos Bernardes de. *Teoria do fato jurídico*: plano da eficácia, 1ª parte. 8. ed. São Paulo: Saraiva, 2013. p. 199.

a indenização pelos prejuízos e se cogita da instituição de uma personalidade jurídica para a inteligência artificial, argumentando-se que seria um expediente jurídico atraente para lidar com problemas em termos de responsabilidade.[247]

Nesse trilhar, a atribuição teria o intuito primordial de tutelar a humanidade em face dos prejuízos causados por máquinas. Nesse mesmo ponto inicial, impende questionar se há proporcionalidade na discussão, no que tange à necessidade da medida. Questiona-se se seria a instituição de personalidade eletrônica o único ou o menos oneroso mecanismo para assegurar a responsabilidade ou se existiriam outras formas de tutelar os interesses das vítimas.

Mafalda Miranda Barbosa argumenta que a medida não é efetiva:

> Se pensarmos, por exemplo, no tópico da responsabilidade, e óbvio que avulta uma dúvida: como é que o robot (sic) vai suportar pessoalmente a responsabilidade, sem que tenha meios materiais para o fazer? Portanto, a responsabilidade há de ser, ainda e sempre, assacada a uma pessoa que esteja por detrás da inteligência artificial.[248]

Também sob tal perspectiva crítica, Eduardo Tomasevicius Filho acrescenta:

> Ainda que se pretenda atribuir personalidade jurídica aos robôs dotados de inteligência artificial – o que também parece ser *nonsense* –, a responsabilidade civil será sempre imputada ao ser humano, jamais à máquina em si. Reconhecer tal fato seria mais bizarro do que se fazia séculos atrás, quando se julgavam animais pelos danos por eles causados.[249]

Ainda no que se refere à proporcionalidade da medida, há outras opções distintas da personalização que podem assegurar a reparação dos danos pelas vítimas, como a adoção de seguros obrigatórios por parte dos investidores em IA,[250] na qual os produtores ou os proprietários

---

[247] SILVA, Nuno Sousa e. *Direito e robótica*: uma primeira aproximação. p. 11. Disponível em: https://papers.ssrn.com/sol3/papers.cfm?abstract_id=2990713. Acesso em: 16 jul. 2019.

[248] BARBOSA, Mafalda Miranda. Inteligência artificial, e-persons e direito: desafios e perspectivas. *Revista Jurídica Luso-Brasileira*, ano 3, n. 6, 2017. p. 1.487.

[249] TOMASEVICIUS FILHO, Eduardo. Inteligência artificial e direitos da personalidade: uma contradição em termos? *Revista da Faculdade de Direito da Universidade de São Paulo*, v. 113, p. 133-149, jan./dez. 2018. p. 137.

[250] SOLUM, Lawrence B. Legal personhood for artificial intelligences. *North Carolina Law Review*, v. 7, n. 4, 1992. p. 1.245.

de robôs são obrigados a subscrever um seguro para cobrir eventuais danos causados.

A criação de personalidades eletrônicas também enfrenta objeções doutrinárias de ordem axiológica:

> Tudo isto a querer dizer, afinal, que o sentido da juridicidade só se encontra na síntese entre os valores da liberdade e igualdade, da responsabilidade e da realização participante na comunidade, a reclamar o salto para o patamar da axiologia. O direito só o é se e quando convocar a especial *dignitas da pessoa* como fundamento e pilar de sustentação. O direito serve ao homem- pessoa, da qual parte e na qual se fundamenta, e, por isso, não pode deixar de encontrar na dignidade inerente a esta categoria ética o referente último de sentido que o colora como direito.[251] (Grifos no original)

Tal argumento desconsidera, contudo, o fato de que a criação de personalidades eletrônicas visa atender à própria dignidade do ser humano, considerando que surge num contexto cuja preocupação é precisamente assegurar a reparação dos prejuízos de vítimas de acidentes com inteligência artificial. Não se trata de imputar às máquinas um mero *status* legal, mas de criar mecanismos que tutelem melhor os interesses dos seres humanos envolvidos. Essa preocupação, entretanto, não se afigura suficiente para concluir pela procedência da criação da chamada *e-person*. Isso porque tal criação não asseguraria efetivamente a indenização, já que existiriam outros mecanismos aptos a ensejar a reparação integral do dano, como os seguros obrigatórios, por exemplo.

É inequívoco que o sistema jurídico deve buscar novas metodologias e perspectivas epistemológicas que visem atender aos novos problemas enfrentados pelo contexto social, especialmente no que se refere à introdução de novas tecnologias. Tal constatação, no entanto, não induz à adoção acrítica de teorias formuladas em outros países, mormente quando ainda existem muitas dúvidas e discussões acerca de sua viabilidade.

A adoção de personalidades eletrônicas acarreta problemas quanto ao próprio fundamento de criação da personalidade, pois não há fundamento antropológico-axiológico que a embase, tal como a dignidade do ser humano; tampouco viabilidade operacional, no presente momento,

---

[251] BARBOSA, Mafalda Miranda. Inteligência artificial, e-persons e direito: desafios e perspectivas. *Revista Jurídica Luso-Brasileira*, ano 3, n. 6, 2017. p. 495.

uma vez que não se sabe como se daria a distribuição de patrimônio. Não há, nesse mesmo contexto, necessidade de tal perspectiva jurídica, porquanto existem outras formas de assegurar a reparação da vítima sem incorrer na formulação de um novo sujeito de direito, o que torna a medida, por ora, desproporcional.

Pontua-se, também, que o Superior Tribunal de Justiça tem se posicionado no sentido de refratar a equiparação entre máquinas e seres humanos, considerando que o atual estágio de desenvolvimento no ramo da inteligência artificial não permite que computadores detenham a capacidade de raciocínio, pensamento e juízo de valor equivalente à do ser humano. Nesse sentido é o voto vencedor, ora em parte transcrito, da Ministra Nancy Andrighi na Reclamação nº 5.072/AC, julgada pela Segunda Seção do Superior Tribunal de Justiça:

> É notório que nosso atual estágio de avanço tecnológico na área da ciência da computação, notadamente no ramo da inteligência artificial, não permite que computadores detenham a capacidade de raciocínio e pensamento equivalente à do ser humano. Vale dizer, ainda não é possível que computadores reproduzam de forma efetiva faculdades humanas como a criatividade e a emoção. Em síntese, os computadores não conseguem desenvolver raciocínios subjetivos, próprios do ser pensante e a seu íntimo. 20. Sendo assim, não há como delegar a máquinas a incumbência de dizer se um determinado *site* possui ou não conteúdo ilícito, muito menos se esse conteúdo é ofensivo a determinada pessoa. 21. Diante disso, por mais que os provedores de informação possuam sistemas e equipamentos altamente modernos, capazes de processar enorme volume de dados em pouquíssimo tempo, essas ferramentas serão incapazes de identificar conteúdos reputados ilegais.

Verifica-se, assim, que a tendência jurisprudencial segue o paradigma antropocêntrico, perspectiva regular no contexto pós-moderno em que se alça a dignidade humana como epicentro do sistema normativo. O trecho do acórdão sinaliza que o ordenamento pátrio possivelmente resistiria à tendência europeia de atribuir aos robôs uma personalidade jurídica eletrônica, ao menos no atual estágio tecnológico, uma vez que se assenta na ideia de que não há nenhuma equiparação entre a atividade do homem e a da máquina.

Por certo, o desenvolvimento da robótica inexoravelmente ensejará novos dilemas e problemas a serem solucionados pela dogmática jurídica. A solução deve perpassar pela tutela dos direitos de personalidade e pela valorização da axiologia constitucional que alça a dignidade do ser humano a epicentro do sistema normativo. Em alternativa, suscita-se que a inteligência artificial deve sofrer tratamento de coisa:

> Em tudo isto se vê, afinal, que o ente dotado de inteligência artificial não poderá nunca – atentas que sejam as exigências do direito – deixar de ser tratado como o que é: uma coisa, já que o patamar de miscigenação entre humanos e humanoides ou de corporização computacional da mente humana haverá de ser, necessariamente e liminarmente, impedido pelo jurídico.[252]

Essa preocupação é algo que se manifesta inclusive no que tange aos animais, considerando que já se levantam discussões acerca do *status* jurídico de tais entes. O Projeto de Lei nº 27/2018 visa determinar que os animais[253] não humanos possuem natureza jurídica *sui generis* e devem ser considerados sujeitos de direitos despersonificados, podendo obter tutela jurisdicional na hipótese de violação, sendo vedado o seu tratamento como coisa.[254] Argumenta-se que, ainda que os robôs não possuam a mesma sensibilidade dos animais, alguns fundamentos que justificariam a proteção jurídica de certos animais poderiam ser transpostos para o tratamento dos robôs.[255]

---

[252] BARBOSA, Mafalda Miranda. Inteligência artificial, e-persons e direito: desafios e perspectivas. *Revista Jurídica Luso-Brasileira*, ano 3, n. 6, 2017. p. 1.502.

[253] No que se refere aos direitos dos animais, José Fernando Simão argumenta que "O Código Civil de 2002, assim como o antigo Código Civil, não prevê que os animais sejam pessoas, pois não são seres humanos e não receberam do Código Civil a vantagem da personalidade. Trata-se de opção do legislador. Logo, para o Direito brasileiro os animais são coisas e como tal são objeto de propriedade, podem ser doados, vendidos e utilizados para consumo, para tração etc.". Ademais, o direito português, que seguia a tradição de considerar os animais como coisas móveis, "sofre sensível alteração em razão da aprovação da Lei 8 de 2017 [...]. Artigo 201.-D Regime subsidiário. Na ausência de lei especial, são aplicáveis subsidiariamente aos animais as disposições relativas às coisas, desde que não sejam incompatíveis com a sua natureza. Se se aplicam aos animais as disposições relativas às coisas, isso significa que os animais não são coisas, mas também não são pessoas. Logo o que seriam? A solução dada por Antonio Barreto Menezes Cordeiro é adotar a noção de objeto da relação jurídica para que os animais, apesar de objetos, não sejam coisas em sentido estrito. Isso significa que os animais, mesmo após a reforma de 2017, prosseguem sendo objeto de contratos de compra e venda, doação, permuta, locação etc. Contudo, a chave da interpretação do sistema português passa por uma conjugação dos dois dispositivos transcritos: animais são seres dotados de sensibilidade aos quais só se aplicam as regras relativas às coisas se compatíveis com sua natureza" (SIMÃO, José Fernando. Direito dos animais: natureza jurídica. A visão do direito civil. *Revista Jurídica Luso-Brasileira*, ano 3, n. 4, p. 897-911, 2017).

[254] SENADO FEDERAL. *Projeto de Lei da Câmara n. 27, de 2018*. Disponível em: https://www25.senado.leg.br/web/atividade/materias/-/materia/133167?o=c. Acesso em: 16 jul. 2019.

[255] SILVA, Nuno Sousa e. *Direito e robótica*: uma primeira aproximação. Disponível em: https://papers.ssrn.com/sol3/papers.cfm?abstract_id=2990713. Acesso em: 16 jul. 2019.

A criação de "direitos" dos robôs também pode implicar, por conseguinte, a restrição ao direito de propriedade do titular, uma vez que reduz as faculdades de uso, gozo e disposição daquilo que era considerado coisa. A personificação implica não somente a responsabilização, como a atribuição da capacidade de agir, dando-lhe direitos e deveres e controle sobre suas decisões, estratégias e interesses, que não se resumem aos de seus membros ou gerentes.[256]

Nesse mesmo contexto, é imprescindível rememorar:

> [...] em decorrência do caráter retributivo inerente à juridicidade, não há sujeitos apenas de direitos, mas também e sempre correlatos sujeitos de deveres, o que estabelece entre ele uma relação irremovível de correspectividade, da qual resulta não poder haver titular de direito sem que haja titular de dever, mesmo que algum deles seja indeterminado, em certo momento.[257]

Dessa forma, defender a mera instituição de uma personalidade não acarreta um efetivo avanço na discussão se não for definido que capacidades, direitos, deveres e efeitos serão derivados dessa instituição, sendo essencial refletir se há necessidade de instituição dessa medida ou se existem alternativas viáveis para tutelar os direitos fundamentais envolvidos em tais atividades.

Também merece relevo a proposta alemã de atribuição "parcial" de uma personalidade jurídica ao agente que produza interações com o meio: a *teilrechtsfähigkeit*. Trata-se de proposta de Jan-Erik Schirmer que sugere a atribuição de personalidade jurídica a robôs de maneira específica, de forma intermediária e com a paulatina aquisição de direitos e obrigações.[258] Nesse caso, não existiriam direitos preconcebidos, sendo tal órbita jurídica preenchida, pouco a pouco, em sintonia com

---

[256] Tradução livre de: "The law plays a special role in this game; it stabilizes non-human personality by granting legal status to the hybrids via the construct of juridical person, by attributing to them the capacity to act, by giving them rights, burdening them with duties and making them liable in several forms of legal responsibility" (TEUBNER, Gunther. Rights of non-humans? Electronics agents and animals as new actors in politics and law. Max Weber Lecture Series MWP 2007/4. *European University Institute*, n. 4, 2007. p. 16).

[257] MELLO, Marcos Bernardes de. *Teoria do fato jurídico*: plano da eficácia, 1ª parte. 8. ed. São Paulo: Saraiva, 2013. p. 146.

[258] SCHIRMER, Jan-Erik. Artificial Intelligence and legal personality. "Teilrechtsfähigkeit": a partial legal status made in Germany. *In*: WISCHMEYER, Thomas; RADEMACHER, Thomas (Ed.). *Regulating Artificial Intelligence*. [s.l.]: [s.n.], 2020. p. 11. Disponível em: https://www.rewi.hu-berlin.de/de/lf/ls/bcm/team/jan-erik-schirmer/publikationen-und-vortraege/Schirmer_RegulatingAI_Teilrechtsfaehigkeit.pdf. Acesso em: 26 ago. 2020.

a evolução da personalidade e autonomia do agente. Não haveria que se falar, assim, na correspectividade abstrata de direitos e obrigações previamente existentes a partir do conceito de personalidade, uma vez que haveria definição casuística e justificada dos interesses ostentados por cada máquina.

Os agentes, então, não seriam pessoas de forma integral, mas teriam capacidades jurídicas compatíveis com a sua função ou serviço, isto é, os atributos da personalidade seriam parcialmente imputados às máquinas, sendo possível que uma entidade tenha capacidade no que diz respeito a algumas áreas do direito, ao tempo que poderia ser excluída de outras.[259] Não obstante a solução seja intermediária e tente viabilizar a proposta europeia numa concepção mais palpável para os dias atuais, o fato é que se trata de ideia complexa e que ainda enfrenta obstáculos concernentes à identificação do que poderia entrar no âmbito da personalidade e o que ficaria excluído.

Apesar de parecer possuir linhas de semelhança com o tratamento dado aos entes despersonalizados, impende evidenciar que ainda não se verifica a efetiva necessidade da introdução de instituto de tamanha complexidade no ordenamento jurídico brasileiro, ao menos no presente momento, sendo viável pensar em outros caminhos e alternativas para assegurar a reparação da vítima.

## 4.1 Das alternativas para assegurar a reparação

Uma das alternativas apontadas para assegurar a indenização de vítimas afetadas por prejuízos oriundos do desenvolvimento da inteligência artificial é o regime de seguros obrigatórios. Nesse ponto, ressalta-se:

> Uma solução possível e provável, tendo em conta a complexidade do tema, deve ser a instituição de um regime de seguros obrigatórios, como já acontece, por exemplo, com a circulação de automóveis nos países-membros, que deverá impor aos produtores ou aos proprietários de robôs a subscrição de um seguro para cobrir os potenciais danos que vierem a ser causados pelos seus robôs, sugerindo, ainda, que esse

---

[259] SCHIRMER, Jan-Erik. Artificial Intelligence and legal personality. "Teilrechtsfähigkeit": a partial legal status made in Germany. *In*: WISCHMEYER, Thomas; RADEMACHER, Thomas (Ed.). *Regulating Artificial Intelligence*. [s.l.]: [s.n.], 2020. p. 12. Disponível em: https://www.rewi.hu-berlin.de/de/lf/ls/bcm/team/jan-erik-schirmer/publikationen-und-vortraege/Schirmer_RegulatingAI_Teilrechtsfaehigkeit.pdf. Acesso em: 26 ago. 2020.

regime de seguros seja complementado por um fundo de compensação, para garantir, inclusive, a reparação de danos não abrangidos por qualquer seguro.[260]

Trata-se de um mecanismo para ofertar garantias por parte daqueles que se situam em melhor posição para absorver os riscos, de modo que os agentes da cadeia de inteligência artificial se obrigariam a contribuir de acordo com o seu nível de envolvimento técnico e econômico. No mesmo sentido:

> A solução da transferência do dever de indemnizar (sic) para sistemas de seguro obrigatório ou facultativo ou, mesmo, regimes de segurança social, em qualquer dos casos financiados, essencialmente, por contribuições económicas das empresas produtoras das novas tecnologias, é a resposta desejável ao alargamento da responsabilidade objetiva. Esta opção não deve, porém, perder de vista que a imputação do dever de indemnizar (sic) a um comportamento censurável é a matriz da responsabilidade civil. De forma a estimular as condutas adequadas e a prevenir o risco de uma desresponsabilização dos agentes mediante a contratação do seguro, afigura-se justificado estabelecer consequências indemnizatórias (sic) diversas em função do grau de culpa do lesante.[261]

Ainda não se discute qual o tipo de seguro ou quem arcaria com esse ônus. Há quem argumente que a abrangência do seguro não seria ilimitada, incidindo somente quando não houvesse uma contribuição efetiva da máquina para a ocorrência dos danos:

> A exclusão do dever de indemnizar (sic) e da consequente cobertura desse dever pelo seguro obrigatório é aferida pela ausência de qualquer contribuição do binómio detentor-máquina para os danos. Tão-só (sic) quando a utilização do robô fosse totalmente indiferente à lesão causada seria de admitir o afastamento da responsabilidade.[262]

Tal perspectiva, contudo, não parece coerente com a lógica dos sistemas de seguro obrigatório e com a noção de prevalência da tutela

---

[260] PIRES, Thatiane Cristina Fontão; SILVA, Rafael Peteffi da. A responsabilidade civil pelos atos autônomos da inteligência artificial: notas iniciais sobre a resolução do Parlamento Europeu. *Revista Brasileira de Políticas Públicas*, v. 7, n. 3, dez. 2017. p. 250.
[261] ANTUNES, Henrique Sousa. Inteligência artificial e responsabilidade civil: enquadramento. *Revista de Direito da Responsabilidade*, ano 1, 2019. p. 140.
[262] ANTUNES, Henrique Sousa. Inteligência artificial e responsabilidade civil: enquadramento. *Revista de Direito da Responsabilidade*, ano 1, 2019. p. 149.

da vítima em detrimento da reprovação do ofensor. Com efeito, o regime de seguros obrigatórios surge para assegurar que os danos suportados por determinada vítima serão efetivamente ressarcidos, razão pela qual se opina pela menor consideração valorativa da ofensividade da conduta da máquina para a verificação do dever de indenização. Essa discussão assume relevância especialmente no que tange aos veículos autônomos, compreendidos como aqueles cuja operação prescinde da participação direta do motorista no controle de direção, aceleração e frenagem, e para o monitoramento das condições da via,[263] em que se cogita a alteração da legislação para estabelecer a obrigatoriedade de um seguro obrigatório por danos causados a terceiros.[264]

Por outro lado, a dinamicidade inerente ao âmbito tecnológico também impõe desafios quando se trata de proposições de alterações legislativas. Nesse ponto, Nuno Sousa e Silva sublinha:

> Por agora, creio que se impõe prudência e uma busca de soluções dentro do quadro do sistema positivo, recorrendo, nos primeiros casos inovadores, à extensão teleológica. Não me parece avisado proceder – pelo menos nesta fase – a alterações legislativas. Será bom que a realidade teste o sistema com casos da vida, antes de fazermos precipitadas avaliações de um futuro que, por natureza, é desconhecido.[265]

Sobre o regime de seguros obrigatórios para máquinas inteligentes, a Resolução do Parlamento Europeu, de 16.2.2017, que contém recomendações à Comissão sobre disposições de Direito Civil sobre Robótica, dispõe, em seu art. 57:

> [...] que uma possível solução para a complexidade de atribuir responsabilidade pelos danos causados pelos robôs cada vez mais autónomos

---

[263] OLIVEIRA, Carlos Eduardo Elias de; LEAL, Túlio Augusto Castelo Branco. *Considerações sobre os veículos autônomos*: possíveis impactos econômicos, urbanos e das relações jurídicas. Brasília: Núcleo de Estudos e Pesquisas/CONLEG/Senado, out. 2016 (Texto para discussão nº 214). p. 10. Disponível em: www.senado.leg.br/estudos. Acesso em: 20 jan. 2020.

[264] Essa preocupação assume ainda mais relevância após a adoção da Medida Provisória nº 904/2019, que dispôs sobre a extinção do Seguro Obrigatório de Danos Pessoais causados por Veículos Automotores de Vias Terrestres (DPVAT) e que se encontra suspensa por força de decisão liminar proferida pelo Min. Edson Fachin no julgamento da Ação Direta de Inconstitucionalidade nº 6.262. Com efeito, a Lei nº 6.194/74 dispõe sobre o Seguro Obrigatório de Danos Pessoais causados por veículos automotores de vias terrestres, assegurando uma indenização tarifada às vítimas de prejuízos decorrentes de acidentes automobilísticos, independentemente de prova de culpa do motorista.

[265] SILVA, Nuno Sousa e. *Direito e robótica*: uma primeira aproximação. p. 27. Disponível em: https://papers.ssrn.com/sol3/papers.cfm?abstract_id=2990713. Acesso em: 16 jul. 2019.

pode ser um regime de seguros obrigatórios, conforme acontece já, por exemplo, com os carros; observa, no entanto que, ao contrário do que acontece com o regime de seguros para a circulação rodoviária, em que os seguros cobrem os atos e as falhas humanas, um regime de seguros para a robótica deveria ter em conta todos os elementos potenciais da cadeia de responsabilidade.[266]

Ao dispor que o regime de seguros para a robótica deve ter em conta todos os elementos potenciais da cadeia de responsabilidade, a resolução propugna por afastar a restrição do seguro aos casos de imputação de prejuízos às falhas humanas, considerando toda a complexidade que envolve a discussão sobre a inteligência artificial. O art. 58 aduz, ainda, que à semelhança do que acontece com os veículos motorizados, esse regime de seguros poderia ser complementado por um fundo de garantia da reparação de danos nos casos não abrangidos por qualquer seguro.[267]

Em contrapartida, a resolução sugere que o fabricante, programador, proprietário ou utilizador possam se beneficiar de uma responsabilidade limitada, caso contribuam para um fundo de compensação ou se subscreverem conjuntamente um seguro a fim de garantir a indenização, o que deve ser pensado com extrema cautela para que não se proporcione um sacrifício dos interesses da vítima. No modelo europeu, portanto, os seguros poderiam ser assumidos tanto pelo consumidor como pelo fornecedor.[268]

---

[266] PARLAMENTO EUROPEU. *Resolução do Parlamento Europeu, de 16 de fevereiro de 2017, que contém recomendações à Comissão sobre disposições de Direito Civil sobre Robótica (2015/2103(INL))*. Disponível em: http://www.europarl.europa.eu/doceo/document/TA-8-2017-0051_PT.html. Acesso em: 20 jan. 2020.

[267] "58. Considera que, à semelhança do que acontece com os veículos motorizados, esse regime de seguros poderia ser complementado por um fundo de garantia da reparação de danos nos casos não abrangidos por qualquer seguro; insta o setor dos seguros a criar novos produtos e novos tipos de ofertas que estejam em linha com os avanços na robótica".

[268] "59. Insta a Comissão a explorar, analisar e ponderar, na avaliação de impacto que fizer do seu futuro instrumento legislativo, as implicações de todas as soluções jurídicas possíveis, tais como: a) Criar um regime de seguros obrigatórios, se tal for pertinente e necessário para categorias específicas de robôs, em que, tal como acontece já com os carros, os produtores ou os proprietários de robôs seriam obrigados a subscrever um seguro para cobrir os danos potencialmente causados pelos seus robôs; b) Garantir que um fundo de compensação não serviria apenas para garantir uma compensação se um dano causado por um robô não se encontrasse abrangido por um seguro; c) Permitir que o fabricante, o programador, o proprietário ou o utilizador beneficiassem de responsabilidade limitada se contribuíssem para um fundo de compensação, bem como se subscrevessem conjuntamente um seguro para garantir a indemnização quando o dano é causado por um robô; d) Decidir quanto à criação de um fundo geral para todos os robôs autónomos inteligentes ou quanto à criação

Nesse ponto, o art. 59 também sugere a criação de um fundo geral para todos os robôs autônomos inteligentes ou um fundo individual para toda e qualquer categoria de robôs, no qual haveria o pagamento de uma taxa no momento em que se coloca o robô em circulação no mercado ou o pagamento de contribuições periódicas durante o tempo de uso do robô. Também se privilegia o direito à informação do usuário, garantindo que a ligação entre um robô e seu respectivo fundo seja registrada por um número apto a permitir que qualquer pessoa que interagisse com a máquina fosse informada da natureza do fundo, dos limites da responsabilidade, do nome e dos cargos dos contribuintes, bem como de todas as outras informações pertinentes.

Ainda, o dispositivo sugere a introdução de um instrumento para os consumidores que requeiram coletivamente uma compensação por eventuais danos decorrentes do mau funcionamento de máquinas inteligentes. No Brasil, o Código de Defesa do Consumidor prevê, em seu art. 81, que a defesa dos interesses e direitos dos consumidores e das vítimas poderá ser exercida em juízo também a título coletivo.

Somente são legitimados para exercer a defesa, contudo, o Ministério Público, a União, os estados, os municípios, o Distrito Federal, as entidades e órgãos da Administração Pública, direta ou indireta, ainda que sem personalidade jurídica, especificamente destinados à defesa dos interesses e direitos consumeristas, e as associações legalmente constituídas há pelo menos um ano e que incluam entre seus fins institucionais a defesa dos interesses e direitos protegidos pelo Código de Defesa do Consumidor.[269]

---

de um fundo individual para toda e qualquer categoria de robôs e quanto à contribuição que deve ser paga a título de taxa pontual no momento em que se coloca o robô no mercado ou quanto ao pagamento de contribuições periódicas durante o tempo de vida do robô; e) Garantir que a ligação entre um robô e o respetivo fundo seja patente pelo número de registo individual constante de um registo específico da União que permita que qualquer pessoa que interaja com o robô seja informada da natureza do fundo, dos limites da respetiva responsabilidade em caso de danos patrimoniais, dos nomes e dos cargos dos contribuidores e de todas as outras informações relevantes; f) Criar um estatuto jurídico específico para os robôs a longo prazo, de modo a que, pelo menos, os robôs autónomos mais sofisticados possam ser determinados como detentores do estatuto de pessoas eletrónicas responsáveis por sanar quaisquer danos que possam causar e, eventualmente, aplicar a personalidade eletrónica a casos em que os robôs tomam decisões autónomas ou em que interagem por qualquer outro modo com terceiros de forma independente; g) Introduzir um instrumento especificamente para os consumidores que tencionem requerer coletivamente uma compensação por danos decorrentes do mau funcionamento de máquinas inteligentes às empresas produtoras responsáveis".

[269] "Art. 82. Para os fins do art. 81, parágrafo único, são legitimados concorrentemente: (Redação dada pela Lei nº 9.008, de 21.3.1995) (Vide Lei nº 13.105, de 2015) (Vigência): I - o Ministério

Nesse contexto, a ação civil pública, disciplinada na Lei nº 7.347/85, seria um mecanismo adequado para a responsabilização por danos causados ao consumidor na perspectiva coletiva. A segurança passa, então, a ser um dever exigível de quem desenvolve a referida tecnologia, sendo razoável pensar na tutela difusa da proteção nas relações virtuais, sob o prisma das garantias consumeristas, da função social e da boa-fé objetiva.

No mesmo sentido, a Lei nº 7.347/85 dispõe sobre a constituição de fundos de defesa de direitos difusos, reconhecendo, em seu art. 13, que havendo condenação em dinheiro, a indenização pelo dano causado reverterá a um fundo gerido por um conselho federal ou por conselhos estaduais de que participarão necessariamente o Ministério Público e representantes da comunidade, sendo seus recursos destinados à reconstituição dos bens lesados. Tais soluções parecem tecnicamente adequadas para a gestão do problema, por concederem mais segurança àqueles que investem na área e também aos usuários dessas tecnologias, assegurando razoável equilíbrio entre os interesses envolvidos.

Em relação ao regime de seguros, destaca-se:

> A responsabilidade perde o domínio exclusivo na dinâmica da reparação dos danos e passa a conviver atualmente com diversos sistemas de compensação, públicos e privados, aptos a suprir a reparação dos danos advindos de atos despidos de culpabilidade e de situações fortuitas e de força maior ou das hipóteses em que não se conheça o agente do fato danoso ou não disponha ele de meios para arcar com a reparação em referência.[270]

Quanto aos seguros, contudo, essa proposta também não resolve todos os impasses. Isso porque as apólices são limitadas até determinado valor, o que pode não compensar todo o prejuízo suportado pela vítima, tendo em vista que ainda não se conhece o completo potencial de extensão dos danos. Nesse panorama, é imprescindível compreender

---

Público; II - a União, os Estados, os Municípios e o Distrito Federal; III - as entidades e órgãos da Administração Pública, direta ou indireta, ainda que sem personalidade jurídica, especificamente destinados à defesa dos interesses e direitos protegidos por este código; IV - as associações legalmente constituídas há pelo menos um ano e que incluam entre seus fins institucionais a defesa dos interesses e direitos protegidos por este código, dispensada a autorização assemblear".

[270] PORTO, Uly de Carvalho Rocha. *A responsabilidade civil extracontratual por danos causados por robôs autônomos*. 2018. Dissertação (Mestrado em Ciências Jurídico-Civilistas) – Faculdade de Direito, Universidade de Coimbra, Coimbra, 2018. p. 41.

o seguro como uma garantia adicional, que não afasta a possibilidade de indenização suplementar. Também se apontam as

> [...] insuficiências do contrato de seguro, tais como a necessidade de realização de cálculos atuariais que também não serão neutros ou imparciais. Além disso, não é incomum o fato de as seguradoras discutirem especificidades do evento danoso como forma de retardar ou evitar o pagamento do valor contratado.[271]

A partir de tal crítica, Luciana Pedroso Xavier e Mayara Guibor Spaler sugerem a criação de um "patrimônio de afetação, o que poderia segregar uma quantia para assegurar o recebimento de indenizações – ao menos em patamar razoável – pelas vítimas de danos, e assim propiciar que recebam a indenização que lhes é devida".[272] Essa perspectiva se alicerça na noção contemporânea de separação entre personalidade e patrimônio, admitindo-se a existência de blocos patrimoniais que servem especificamente para um fim.[273] A proposta serviria, assim, como uma forma de assegurar uma indenização mínima às vítimas, a exemplo do que acontece com o seguro obrigatório de danos pessoais causados por veículos automotores de via terrestre (DPVAT). Trata-se de mecanismo que visa diluir o risco inerente em determinadas operações e tutelar partes consideradas vulneráveis, com fulcro na solidariedade social.

No Brasil, a Lei nº 8.668/93 já trata sobre a constituição e o regime tributário dos fundos de investimento imobiliários, além da Lei nº 10.931/04, que regula a criação de patrimônios de afetação na incorporação imobiliária. O Código de Processo Civil traz duas hipóteses de constituição de patrimônio de afetação. A primeira está disciplinada no art. 533, em que se dispõe que quando a indenização por ato ilícito incluir prestação de alimentos, caberá ao executado, a requerimento do exequente, constituir capital cuja renda assegure o pagamento do valor

---

[271] XAVIER, Luciana Pedroso; SPALER, Mayara Guibor. Patrimônio de afetação: uma possível solução para os danos causados por sistemas de inteligência artificial. *In*: FRAZÃO, Ana; MULHOLLAND, Caitlin (Coord.). *Inteligência artificial e direito*: ética, regulação e responsabilidade. São Paulo: Thomson Reuters Brasil, 2019. p. 555.

[272] XAVIER, Luciana Pedroso; SPALER, Mayara Guibor. Patrimônio de afetação: uma possível solução para os danos causados por sistemas de inteligência artificial. *In*: FRAZÃO, Ana; MULHOLLAND, Caitlin (Coord.). *Inteligência artificial e direito*: ética, regulação e responsabilidade. São Paulo: Thomson Reuters Brasil, 2019. p. 555.

[273] A segregação de patrimônio caracteriza-se pela realização de contabilidade apartada e por não responder por dívidas ou obrigações que não tenham pertinência com o objetivo para o qual foi constituído.

mensal da pensão. A segunda está disciplinada no art. 833, XII, em que se verifica que são impenhoráveis os créditos oriundos de alienação de unidades imobiliárias, sob regime de incorporação imobiliária, vinculados à execução da obra.

> Para a constituição de patrimônio de afetação que assegure indenizações para as vítimas de danos causados por sistemas de inteligência artificial, entende-se que será necessária intervenção legislativa, sendo fundamental que contemple parâmetros para a estipulação do montante que deverá ser mantido afetado.[274]

A proposta do patrimônio de afetação efetivamente dependeria de atividade legislativa, uma vez que não é possível a imposição ou a disciplina do referido patrimônio sem uma legislação que a determine, considerando que o patrimônio de afetação é uma exceção à regra da integral responsabilidade patrimonial.

Um dos problemas suscitados seria a questão do prazo. Isso porque o patrimônio de afetação caracteriza-se pela transitoriedade, dissolvendo-se uma vez atingido o objetivo para o qual foi criado. Na incorporação imobiliária, por exemplo, a extinção ocorre quando há a averbação da construção ou extinção das obrigações do incorporador em face da instituição financeira que financiou o empreendimento (art. 31-E, Lei nº 4.591/64). No caso de danos causados por inteligências artificiais, recomenda-se "o lapso mínimo de dez anos, em razão do prazo prescricional de cinco anos estabelecido pelo Código de Defesa do Consumidor para os fatos do produto e do serviço, ressalvando que a contagem do prazo inicia-se a partir do conhecimento do dano e de sua autoria".[275]

Tal discussão, por óbvio, não pretende esgotar as alternativas viáveis para a consolidação da reparação das vítimas no contexto contemporâneo, mas somente pincelar o atual estado da arte no que tange a essa temática. A incerteza do porvir é um fenômeno do qual não se pode fugir – é possível, inclusive, que tenhamos um índice muito menor de

---

[274] XAVIER, Luciana Pedroso; SPALER, Mayara Guibor. Patrimônio de afetação: uma possível solução para os danos causados por sistemas de inteligência artificial. *In*: FRAZÃO, Ana; MULHOLLAND, Caitlin (Coord.). *Inteligência artificial e direito*: ética, regulação e responsabilidade. São Paulo: Thomson Reuters Brasil, 2019. p. 559.

[275] XAVIER, Luciana Pedroso; SPALER, Mayara Guibor. Patrimônio de afetação: uma possível solução para os danos causados por sistemas de inteligência artificial. *In*: FRAZÃO, Ana; MULHOLLAND, Caitlin (Coord.). *Inteligência artificial e direito*: ética, regulação e responsabilidade. São Paulo: Thomson Reuters Brasil, 2019. p. 559.

danos e de pleitos indenizatórios. Em face do incontingente, é sempre prudente ponderar as possibilidades de regulação e/ou do tratamento jurídico da matéria.

CAPÍTULO 5

# DOS ATUAIS PARÂMETROS DA RESPONSABILIDADE CIVIL SOBRE A INTELIGÊNCIA ARTIFICIAL NO BRASIL

O mencionado contexto de incerteza é ainda mais acentuado quando se constata que, desde o momento em que se acorda e se checam as notificações do *smartphone*, a música que se escolhe no aplicativo *Spotify*, o trajeto escolhido no aplicativo *Waze*, o filme selecionado na *Netflix*, o *Uber* solicitado, até o cupom de desconto que é emitido em drogarias, pouca coisa consegue escapar do alcance da tecnologia.

Tal dinâmica torna o indivíduo cada vez mais dependente desses mecanismos, que essencialmente criam necessidades até então não percebidas pelos seres humanos, fenômeno que se aprofundou com o desenvolvimento da inteligência artificial, tecnologia capaz de minerar dados para fornecer respostas otimizadas às demandas dos usuários. Esses aplicativos despertam atenção para o fato de que a inteligência artificial está imbuída no cotidiano desde atividades mais banais até complexas operações profissionais.

No entanto, quando a *Netflix* recomenda um filme equivocadamente ou quando o novo produto que o consumidor pretende comprar não está na lista de recomendação da loja virtual, não há grandes problemas. Trata-se de mero aborrecimento que não possui o condão de instalar reflexões acerca do potencial danoso da inteligência artificial. O mesmo não se pode falar quando um consumidor com bom histórico de pagamentos tem o pedido de financiamento negado em razão do cálculo do *credit score*[276] ou quando algoritmos utilizados pelo Judiciário

---

[276] No mesmo sentido, o *credit score* é um sistema amplamente utilizado pelas instituições financeiras para a verificação de viabilidade de concessão de crédito aos consumidores, cuja

enquadram seu caso concreto equivocadamente em determinada minuta judicial, induzindo o magistrado à decisão inadequada. A utilização universal da inteligência artificial ensejará problemas e danos que ainda não haviam sido devidamente analisados.

Nesse contexto, partindo do pressuposto de que a inteligência artificial não possui personalidade jurídica própria e verificando-se um crescente incremento do risco, o que, por sua vez, demanda um adequado tratamento jurídico, impende analisar a parametrização da responsabilidade civil, uma vez que será necessário imputar a alguém a compensação dos danos.

Ressalte-se, ainda, que a presente proposta de responsabilização se direciona mais precisamente para a *Artificial Narrow Intelligence* (ANI), tida como IA fraca, por ser esta a modalidade mais comum no presente estado da ciência. Inteligências artificiais com grau mais extremo de autonomia ou até mesmo na cogitada *Artificial Super Intelligence* (ASI) – que hoje se restringe ao campo da ficção científica – podem demandar um tratamento mais específico ou diferenciado, a depender do estado científico em que se façam presentes.

Quanto ao risco, ressalta-se:

> O risco é criado com relação a todos os tipos ou modalidades de direitos, materiais ou imateriais. Nesse sentido, lesões patrimoniais ou extrapatrimoniais podem constituir um risco. A título de exemplo, o risco pode ser a destruição da propriedade de outra pessoa ou uma lesão irreversível clara a um direito de personalidade, por exemplo, honra ou nome.[277]

---

utilização resta autorizada por meio da Súmula nº 550 do Superior Tribunal de Justiça, em que se consagra que a utilização de escore de crédito – método estatístico de avaliação de risco – dispensa o consentimento do consumidor, que terá o direito de solicitar esclarecimentos sobre as informações pessoais valoradas e as fontes dos dados considerados no respectivo cálculo. Com efeito, em que pese o consumidor tenha o direito de pleitear esclarecimentos acerca das informações consideradas, tal prática ainda não é costumeira no mercado de consumo, o que fomenta a opacidade do algoritmo e a falta de transparência na avaliação do crédito.

[277] Tradução livre de: "El riesgo es creado respecto a todo tipo o modalidad de derechos, sean materiales o inmateriales. En este sentido, tanto la lesión patrimonial o como la extrapatrimonial, puede constituir un riesgo. A título de ejemplo, el riesgo puede ser de destrucción de un inmueble ajeno o de una clara lesión irreversible a un derecho de la personalidad, por ejemplo, el honor o el buen nombre" (TARTUCE, Flavio. La cláusula general de responsabilidad objetiva en los diez años del nuevo código civil brasileño *In*: MORENO MORE, César E. *Estudios sobre la responsabilidad civil*. Lima: Ediciones legales, 2015. p. 136).

Doravante, é imprescindível destacar que a responsabilidade civil, no panorama da inteligência artificial, desenvolve-se a partir do paradigma da solidariedade social, da reparação integral do dano e da cláusula geral de tutela da pessoa humana, o que afasta a presunção de que os prejuízos oriundos dessa atividade são meras externalidades não indenizáveis. Enfatiza-se, nessa conjuntura, a teoria do poluidor/pagador, segundo a qual toda pessoa envolvida em atividades que apresentem riscos e que, ao mesmo tempo, sejam lucrativas e úteis à sociedade deve compensar os danos causados pelo lucro obtido.[278] Trata-se, assim, de imputar àquele que se beneficia de determinada atividade a internalização dos ônus resultantes dessa exploração.

Nesse diapasão, em que pese o posicionamento contrário esboçado pelo Superior Tribunal de Justiça no precedente mencionado alhures, o contexto contemporâneo tem mostrado a razoabilidade de considerar até mesmo a internet como uma atividade minimamente arriscada, de modo que "o mundo digital constituiu outra hipótese em relação ao suposto campo de incidência da cláusula geral de atividade de risco, ou seja, a Internet, a grande rede virtual de computadores, oferece uma série de riscos aos usuários".[279]

A reparação integral da vítima é princípio que:

> [...] parece fundamentar-se no direito de propriedade (art. 5º, XXII). A indenização, sob a perspectiva da reparação integral, consiste em expediente pelo qual a vítima procura reaver o patrimônio que efetivamente perdeu ou deixou de lucrar, na exata medida da extensão do dano sofrido. Busca-se retornar as partes ao estado anterior ao desequilíbrio suscitado com a ocorrência da lesão, ao chamado *status quo ante*, ou seja, ao estado no qual se encontrariam caso não tivessem experimentado, ativa e passivamente, o dano.[280]

---

[278] PIRES, Thatiane Cristina Fontão; SILVA, Rafael Peteffi da. A responsabilidade civil pelos atos autônomos da inteligência artificial: notas iniciais sobre a resolução do Parlamento Europeu. *Revista Brasileira de Políticas Públicas*, v. 7, n. 3, dez. 2017. p. 19.

[279] Tradução livre de: "El mundo digital ha constituido otra hipótesis relativa al supuesto campo de incidencia de la cláusula general de actividad de riesgo, vale decir, el internet, la gran red virtual de computadoras que ofrece una serie de riesgos a los usuarios" (TARTUCE, Flavio. La cláusula general de responsabilidad objetiva en los diez años del nuevo código civil brasileño *In*: MORENO MORE, César E. *Estudios sobre la responsabilidad civil*. Lima: Ediciones legales, 2015. p. 160).

[280] MONTEIRO FILHO, Carlos Edilson do Rêgo. Limites ao princípio da reparação integral no direito brasileiro. *Civilística*, ano 7, n. 1, 2018. p. 5.

Apesar do fundamento originário na propriedade, contemporaneamente a reparação da vítima assume carga eminentemente personalista, abandonando o paradigma que sobrepõe o patrimônio à tutela da pessoa. Com o advento do Código Civil de 2002, verificou-se um redirecionamento da tutela para a carga existencial da pessoa, em detrimento da visão preponderantemente patrimonialista que tinha por base o Código Civil de 1916. Noutro norte, o mencionado princípio se projeta na aferição da reparação e em sua quantificação, exigindo que todo dano, em sua integralidade, seja reparado, funcionando como limite à reparação.[281]

Ainda sobre tal princípio, Marcos Ehrhardt Júnior argumenta que, desde a consolidação do modelo de responsabilidade civil sob o prisma constitucional, o princípio norteador da matéria é o da reparação integral, por meio do qual se busca reparar o dano injustamente causado sob a inspiração de uma justiça distributiva, comprometida em restituir à vítima, o mais exatamente possível, o *status quo ante*, exigindo-se que cada pessoa suporte as consequências adversas de seus comportamentos e perseguindo-se o restabelecimento do equilíbrio violado pela infração.[282]

O prisma da reparação integral da vítima, estampado no art. 944[283] do Código Civil, avulta-se ainda mais no contexto constitucional, uma vez que o edifício jurídico instaurado com a Constituição Federal de 1988 se funda na organização econômica e social de cujo núcleo decorrem preocupações éticas, em razão das quais se repensaram alguns temas de direito privado, em observância à função social, assim como se abafou o exacerbado individualismo que privilegiava o proprietário e o contratante em lócus diferenciado e inatingível.[284]

Esse panorama é favorável à consolidação, na maioria dos casos, de uma responsabilidade objetiva, isto é, que dispensa a aferição da culpa para que incida o dever de reparação. Há quem defenda,

---

[281] MONTEIRO FILHO, Carlos Edilson do Rêgo. Limites ao princípio da reparação integral no direito brasileiro. *Civilística*, ano 7, n. 1, 2018. p. 6.

[282] EHRHARDT JÚNIOR, Marcos. Apontamentos para uma teoria geral da responsabilidade civil no Brasil. *In*: ROSENVALD, Nelson; MILAGRES, Marcelo (Org.). *Responsabilidade civil*: novas tendências. 2. ed. Indaiatuba: Foco, 2018. p. 45-72. Disponível em: http://www.marcosehrhardt.adv.br/index.php/artigo/2014/03/12/em-busca-de-uma-teoria-geral-da-responsabilidade-civil. Acesso em: 9 abr. 2020.

[283] "Art. 944. A indenização mede-se pela extensão do dano".

[284] JABUR, Gilberto Haddad. Direito privado, direito constitucional e dignidade humana. *Revista Jurídica Luso-Brasileira*, ano 4, n. 5, 2018. p. 879.

entretanto, a responsabilidade civil subjetiva na hipótese de máquinas mais autônomas, sob o fundamento de que a automação provavelmente melhora a segurança:

> A negligência alcança um equilíbrio entre os interesses dos demandantes e réus. A sociedade tem interesse em reduzir ferimentos e compensar as vítimas, além de incentivar o crescimento econômico e o progresso [...]. Manter a classificação da responsabilidade civil por danos gerados por computadores sob o parâmetro subjetivo resultará em um resultado melhorado: acelerará a adoção da automação, o que reduziria acidentes [...]. No contexto da direção automatizada, os motoristas humanos seriam responsáveis por danos causados por suas próprias decisões de condução, enquanto um fabricante seria objetivamente responsável por danos causados por máquinas defeituosas que não estão automatizando as funções humanas [...], mas os fabricantes seriam responsáveis por negligência, em vez de responsabilidade objetiva, por erros cometidos por *software* de direção autônomo, se o *software* fosse comprovadamente mais seguro do que uma pessoa.[285]

Embora os regimes de responsabilidade objetiva possam ser mais eficientes em razão da economia de custas administrativas, eles também podem aumentar o número de acidentes devido à falta de dissuasão.[286] Maria Celina Bodin de Moraes refuta o argumento de que a responsabilidade objetiva inibe o desenvolvimento tecnológico:

---

[285] Tradução livre de: "Negligence strikes a balance between the interests of plaintiffs and defendants. Society has interests in reducing injuries and compensating victims as well as encouraging economic growth and progress. One way that tort law attempts to achieve this balance is by permitting recovery in negligence only where there has been socially blameworthy conduct [...]. Holding computer-generated torts to a negligence standard will result in an improved outcome: it will accelerate the adoption of automation where doing so would reduce accidents [...]. In the context of automated driving, human drivers would be liable for harms they cause due to their own driving decisions, while a manufacturer would be strictly liable for harms caused by defective machines that are not automating human functions (as would be the case for MacPherson's Buick151), but manufacturers would be liable in negligence rather than strict liability for errors made by autonomous driving software if the software were proven safer on average than a person" (ABOTT, Ryan. The reasonable computer: disrupting the paradigm of tort liability. *The George Washington Law Review*, Washington, v. 86, n. 1, 2018. p. 12; 22).

[286] Tradução livre de: "while no-fault regimes may be more efficient due to their savings in administrative costs and judicial errors, they may increase the number of accidents due to lack of deterrence" (RACHUM-TWAIG, Omri. Whose robot is it anyway? Liability for artificial-intelligence-based robots. *University of Illinois Law Review*, 2020. p. 26. Disponível em: https://papers.ssrn.com/sol3/papers.cfm?abstract_id=3339230. Acesso em: 13 maio 2020).

Cuida-se, porém, de falso dilema, pois a história já demonstrou que a adoção dos modelos de culpa presumida ou de responsabilidade objetiva, que flexibilizaram a dificuldade da prova da culpa, não limitaram o desenvolvimento de novas tecnologias. Ao contrário: assegurou-se o pleno desenvolvimento tecnológico e industrial e os custos dos modelos de responsabilização objetivos, em especial nas relações de consumo, foram incorporados pelo mercado sem prejuízo do ressarcimento das vítimas de danos injustos, implementando-se o modelo solidarista de responsabilidade fundado na atenção e no cuidado para com o lesado.[287]

A responsabilidade subjetiva enfrenta dificuldades práticas no que tange ao campo da inteligência artificial, em razão da imprevisibilidade de atuação da máquina, uma vez que tal característica dificulta a parametrização de condutas consideradas prudentes por parte do desenvolvedor.

Também se impõe a discussão atinente ao *venire contra factum proprium*. Isso porque o próprio desenvolvedor programa a inteligência artificial para atuar com certo campo de imprevisibilidade, sendo questionável, por conseguinte, a utilização dessa característica para afastar sua responsabilidade, afinal, o risco, em tese, seria assumido no momento em que se decide criar e pôr em circulação máquina que se sabe poder agir de forma independente à programação inicial. Nesse contexto, o debate legislativo vem tentando estipular parâmetros de responsabilização para danos causados por máquinas inteligentes.[288] É ainda incipiente a discussão acerca da matéria.

---

[287] MORAES, Maria Celina Bodin de. LGPD: um novo regime de responsabilização dito "proativo". *Civilística*, ano 8, n. 3, 2019. Disponível em: http://civilistica.com/lgpd-um-novo-regime-de-responsabilizacao-civil-dito-proativo/. Acesso em: 28 mar. 2020.

[288] O Projeto de Lei nº 21/2020, de autoria do Deputado Eduardo Bismarck (PDT/CE), estabelece princípios, direitos e deveres para o uso de inteligência artificial no Brasil. Nesse ponto, o projeto de lei assenta, em seu art. 2º, que são agentes de inteligência artificial as pessoas físicas ou jurídicas, de direito público ou privado, e entes sem personalidade jurídica, classificados como agentes de desenvolvimento, agentes de operação e partes interessadas. Agentes de desenvolvimento seriam aqueles que participam das fases de planejamento e design, coleta e processamento de dados e construção de modelo, de verificação e validação ou de implantação do sistema de inteligência artificial, ao passo em que agentes de operação seriam todos aqueles que participam da fase de monitoramento e operação do sistema de IA e partes interessadas são todos aqueles envolvidos ou afetados, direta ou indiretamente, por sistemas de IA. O art. 9º, em seu inc. V, determina que é dever dos agentes de inteligência artificial responder, na forma da lei, pelas decisões tomadas por um sistema de inteligência artificial. Tal disposição legislativa não caracteriza, assim, nenhuma inovação jurídica. Em continuidade, o inc. VI estipula que é dever dos agentes proteger continuamente os sistemas de IA contra ameaças de segurança cibernética e que, para fins deste inciso, a responsabilidade pelos sistemas de inteligência artificial deve residir nos agentes de desenvolvimento e de operação de sistemas de IA, observadas as suas funções.

O Governo Federal lançou a Estratégia Brasileira de Inteligência Artificial, que visa nortear a ação governamental no desenvolvimento das vertentes que estimulem a pesquisa, inovação e desenvolvimento de soluções em inteligência artificial, mencionando as ações do Estado brasileiro em prol do fortalecimento da pesquisa, desenvolvimento e inovações de soluções em inteligência artificial, bem como seu uso consciente e ético, por meio de ações estratégicas nos setores públicos e privados. Para tanto, a estratégia estabelece eixos temáticos, apresenta um diagnóstico da situação atual da IA no mundo e no Brasil, destaca os desafios a serem enfrentados e oferece uma visão de futuro, fundamentada nos princípios do crescimento inclusivo, desenvolvimento sustentável e bem-estar, valores centrados no ser humano e na equidade, transparência e explicabilidade, robustez, segurança, proteção e responsabilização ou prestação de contas.

## 5.1 Dos fundamentos da responsabilidade civil no âmbito da inteligência artificial

Os requisitos clássicos da responsabilidade civil permanecem sendo a conduta, a culpa, o nexo de causalidade e o dano, estando a ideia de responsabilidade estabelecida nos arts. 186[289] e 927[290] do Código Civil, tendo esta última modalidade, contudo, dispensado a verificação da culpa. Com o advento dos riscos e dos novos problemas contemporâneos, assume destaque a responsabilidade objetiva, na qual se dispensa a verificação da culpa para a caracterização do dever de indenizar. Essa é a modalidade adotada pelo Código de Defesa do Consumidor, que possui um campo específico de atuação. É relevante

---

Nesse panorama, a disposição parece excetuar o regime de responsabilidade solidária determinado pela legislação consumerista, adaptando a responsabilidade à observância da função de cada operador, à semelhança do que dispõe o art. 19 do Marco Civil da Internet quando estipula que a responsabilidade do provedor de aplicações de internet ocorrerá no âmbito e nos limites técnicos de seu serviço. Sobre tal proposta, verifica-se que a ideia de estipular que a responsabilidade de cada agente de inteligência artificial ocorrerá no âmbito de suas funções somente poderia soar razoável em nível de regresso, em que houvesse mínima condição de se perquirir quem foi o efetivo causador de determinado dano, uma vez que, em face do consumidor, são inúmeras as dificuldades impostas na verificação dos limites técnicos do serviço de cada agente.

[289] "Art. 186. Aquele que, por ação ou omissão voluntária, negligência ou imprudência, violar direito e causar dano a outrem, ainda que exclusivamente moral, comete ato ilícito".

[290] "Art. 927. Aquele que, por ato ilícito (arts. 186 e 187), causar dano a outrem, fica obrigado a repará-lo".

sublinhar que a responsabilidade civil, hoje, submete-se a uma concorrência de regimes, isto é, aquele determinado no Código Civil e aquele previsto no Código de Defesa do Consumidor.

O CDC sistematizou a responsabilidade civil nas relações de consumo entre a responsabilidade civil pelo fato do produto e do serviço do art. 12 ao 17, que abrange os defeitos de segurança, e a responsabilidade pelo vício do produto e do serviço, que compreende os vícios de inadequação, do art. 18 ao 25.

Para Leonardo Roscoe:

> É equivocado pensar que toda e qualquer lesão causada ao consumidor decorre necessariamente de vício ou fato do produto ou do serviço. Muitos danos (morais e/ou materiais) ocasionados ao consumidor são consequências de atividades que não se enquadram em fato ou vício do produto ou do serviço. Nessas situações, o fundamento da responsabilidade civil deve ser buscado no dispositivo que abrange, de modo geral, os danos inerentes às atividades desenvolvidas no mercado de consumo.[291]

A responsabilidade pelo fato do produto diz respeito aos danos causados em razão de defeito na concepção, produção, comercialização ou fornecimento de produto ou serviço, violando o dever de segurança que tutela a integridade do consumidor.[292] A responsabilidade pelos vícios, por sua vez, diz respeito à violação de um dever de adequação, quando o produto ou serviço fornecido não atende aos fins que legitimamente dele se esperam.[293]

Quanto à responsabilidade civil no âmbito da inteligência artificial, Mafalda Miranda Barbosa argumenta:

> A responsabilidade extracontratual fundada na culpa mostra-se a este nível insuficiente. Se há muitos casos em que pode existir culpa (pense-se, por exemplo, nas hipóteses de não realização das atualizações do software; ou de situações de quebra de deveres de cuidado que permitem que terceiros – hackers – interfiram com o sistema, a determinar problemas mais ou menos complexos, mas interessantes de imputação),

---

[291] BESSA, Leonardo Roscoe. Responsabilidade objetiva no Código de Defesa do Consumidor. *Revista Jurídica da Presidência*, v. 20, n. 120, p. 20-43, fev./maio 2018. p. 29.

[292] MIRAGEM, Bruno. *Curso de direito do consumidor*. 6. ed. rev., atual e ampl. São Paulo: Revista dos Tribunais, 2016. p. 575.

[293] MIRAGEM, Bruno. *Curso de direito do consumidor*. 6. ed. rev., atual e ampl. São Paulo: Revista dos Tribunais, 2016. p. 575.

noutros o juízo de censura estará ausente. É claro que a este nível podem auxiliar-nos as presunções de culpa do artigo 493º CC, quer no tocante à detenção de coisa móvel ou imóvel, quer no tocante à perigosidade da atividade, em função da natureza do meio utilizado (o robot). Mas a presunção poderá ser ilidida sempre que o vigilante da coisa provar que não houve culpa da sua parte, que os danos se teriam igualmente produzido se não houvesse culpa sua ou que, no caso do nº 2, empregou todas as providências exigidas pelas circunstâncias com o fim de prevenir os danos. E tal pode, de facto, ocorrer se, a despeito de todos os cuidados tidos pelo utilizador do ente dotado de inteligência artificial o dano resultar da sua atuação normal – autónoma –, tornando-se, por isso, fundamental chamar à colação algumas hipóteses de responsabilidade pelo risco.[294]

A insuficiência do paradigma da culpa, conforme ressaltado alhures por Mafalda Miranda Barbosa, refere-se à necessidade de consagração de parâmetros fundados no risco, uma vez que o entendimento contrário pode tornar muito onerosa a via de reparação para as vítimas de danos injustos.

Quando ocorre uma ação danosa oriunda da inteligência artificial, contudo, há que se perquirir o polo passivo da esfera de imputação, isto é, se a responsabilidade recairá sobre os produtores do *hardware* e do *software*, ou, ainda, sobre aqueles cujas instruções influenciaram o comportamento do sistema ou sobre aqueles que se beneficiam da comercialização da máquina.

Uma das responsabilidades aventadas para caracterizar tal situação é aquela estipulada em analogia com a responsabilidade atribuída aos pais pelos atos de seus filhos; nesta, as máquinas seriam ferramentas cuja responsabilização recairia sobre o produtor, usuário ou programador, responsável por seu "treinamento".[295] Tal perspectiva, contudo, não merece prosperar, uma vez que, tratando-se a inteligência artificial como coisa, resta inviabilizado o referido raciocínio, que parte do pressuposto do relacionamento entre duas pessoas.

A identificação de um responsável efetivo nem sempre será fácil. Isso porque cada sistema pode possuir graus de controle diferenciados, sendo impraticável pensar num controle absoluto por parte do usuário,

---

[294] BARBOSA, Mafalda Miranda. Inteligência artificial e blockchain: desafios para a responsabilidade civil. *Revista de Direito da Responsabilidade*, ano 1, 2019. p. 2-3.
[295] MAGRANI, Eduardo. *Entre dados e robôs*: ética e privacidade na era da hiperconectividade. 2. ed. Porto Alegre: Arquipélago Editorial, 2019. p. 102.

ressalvadas as exceções em que o sistema somente prossegue a partir de determinado comando do proprietário.

Com efeito, a inteligência artificial costuma ter três usos correntes nos processos contemporâneos: a organização de dados, o auxílio à tomada de decisão e a automação da decisão.[296] Exemplo dado pela doutrina sobre as dificuldades que podem surgir é a hipótese de um:

> [...] edifício comercial dotado de detector de fumaça, operante a partir do recolhimento de dados por sensores incorporados, que emite avisos ao proprietário e à unidade de bombeiros mais próxima sobre a existência de qualquer foco de incêndio. O detector pode funcionar de modo integrado também com outros sistemas inteligentes, de modo a liberar o acesso dos bombeiros e a cessar o fornecimento de gás e energia elétrica, por exemplo. Na eventualidade da ocorrência de incêndio que destrua todo o edifício, sem o envio de qualquer alerta por parte do detector, poder-se-ia indagar: a quem deve ser imputada a responsabilidade pelos danos sofridos pelo proprietário e que teriam sido evitados caso o sistema de detecção houvesse funcionado regularmente? Como delimitar a contribuição causal dos diversos fornecedores potencialmente envolvidos (pense-se, entre outros, no vendedor final do dispositivo, no desenvolvedor do *software* de coleta e tratamento dos dados, no desenvolvedor do *software* de comunicação com o proprietário e com os bombeiros, no prestador do serviço de acesso à internet)?[297]

Cumpre não olvidar as hipóteses de ocorrência de danos no ambiente de trabalho, nas quais o empregador responderá civilmente pelos prejuízos suportados pelo empregado, ou até mesmo em áreas comuns de estabelecimentos como *shopping centers*, em que o empreendimento será responsável em face do consumidor. Também impende salientar a necessidade de observância de normas mínimas de segurança:

> Por exemplo, é hoje em dia *standard* numa fábrica que utilize *robots* que haja sensores que desligam imediatamente um *robot* caso um ser humano entre na sua área de actividade. Além disso, os braços robóticos estão habitualmente contidos numa jaula de segurança. Havendo uma falha,

---

[296] STEIBEL, Fabro; VICENTE, Victor Freitas; JESUS, Diego Santos Vieira de. Possibilidades e potenciais da utilização da inteligência artificial. *In*: FRAZÃO, Ana; MULHOLLAND, Caitlin (Coord.). *Inteligência artificial e direito*: ética, regulação e responsabilidade. São Paulo: Thomson Reuters Brasil, 2019. p. 58.

[297] TEPEDINO, Gustavo; SILVA, Rodrigo da Guia. Desafios da inteligência artificial em matéria de responsabilidade civil. *Revista Brasileira de Direito Civil*, Belo Horizonte, v. 21, p. 61-86, jul./set. 2019. p. 16.

estes deveres de cuidado permitirão determinar "quem é que podia e devia ter actuado de outra forma".[298]

Ressalte-se que as relações estabelecidas entre os fornecedores da inteligência artificial e os usuários, isto é, pessoas naturais que adquirem a inteligência artificial como destinatária final, usualmente serão regidas pela legislação consumerista, pois há alta probabilidade de se enquadrarem nos respectivos conceitos legais.

Aduza-se, ainda, à (sic) possibilidade de aplicação do regime da responsabilidade pelo fato do produto ou serviço previsto pelo Código de Defesa do Consumidor (CDC). Afinal, a inteligência artificial pode ser utilizada no âmbito de atividades de fornecimento de produtos ou serviços ao mercado de consumo. Caso se configure relação de consumo à luz da disciplina do CDC, torna-se induvidosa a possibilidade de responsabilização de todos os fornecedores integrantes da cadeia de consumo pelos danos decorrentes de fato do produto ou serviço – resguardada, em qualquer caso, a necessidade de aferição dos demais elementos relevantes para a deflagração do dever de indenizar.[299]

Nesse ponto, o Código de Defesa do Consumidor adota a teoria da causalidade adequada e a responsabilidade objetiva para a reparação das vítimas, a teor do que dispõe o art. 12 do diploma normativo. Sendo assim, o fornecedor é responsável objetivamente pelo dano causado ao consumidor pelos defeitos de projeto, fabricação, construção, montagem, fórmulas, manipulação, apresentação ou acondicionamento ou, ainda, por não disponibilizar informações suficientemente esclarecedoras, considerando-se defeituoso o produto que não oferece a segurança que dele legitimamente se espera.

Sublinhe-se, ainda, que o dano pode decorrer de fato ou vício do produto ou serviço. Seriam exemplos de vícios, assim, a má programação, a ausência de botões de segurança, a ausência de instruções, a falta de sensores, a não implementação de mecanismos de redução da vulnerabilidade do *software* em relação a invasores, entre outras situações que também podem caracterizar-se como fato na hipótese

---

[298] SILVA, Nuno Sousa e. *Direito e robótica*: uma primeira aproximação. p. 23. Disponível em: https://papers.ssrn.com/sol3/papers.cfm?abstract_id=2990713. Acesso em: 16 jul. 2019.
[299] TEPEDINO, Gustavo; SILVA, Rodrigo da Guia. Desafios da inteligência artificial em matéria de responsabilidade civil. *Revista Brasileira de Direito Civil*, Belo Horizonte, v. 21, p. 61-86, jul./set. 2019. p. 24.

de ocorrência de um acidente de consumo ou de violação à incolumidade física do consumidor.

Observa-se que o fornecedor é responsável pelos defeitos da máquina,[300] sejam de concepção, fabricação ou informação, tendo em vista certo grau de periculosidade intrínseca a tais sistemas.

Nos termos de Uly de Carvalho:

> [...] robôs autônomos, uma vez postos em circulação no mercado de consumo, podem mesmo despoletar responsabilidade civil do produtor, em especial nos casos em que o fabricante não forneça ao consumidor informações suficientes sobre os riscos associados a robôs dessa ordem ou quando os seus sistemas informatizados não imprimam a segurança legitimamente esperada, sob a reserva de que aquele que sofreu a lesão comprove danos efetivos, o defeito do produto e a relação de causalidade entre o defeito e o dano.[301]

No contexto brasileiro, salienta-se a possibilidade de inversão do ônus da prova como direito básico do consumidor, estipulada no art. 6º, VIII, do Código de Defesa do Consumidor, o que facilita a reparação da vítima lesada. Tem-se por defeituoso o serviço que não oferece a segurança que dele legitimamente se espera, levando em consideração as circunstâncias do caso concreto, o resultado e os riscos que razoavelmente dele se esperam, nos termos do art. 12, parágrafo primeiro, do CDC.

Nesse cenário, compreende-se:

> O vendedor será responsável perante o consumidor por qualquer falta de conformidade existente no momento em que as mercadorias foram entregues. Em caso de falta de conformidade, o consumidor terá o direito de obter as mercadorias em conformidade, gratuitamente, por reparo ou substituição, ou de ter uma redução apropriada feita no preço, podendo, ainda, rescindir o contrato de venda desses bens. Qualquer garantia comercial oferecida por um vendedor ou produtor

---

[300] PORTO, Uly de Carvalho Rocha. *A responsabilidade civil extracontratual por danos causados por robôs autônomos*. 2018. Dissertação (Mestrado em Ciências Jurídico-Civilistas) – Faculdade de Direito, Universidade de Coimbra, Coimbra, 2018. p. 48.

[301] PORTO, Uly de Carvalho Rocha. *A responsabilidade civil extracontratual por danos causados por robôs autônomos*. 2018. Dissertação (Mestrado em Ciências Jurídico-Civilistas) – Faculdade de Direito, Universidade de Coimbra, Coimbra, 2018. p. 52.

é juridicamente vinculante para ele, nas condições estabelecidas no documento de garantia e na publicidade associada.[302]

Não se ignora que a noção de defeito parece insuficiente, pois os sistemas de inteligência artificial podem apresentar resultados inesperados em razão da *black box*, isto é, um resultado adverso oriundo do comportamento imprevisível da máquina que, como se sabe, é fenômeno comum nesse tipo de programação.

Segundo Filipe Medon:

> É por isso que se tem defendido que a lógica tradicional da responsabilidade pelo fato do produto não daria mais conta de explicar danos causados por uma ação autônoma da máquina, pois esse agir não seria propriamente um defeito imputável aos seus fabricantes, mas uma decorrência da autonomia crescente da Inteligência Artificial, que se distanciaria da concepção de robôs como meras ferramentas a serviço dos humanos.[303]

A disposição legal de que devem ser levados em consideração os riscos que razoavelmente se esperam do produto tende a afastar a responsabilidade na hipótese de danos imprevistos, uma vez que a imprevisibilidade da máquina é um risco já consagrado nesse âmbito. Desde o princípio há ciência acerca do comportamento imprevisível da máquina, o que, em tese, afastaria a responsabilidade, por ser este um risco que razoavelmente se espera do produto.

Tal perspectiva, contudo, não parece coerente com as diretrizes de tutela à vítima, solidariedade social e reparação integral do dano, já que culminará por consagrar o risco do desenvolvimento como excludente do nexo de causalidade e manterá o lesado sem nenhum tipo de ressarcimento. É razoável considerar que o fornecedor é responsável pelos defeitos da máquina e, ainda, pelos resultados adversos não

---

[302] Tradução livre de: "The seller shall be liable to the consumer for any lack of conformity which exists at the time the goods were delivered. In the case of a lack of conformity, the consumer shall be entitled to have the goods brought into conformity free of charge by repair or replacement or to have an appropriate reduction made in the price or shall be able to rescind the contract of sale of those goods. Any commercial guarantee offered by a seller or producer is legally binding upon him under the conditions laid down in the guarantee document and associated advertising" (HINGELDORF, Eric; SEIDEL, Uwe. *Robotics, autonomics and the law*. Baden-Baden: Nomos, 2014. v. 14. p. 43-44).

[303] MEDON, Filipe. *Inteligência artificial e responsabilidade civil*: autonomia, riscos e solidariedade. Salvador: JusPodivm, 2020. p. 348.

expressamente previstos no momento da circulação do objeto, com fundamento no risco da circulação do produto ou serviço.

Com fulcro na teoria do risco, conclui-se também que, em muitas situações, não será razoável condicionar a indenização à verificação de um defeito, uma vez que a máquina poderá apresentar resultados incomuns ou, ainda, comportar-se conforme o esperado e, mesmo assim, desencadear danos.

Sobre a capacidade de tomar decisões autônomas, Uly de Carvalho sustenta:

> Defender, contudo, que a sua capacidade de tomar decisões autônomas deveria configurar um defeito esbarra em substancial dificuldade: tal autonomia é inerente aos sistemas de IA e desejada por seus produtores e utilizadores, o que significa que, não fossem os robôs imbuídos dessa habilidade, a sua própria utilidade perderia o sentido. A grande questão aqui, portanto, é enxergar que um robô autônomo pode ocasionar danos no seu funcionamento ordinário, danos inevitáveis e imprevisíveis pelos seus programadores e, assim, compreendidos conforme o estado de arte, o que ilidiria a responsabilidade do produtor.[304]

Nesse ponto, a linha divisória entre o dano produzido por sistema defeituoso e o dano produzido por sistema não defeituoso torna mais problemático o potencial de lesão à coletividade e o temor de responsabilização. Opina Mafalda Miranda Barbosa:

> Dito de outro modo, a idealização do robot (programação do *software*) pode não apresentar qualquer defeito, do mesmo modo que, na fase do fabrico do mecanismo no qual se integra a inteligência artificial, pode não ocorrer qualquer desconformidade entre o resultado final e o que era esperado pelo produtor. Os danos causados pelo robot dito inteligente são gerados pela sua atuação autônoma que, longe de ser uma marca de defeituosidade, se traduz numa sua característica intrínseca.[305]

Ainda assim, na hipótese de comportamento extraordinário ou não previamente advertido ao consumidor, é razoável considerar que o fornecedor permanece responsável. Sua responsabilidade vai além da

---

[304] PORTO, Uly de Carvalho Rocha. *A responsabilidade civil extracontratual por danos causados por robôs autônomos*. 2018. Dissertação (Mestrado em Ciências Jurídico-Civilistas) – Faculdade de Direito, Universidade de Coimbra, Coimbra, 2018. p. 92.
[305] BARBOSA, Mafalda Miranda. Inteligência artificial e blockchain: desafios para a responsabilidade civil. *Revista de Direito da Responsabilidade*, ano 1, 2019. p. 5.

constatação do ordinário defeito, para abranger situações de extraordinariedade na atividade comercializada, com fulcro na teoria do risco, em diálogo de fontes. Seria uma equiparação da atividade incomum ao defeito, por força do risco inerente ao funcionamento do sistema. Trata-se de fortuito interno que, diferentemente do fortuito externo, não afasta a responsabilidade do fornecedor.[306]

Na hipótese de comportamento ordinário da máquina, isto é, quando o prejuízo não advém de uma postura inesperada da máquina, sobressai a responsabilidade do proprietário da coisa, que possui razoáveis deveres de vigilância e custódia para assegurar a segurança que se espera da interação entre o sistema e o meio social. Exemplo disso são acidentes com trabalhadores em fábricas.

Apenas a título exemplificativo, releva apontar que um trabalhador já foi morto[307] ao ficar preso pelo braço de trabalho de um robô, que o identificou como um obstáculo, tendo a máquina sido programada para atuar dessa maneira. A responsabilidade, nesse ponto, pode recair sobre o empregador, enquanto sujeito que, ciente da atuação do sistema, possuía o dever de impor parâmetros de segurança e medidas de prevenção ao redor do robô. Isso desde que, evidentemente, não se verifique algum excludente de nexo de causalidade, como fato exclusivo da vítima, por exemplo. Situação diferente é a do robô comercializado somente para atuar de determinada maneira, mas que, inesperadamente, assume uma conduta distinta. Nesse ponto, é possível imputar a responsabilidade ao fornecedor.

Ressalte-se, ainda, que surgirão situações de conflito ético e necessidade de escolhas trágicas. Indaga-se, então, se seria possível falar em defeito na hipótese de veículos autônomos programados, sob uma perspectiva utilitária, para, ao se depararem com situações de iminentes acidentes de tráfego, optar por sacrificar algumas vidas em prol da integridade física do motorista ou da maior quantidade de transeuntes.

Nessa hipótese, sendo o consumidor advertido acerca do comportamento da máquina em situações de acidente, é mais coerente pensar que a responsabilidade recairia sobre o proprietário, ainda que

---

[306] FRAZÃO, Ana. Risco da empresa e caso fortuito externo. *Civilística*, Rio de Janeiro, ano 5, n. 1, p. 1-27, 2016. p. 2. Disponível em: https://civilistica.emnuvens.com.br/redc/article/view/239/197. Acesso em: 10 set. 2020.

[307] WHYMANT, Robert. Robot kills factory worker. *The Guardian*, 9 dez. 2014. Disponível em: https://www.theguardian.com/theguardian/2014/dec/09/robot-kills-factory-worker. Acesso em: 19 nov. 2019.

acobertado por eventuais excludentes de ilicitude. Noutro giro, constatando-se quaisquer falhas na máquina, sejam vícios de concepção, fabricação, informação, ou, até mesmo, situações que não eram previstas no momento da circulação do objeto, a responsabilidade recai sobre o fornecedor.

Um dos mais famosos acidentes com veículos autônomos foi o da Sra. Elaine Herzberg. Ela foi atingida por um veículo autônomo da Uber quando atravessava uma rua mal iluminada. O veículo contava com uma motorista de segurança, contratada especialmente para intervir na hipótese de emergências, mas que, no momento do acidente, não o fez. A promotoria concluiu que não havia responsabilidade da Uber, dada a ausência de defeitos no *software*, indiciando a motorista de segurança que, em tese, estaria distraída no momento da colisão.[308]

Nesse caso, também havia indício de negligência da própria vítima, que teria invadido a pista em uma bicicleta a partir de uma área pouco iluminada e fora da faixa de pedestre. Informações de telemetria indicaram que o veículo trafegava a 61 km/h, um pouco acima do limite de velocidade da via, e que o sistema de direção autônomo optou por não desviar em razão da presença de outros veículos e transeuntes no local.

Em hipóteses como essa, impende evidenciar se houve defeito no *software* ou na condução do veículo, se houve fato exclusivo da vítima ou fato de terceiro. Constatando-se que o motorista de segurança não adequou a velocidade do veículo à via trafegada ou não interveio no momento em que deveria ter feito, é razoável constatar que houve fato de terceiro, apto a atrair a responsabilidade daquele para a indenização.

Não há prejuízo da mitigação da indenização por fato concorrente da vítima, quando se constata que esta também foi negligente ao trafegar em locais inadequados. Noutro norte, constatando-se que o veículo autônomo não desviou da vítima em razão da presença de outros objetos – seja por ter sido previamente programado para tanto, seja por uma postura imprevisível –, há de se questionar se tal conduta não caracteriza um defeito.

Em que pese seja razoável compreender a ausência de desvio quando se verifica a presença de outros transeuntes, a presença de

---

[308] DEMARTINI, Felipe. Justiça retira ação criminal contra UBER por atropelamento com carro autônomo. *Canal Tech*, 6 mar. 2019. Disponível em: https://canaltech.com.br/carros/justica-retira-acao-criminal-contra-uber-por-atropelamento-com-carro-autonomo-134131/. Acesso em: 19 abr. 2020.

meros objetos não possui o condão de autorizar tal desvio, uma vez que se privilegia a vida humana em face da presença de coisas, sendo razoável a colisão com outros utensílios em razão da caracterização do evidente estado de necessidade. Noutro norte, havendo outros transeuntes, a situação assume feição diversa e, nesse caso, não se torna exigível que o veículo desvie.

Em comentário ao Código português, argumenta-se que, na responsabilidade pela coisa, é possível compará-la com a custódia de animais:

> Para administrar este risco intrínseco aos robôs autônomos, propõe-se a criação de um novo tipo de responsabilidade objetiva, próxima, por exemplo, da adotada hoje em relação aos danos causados por animais (art. 502º). Com base nas discussões atinentes ao Item 3.7, parece legítimo postular que, quem se serve de robôs, como ocorre no caso dos animais, deve arcar com as consequências lesivas do risco imbricado em sua utilização.[309]

A preocupação com o *status* jurídico dos animais não é recente e já levanta discussões acerca da natureza jurídica de tais entes. O Projeto de Lei nº 27/2018 visa determinar que os animais não humanos possuam natureza jurídica *sui generis* e sejam considerados sujeitos de direitos não personificados, podendo obter tutela jurisdicional na hipótese de violação, sendo vedado o seu tratamento como coisa. Nesse trilhar, ganha força a proposta de personalidade eletrônica, pois, não obstante os robôs não possuam a mesma sensibilidade ou senciência dos animais, há fundamentos que justificariam tal tratamento, tais como a relativa autonomia na tomada de decisões.

Em continuidade, ressalte-se que a responsabilidade pelo dever de vigilância recai sobre aquele que possui a detenção do objeto, seja proprietário, comodatário, depositário, credor ou pignoratício, sendo imprescindível observar no caso concreto o princípio da boa-fé objetiva e da cooperação que permeia as relações. Não se desconsidera que a delimitação de meios de vigilância não se afigura tão simples, especialmente num contexto de complexidades tecnológicas.

---

[309] PORTO, Uly de Carvalho Rocha. *A responsabilidade civil extracontratual por danos causados por robôs autônomos*. 2018. Dissertação (Mestrado em Ciências Jurídico-Civilistas) – Faculdade de Direito, Universidade de Coimbra, Coimbra, 2018. p. 106.

Em análise da legislação portuguesa, Uly de Carvalho argumenta:

[...] na problemática dos robôs seria preciso demonstrar que o detentor da máquina – ora entendido sob a natureza de coisa – tinha o dever de vigiá-la, que existiu culpa pelos danos a que deu causa e que tais danos não teriam ocorrido se o detentor houvesse cumprido as providências de vigilância a que estava obrigado. Aqui, o ponto nevrálgico, envolve a existência de um dever de vigilância do robô e, correlativamente, de determinar sobre quem recai na prática a sua extensão e a sua exequibilidade.[310]

No ordenamento jurídico brasileiro, a responsabilidade pelo fato da coisa é objetiva[311] e dispensa a verificação da culpa, o que torna menos onerosa a via de reparação da vítima. A responsabilidade dos vigilantes, nesse cenário, ocorre em razão da possibilidade de mitigar a ocorrência de danos que eram evitáveis. No contexto de defeitos ou atividades extraordinárias, imputa-se a responsabilidade objetiva aos fornecedores da máquina. A responsabilidade subjetiva somente exsurge no contexto intraempresarial, entre os agentes da inteligência artificial.

Mesmo nos casos em que o fornecedor programador é considerado responsável, tal constatação é feita de modo a simplificar a reparação do dano da vítima, enquanto ente situado no polo hipossuficiente, uma vez que, em sede de direito de regresso do programador, ainda poderão surgir relevantes discussões e dificuldades probatórias no que tange à imputação da efetiva culpa: se foi do programador, do *designer* do programa, do especialista que forneceu o conhecimento, de quem nomeou o especialista etc.

Não obstante a responsabilidade objetiva do fornecedor em face do usuário consumidor, também serão verificadas as hipóteses de responsabilidade subjetiva, como as que ocorrerão entre os empresários envolvidos no processo de produção. O §4º do art. 14 do Código de Defesa do Consumidor determina que a responsabilidade dos profissionais liberais será apurada mediante a verificação de culpa, situação em que se enquadram muitos dos programadores e desenvolvedores que

---

[310] PORTO, Uly de Carvalho Rocha. *A responsabilidade civil extracontratual por danos causados por robôs autônomos*. 2018. Dissertação (Mestrado em Ciências Jurídico-Civilistas) – Faculdade de Direito, Universidade de Coimbra, Coimbra, 2018. p. 58.

[311] TEPEDINO, Gustavo; SILVA, Rodrigo da Guia. Desafios da inteligência artificial em matéria de responsabilidade civil. *Revista Brasileira de Direito Civil*, Belo Horizonte, v. 21, p. 61-86, jul./set. 2019. p. 22.

atuam na respectiva atividade intelectual. A título meramente exemplificativo, a responsabilidade dos administradores de empresas em relação a decisões tomadas por sistemas de IA também será de natureza subjetiva, como consequência da inobservância ao dever de diligência.

Essas dificuldades podem se exacerbar quando da constatação de vulnerabilidades, assimetrias ou disparidades de forças entre os empresários, a exemplo de multinacionais que litiguem contra um programador individualmente ou ante as empresas de menor porte, ou dos contratos B2b,[312] o que pode ensejar questionamentos acerca do tratamento da matéria ou até mesmo a inversão do ônus da prova, com fulcro na teoria dinâmica disposta no art. 373, §1º, do Código de Processo Civil[313] e na culpa presumida.

Conforme Geraldo Frazão de Aquino Júnior:

> Ampliam-se os casos de responsabilidade objetiva, em que não se perquire o elemento subjetivo da culpa, e atribui-se maior liberdade ao juiz para identificar em que situações há um risco criado capaz de ocasionar danos advindos do exercício de atividades consideradas perigosas. Em todo o caso, o centro das preocupações em matéria de responsabilidade civil passou do homem, tomado isoladamente, para o homem considerado coletivamente.[314]

A responsabilidade objetiva exige, portanto, apenas a comprovação do dano, da conduta e do nexo causal, dispensando a demonstração

---

[312] "Finalmente, a terceira, B2b (Business to business), com a inicial maiúscula na grafia do primeiro elemento, e minúscula na do segundo, é a sigla cunhada pela doutrina italiana para descrever a relação assimétrica na qual o empresário detentor de maior poder seria representado pelo 'B' (maiúsculo) e o mais vulnerável seria representado pelo 'b' (minúsculo); o segundo é designado de *imprenditore debole*, ou seja, o comerciante mais fraco na relação comercial entabulada" (FALEIROS JÚNIOR, José Luiz de Moura. Startups e empreendedorismo de base tecnológica: perspectivas e desafios para o direito societário brasileiro. *In*: EHRHARDT JÚNIOR, Marcos; CATALAN, Marcos; MALHEIROS, Pablo (Coord.). *Direito civil e tecnologia*. Belo Horizonte: Fórum, 2020. p. 541).

[313] "Art. 373. O ônus da prova incumbe: I - ao autor, quanto ao fato constitutivo de seu direito; II - ao réu, quanto à existência de fato impeditivo, modificativo ou extintivo do direito do autor. §1º Nos casos previstos em lei ou diante de peculiaridades da causa relacionadas à impossibilidade ou à excessiva dificuldade de cumprir o encargo nos termos do *caput* ou à maior facilidade de obtenção da prova do fato contrário, poderá o juiz atribuir o ônus da prova de modo diverso, desde que o faça por decisão fundamentada, caso em que deverá dar à parte a oportunidade de se desincumbir do ônus que lhe foi atribuído".

[314] AQUINO JÚNIOR, Geraldo Frazão de. Responsabilidade civil dos provedores de internet. *In*: EHRHARDT JÚNIOR, Marcos; LÔBO, Fabíola Albuquerque (Coord.). *Privacidade e sua compreensão no direito brasileiro*. Belo Horizonte: Fórum, 2019. p. 112.

de culpa. Em relação à cláusula geral de responsabilidade objetiva, argumenta-se:

> A responsabilidade sem culpa é baseada na teoria do risco. A teoria é baseada no fato de que uma pessoa realiza atividades que ele ou ela não pode controlar totalmente; portanto, um requisito de cumprimento de normas de segurança não seria razoável, porque mesmo que a pessoa agisse com segurança, o risco real de dano ainda permaneceria. Nesse caso, seria útil empregar a teoria do *deep pocket*, comum nos EUA. A teoria do *deep pocket* é que uma pessoa envolvida em atividades perigosas, lucrativas e úteis para a sociedade, deve compensar os danos causados a partir do lucro obtido. Seja produtor ou programador, a pessoa com um *deep pocket* deve garantir suas atividades perigosas através da exigência de um seguro obrigatório de sua responsabilidade civil.[315]

Em contraponto à argumentação da teoria do risco, a Ministra Nancy Andrighi, no julgamento do REsp nº 1.326.921/RJ, afastou o enquadramento do serviço de provedores de busca como atividade de risco:

> Tampouco se pode falar em risco da atividade como meio transverso para a responsabilização do provedor de pesquisa por danos decorrentes do conteúdo das buscas realizadas por usuários. Há de se ter cautela na interpretação do art. 927, parágrafo único, do CC/02. No julgamento do REsp 1.067.738/GO, 3ª Turma, Rel. Min. Sidnei Beneti, minha relatoria p/ acórdão, DJe de 25.6.2009, tive a oportunidade de enfrentar o tema, tendo me manifestado no sentido de que "a natureza da atividade é que irá determinar sua maior propensão à ocorrência de acidentes. O risco que dá margem à responsabilidade objetiva não é aquele habitual, inerente a qualquer atividade. Exige-se a exposição a um risco excepcional, próprio de atividades com elevado potencial ofensivo". Roger Silva Aguiar bem observa que o princípio geral firmado no art. 927, parágrafo único, do CC/02 "inicia-se com a conjunção quando, denotando que o legislador

---

[315] Tradução livre de: "Liability without fault is based on the theory of risk. The theory is based on the fact that a person carries out activities that he or she cannot fully control; therefore, a requirement to comply with the safety regulations would not be reasonable, because even if the person acted safely, the actual risk of damage would still remain. In this case, it would be useful to employ the 'deep pocket' theory which is common in the U.S. The 'deep pocket' theory is that a person engaged in dangerous activities that are profitable and useful to society should compensate for damage caused to the society from the profit gained. Whether the producer or programmer, the person with a 'deep pocket' must guarantee his hazardous activities through the requirement of a compulsory insurance of his civil liability" (CERKA, Paulius; GRIGIENE, Jurgita; SIRBIKYTE, Gintare. Liability for damages caused by artificial intelligence. *Computer Law and Security Review*, United Kingdom, v. 31, p. 376-389, 2015. p. 386).

acolheu o entendimento de que nem toda atividade humana importa em 'perigo' para terceiros com o caráter que lhe foi dado na terceira parte do parágrafo" (Responsabilidade civil objetiva: do risco à solidariedade. São Paulo: Atlas, 2007, p. 50). Com base nesse entendimento, a I Jornada de Direito Civil, promovida pelo Centro de Estudos Judiciários do CJF, aprovou o Enunciado 38, que aponta interessante critério para definição dos riscos que dariam margem à responsabilidade objetiva, afirmando que esta fica configurada "quando a atividade normalmente desenvolvida pelo autor do dano causar a pessoa determinada um ônus maior do que aos demais membros da coletividade". Transpondo a regra para o universo virtual, não se pode considerar o dano moral um risco inerente à atividade dos provedores de pesquisa. A esse respeito Erica Brandini Barbagalo anota que as atividades desenvolvidas pelos provedores de serviços na Internet não são "de risco por sua própria natureza, não implicam riscos para direitos de terceiros maior que os riscos de qualquer atividade comercial" (Aspectos da responsabilidade civil dos provedores de serviços da Internet. In Ronaldo Lemos e Ivo Waisberg, Conflitos sobre nomes de domínio. São Paulo: RT, 2003, p. 361). Conclui-se, portanto, ser ilegítima a responsabilização dos provedores de pesquisa pelo conteúdo do resultado das buscas realizadas por seus usuários.

O Recurso Especial nº 1.316.921/RJ, de relatoria da Ministra Nancy Andrighi, julgado em 26.6.2012, foi interposto pela *Google* nos autos de ação ajuizada pela apresentadora Xuxa Meneghel. Esta pleiteava que o provedor de buscas removesse resultados relativos à expressão "xuxa pedófila" ou, ainda, qualquer outra que associasse o nome da autora a alguma prática criminosa. O recurso foi provido por unanimidade, de modo que as teses assentadas seguem como paradigma no Superior Tribunal de Justiça para julgamento de casos assemelhados. A ideia de que a atividade do provedor de busca não caracteriza risco soa dissonante da que ora se defende na presente obra.

Observa-se, contudo, uma tendência de flexibilização da mencionada tese adotada no Superior Tribunal de Justiça, conforme se verifica no REsp nº 1.660.168/RJ, julgado em 8.5.2018, também de relatoria da Ministra Nancy Andrighi, cujo voto restou vencido. Nesse caso, a controvérsia dizia respeito ao fato de que o resultado mais relevante obtido com a busca do nome da recorrida, após o decurso de mais de uma década do fato decorrido, apontava a notícia de fraude em concurso público da magistratura fluminense, no qual havia sido reprovada.

Entendeu-se, assim, pela preponderância do direito de personalidade em face do exercício da atividade cibernética.

O problema requer a definição de quais seriam os riscos assumidos pelo exercício da atividade empresarial, perspectiva ainda mais problemática num contexto de sociedade digital, em que muitos dos efeitos e potencialidades das novas tecnologias são desconhecidos. Ainda nesse contexto, questiona-se se há o dever de indenizar quando ocorrer o chamado fenômeno *Google bomb*, situação em que terceiros manipulam o algoritmo para influenciar a classificação de uma página ou sítio eletrônico nos resultados apresentados pela *Google*, usualmente com intuitos satíricos ou humorísticos.

A cantora brasileira Preta Gil, por exemplo, cogitou ajuizar ação indenizatória contra a *Google* em razão de o provedor de buscas sugerir seu nome quando eram feitas pesquisas por "atriz gorda".[316] Em casos típicos de *Google bomb*, o ponto fulcral passa por definir se os ataques de terceiros caracterizam fortuitos internos que não afastam o dever de indenizar ou se não estão inseridos na noção de risco assumido pelo provedor de buscas, o que excluiria sua responsabilidade.

Nesse cenário, é razoável pensar numa cláusula de responsabilidade objetiva para atividades que apresentam, à luz do caso concreto, sinais de periculosidade ou de risco acentuado. Acentua-se, ainda, o papel do *accountability*, compreendido como o conjunto de práticas que remetem à responsabilidade com ética, à obrigação, à busca por transparência e à prestação de contas das atividades que estão sendo desenvolvidas, bem como a demonstração de seus motivos e de suas formas de execução.[317]

Para além do paradigma da responsabilidade objetiva, torna-se relevante pensar em noções de responsabilização proativa, que imputam àquele que se beneficia de determinada atividade, não somente o dever de reparar, mas também de tomar medidas essenciais para evitar a ocorrência de danos.[318]

---

[316] PRETA Gil aciona advogado por suposta ofensa do Google. *Folha de S.Paulo*, 15 fev. 2008. Disponível em: https://www1.folha.uol.com.br/tec/2008/02/372699-preta-gil-aciona-advogado-por-suposta-ofensa-do-google.shtml. Acesso em: 11 ago. 2020.

[317] GUTIERREZ, Andriei. É possível confiar em um sistema de inteligência artificial? Práticas em torno da melhoria da sua confiança, segurança e evidências e accountability. *In*: FRAZÃO, Ana; MULHOLLAND, Caitlin. *Inteligência artificial e direito*: ética, regulação e responsabilidade. São Paulo: Thomson Reuters Brasil, 2019. p. 85.

[318] A partir da proposta de responsabilização proativa, impende noticiar, apenas a título reflexivo, a discussão contemporânea acerca da responsabilidade civil sem dano, resultante

Maria Celina Bodin de Moraes, em comentário à LGPD, anota:

> Trata-se do conceito de "prestação de contas". Esse novo sistema de responsabilidade, que vem sendo chamado de "responsabilização ativa" ou "proativa" [...] que determina às empresas não ser suficiente cumprir os artigos da lei; será necessário também "demonstrar a adoção de medidas eficazes e capazes de comprovar a observância e o cumprimento das normas de proteção de dados pessoais e, inclusive, a eficácia dessas medidas". Portanto, não descumprir a lei não é mais suficiente; é preciso "proativamente" prevenir a ocorrência de danos.[319]

A prestação de contas, nesse teor, caracteriza-se como um dever imputável aos desenvolvedores da inteligência artificial, cuja inobservância acarreta a responsabilidade civil.

Nesse cenário, ressurge o papel da ponderação, que deve sopesar os interesses jurídicos em questão. O conflito a ser sopesado consubstancia-se a partir da solidariedade social – que alicerça a teoria do risco e o direito de reparação das vítimas – em face do dever estatal de promoção e incentivo ao desenvolvimento tecnológico, a demandar que a responsabilização observe parâmetros seguros e razoáveis, sob pena de chancelar uma concentração exacerbada de responsabilidade e inviabilizar o desenvolvimento empresarial.

Toda restrição ao setor tecnológico também acarreta impactos em seu desenvolvimento no contexto comunitário. Já a constitucionalização das relações privadas tem alçado a dignidade humana a vetor normativo máximo do ordenamento, o que consagra diretrizes de reparação integral dos danos a serem suportados por vítimas. Assim, haverá colisão entre direitos fundamentais, o que demanda solução jurídica que utilize o sopesamento de interesses.

---

da imputação legal de deveres para prevenção de danos, ou em razão de posições jurídicas assumidas pelo agente. Trata-se de ressignificação dos cânones clássicos da responsabilidade civil, em que se questiona a imprescindibilidade do dano para a incidência da responsabilização. A autora não chega a aprofundar a discussão acerca da responsabilização proativa como um regime jurídico autônomo ou como uma modalidade de responsabilidade sem dano.

[319] MORAES, Maria Celina Bodin de. LGPD: um novo regime de responsabilização dito "proativo". *Civilística*, ano 8, n. 3, 2019. Disponível em: http://civilistica.com/lgpd-um-novo-regime-de-responsabilizacao-civil-dito-proativo/. Acesso em: 28 mar. 2020.

## 5.2 Dos requisitos de responsabilização

Os requisitos necessários para a responsabilização civil são os clássicos elementos apontados pela doutrina: a ocorrência do dano, a conduta, o nexo de causalidade e a ausência de causa excludente de responsabilidade. A conduta, nesse contexto, é imputada ao ser humano, a depender do caso concreto, seja o fornecedor, seja o usuário, este na condição de proprietário da coisa. Isso porque, conforme visto anteriormente, a máquina ainda não possui personalidade jurídica própria apta a atrair uma conduta pessoalmente sua, em que pesem muitas possuírem atividade com razoável grau de autonomia.

O dano, por sua vez, ainda é considerado um elemento essencial à responsabilidade civil. É coerente qualificar grande parte dos danos emergentes numa sociedade de riscos como dano injusto, uma vez que dispensada a análise específica acerca da ilicitude do ato, redireciona-se o olhar para a razoabilidade de a vítima suportar aquele prejuízo sem ter contribuído para sua ocorrência, como aqueles derivados do risco do desenvolvimento.

Nos termos de Joyceane Bezerra, José Coelho e Maria Clara Bugarim, o dano é injusto quando decorre de atividade lícita, mas fere aspectos fundamentais da dignidade humana.[320] Não se desconsidera a possibilidade de emergência de danos oriundos de atos tipicamente ilícitos. Ainda, são plenamente indenizáveis os danos patrimoniais e extrapatrimoniais, em observância à disposição do art. 5º[321] da Constituição Federal, incs. V e X.

A responsabilidade civil contemporânea lastreia-se na ótica de proteção ao lesionado, de modo que a reparação integral dos danos exige que a indenização abranja todo o prejuízo suportado, em observância

---

[320] MENEZES, Joyceane Bezerra de; COELHO, José Martônio Alves; BUGARIM, Maria Clara Cavalcante. A expansão da responsabilidade civil na sociedade de riscos. *Scientia Iuris*, Londrina, v. 15, n. 1, p. 29-50, jun. 2011. p. 42.

[321] "Art. 5º Todos são iguais perante a lei, sem distinção de qualquer natureza, garantindo-se aos brasileiros e aos estrangeiros residentes no País a inviolabilidade do direito à vida, à liberdade, à igualdade, à segurança e à propriedade, nos termos seguintes: [...] V - é assegurado o direito de resposta, proporcional ao agravo, além da indenização por dano material, moral ou à imagem; [...] X - são invioláveis a intimidade, a vida privada, a honra e a imagem das pessoas, assegurado o direito a indenização pelo dano material ou moral decorrente de sua violação".

ao disposto nos arts. 402[322] e 944[323] do Código Civil, com vistas a repor o ofendido ao estado anterior à eclosão do dano.

O parágrafo único do art. 944 do Código Civil dispõe que, se houver excessiva desproporção entre a gravidade da culpa e do dano, poderá o juiz reduzir, equitativamente, a indenização. Tendo em vista a conduta e o porte econômico-social das partes no caso concreto e considerando a responsabilidade proativa que se espera daqueles que desenvolvem a inteligência artificial, é possível, em circunstâncias excepcionalíssimas, mitigar a indenização, sem olvidar, por óbvio, a lógica da razoabilidade e os valores existenciais sufragados na Constituição da República. A disposição legal parte do pressuposto de que a reparação integral do dano pode, no caso concreto, excepcionalmente e em face de peculiaridades, sofrer mitigações.

A distinção pode residir na quantificação da indenização. No que tange à responsabilidade por atos ilícitos, verifica-se que a indenização abrange os danos emergentes (patrimoniais e extrapatrimoniais) e os lucros cessantes, porquanto a ilicitude do ato merece repulsa do ordenamento jurídico e a integral recomposição do estado anterior do indivíduo que suportou o prejuízo, em toda a sua extensão, na exata delimitação do prejuízo apresentado. Na hipótese de atos lícitos, a indenização também deve abranger os danos emergentes (patrimoniais e extrapatrimoniais) e os lucros cessantes, ressaltando a necessidade de observância, contudo, do fundamento da repartição equânime dos ônus e encargos sociais.

Em relação aos atos lícitos, como os danos oriundos de atividade extraordinária da máquina inteligente cuja imprevisibilidade fora devidamente advertida ou riscos de desenvolvimento, a indenização deve observar uma proporcionalidade com os danos suportados pelo corpo social. Isso porque o ato observa todas as formalidades e fundamentos constitucionais que o embasam, de modo que a anormalidade e a especialidade do dano, embora ensejem a indenização, não podem servir como fresta ao enriquecimento de um agente em detrimento de todos os outros indivíduos. A indenização deve se limitar, portanto, a assegurar uma equidade entre os agentes sociais, de modo que todos suportem o ônus de modo equiparado, afastando sacrifícios de direitos.

---

[322] "Art. 402. Salvo as exceções expressamente previstas em lei, as perdas e danos devidas ao credor abrangem, além do que ele efetivamente perdeu, o que razoavelmente deixou de lucrar".

[323] "Art. 944. A indenização mede-se pela extensão do dano".

Trata-se de redistribuição de encargos, de modo a não sacrificar interesses extremamente individualizados.

Não se trata, assim, de recompor de modo absoluto o estado jurídico do agente como se encontrava antes do ato, porém de indenizar de modo que o prejuízo suportado seja proporcional e equânime com aquele que se espera de todos os agentes sociais, evitando, por conseguinte, oneração ou privilégios injustificados. Se o dano foi provocado por uma série de causas, todas devem ser consideradas proporcionalmente para a quantificação da indenização.

Atenua-se a responsabilidade na hipótese de fato concorrente quando, paralelamente à conduta do agente, há conduta da vítima, de modo que o prejuízo decorre do comportamento conjugado de ambos. Nesse caso, será apurado o quanto cada parte concorreu para o resultado, verificando-se a responsabilidade e o valor indenizatório devido, em analogia ao que dispõe o art. 945 do Código Civil.[324]

No que tange aos novos influxos no nexo de causalidade com a responsabilidade civil, em comentário ao ordenamento jurídico português, assim escreve Henrique Sousa Antunes:

> O anonimato que as novas tecnologias permitem exige a alteração dos critérios tradicionais que assentem na identificação do autor da lesão. A responsabilidade deverá estender-se, de forma inequívoca, aos agentes que tão só colaborem na prática do dano ou a facilitem. O proveito económico associado aos serviços que prestam permite vinculá-los ao dever de indemnizar. A nova realidade tecnológica reforçará a necessidade de regimes fundados em modelos económicos de causalidade ou em esferas de risco. E reforçará, também, a utilidade das presunções de causalidade ou da facilitação do ónus da prova a esse respeito e, ainda, da responsabilidade solidária.[325]

Em contraponto a essa perspectiva, desde o Código de 1916, a causalidade é compreendida como aquele fator que é direto, imediato e necessário para a ocorrência do dano.[326] Conforme Gustavo Tepedino e Rodrigo da Guia:

---

[324] "Art. 945. Se a vítima tiver concorrido culposamente para o evento danoso, a sua indenização será fixada tendo-se em conta a gravidade de sua culpa em confronto com a do autor do dano".

[325] ANTUNES, Henrique Sousa. Inteligência artificial e responsabilidade civil: enquadramento. *Revista de Direito da Responsabilidade*, ano 1, 2019. p. 140.

[326] TEPEDINO, Gustavo; SILVA, Rodrigo da Guia. Desafios da inteligência artificial em matéria de responsabilidade civil. *Revista Brasileira de Direito Civil*, Belo Horizonte, v. 21, p. 61-86, jul./set. 2019. p. 17.

A teoria da causa necessária tem sido utilizada para a reparação de danos muito antes da disseminação da inteligência artificial, diante de numerosos problemas relacionados ao fenômeno da pluralidade de causas. Ilustrativamente, hipóteses de variados agentes responsáveis por uma pluralidade de sistemas autônomos poderão ser estudadas à luz da doutrina que se ocupa do fenômeno da pluralidade de concausas; os impactos da atuação de *hackers* poderão ser investigados com base nas lições consolidadas sobre causas excludentes de responsabilidade; até mesmo os bugs e interferências no funcionamento dos robôs – caso excluída a discussão da imprevisibilidade do espectro do dano indenizável – poderão ser investigados sob o enfoque dos ensinamentos gerais sobre interrupção do nexo causal.[327]

Nessas hipóteses, começa-se a repensar as formulações clássicas do nexo de causalidade.

A par da tradicional teoria da "causalidade adequada" na sua formulação negativa [...], vão sendo identificadas outras questões problemáticas, como os casos de causalidade cumulativa (resultando dos contributos indispensáveis de vários agentes), aditiva/sinergética (gerando um resultado mais danoso tendo em conta a interacção entre as contribuições dos agentes), alternativa [atribuída necessariamente a um grupo restrito de agentes (*v.g.*, o conjunto de fábricas que produz nas margens de um rio ou de produtores de um dado medicamento defeituoso, mas desconhecendo-se em concreto a qual) ou probabilística.[328]

Mitiga-se a ideia de um nexo de causalidade como um liame de certeza inexorável em prol da ideia de maior probabilidade. Nos termos de Joyceane Bezerra, José Coelho e Maria Clara Bugarim, "um acontecimento pode até não desencadear um determinado efeito, mas pode aumentar significativamente a probabilidade de sua ocorrência".[329] A noção de probabilidade, assim, vem em consonância com a ideia de justiça distributiva e de solidariedade social, especialmente em situações

---

[327] TEPEDINO, Gustavo; SILVA, Rodrigo da Guia. Desafios da inteligência artificial em matéria de responsabilidade civil. *Revista Brasileira de Direito Civil*, Belo Horizonte, v. 21, p. 61-86, jul./set. 2019. p. 18.

[328] SILVA, Nuno Sousa e. *Direito e robótica*: uma primeira aproximação. p. 23. Disponível em: https://papers.ssrn.com/sol3/papers.cfm?abstract_id=2990713. Acesso em: 16 jul. 2019.

[329] MENEZES, Joyceane Bezerra de; COELHO, José Martônio Alves; BUGARIM, Maria Clara Cavalcante. A expansão da responsabilidade civil na sociedade de riscos. *Scientia Iuris*, Londrina, v. 15, n. 1, p. 29-50, jun. 2011. p. 43.

em que a prova do nexo de causalidade se mostra excessivamente onerosa para a vítima ou até mesmo impeditiva do direito de reparação.

Ainda quanto ao nexo de causalidade, este restará configurado quando o fornecedor não advertir o consumidor acerca da limitação de conhecimento sobre as potencialidades do sistema de inteligência artificial, em evidente descumprimento ao dever de informação e de boa-fé objetiva.

No que concerne às excludentes de responsabilidade civil, ressaltam-se as hipóteses de força maior, caso fortuito, fato exclusivo da vítima e fato de terceiro. Nas hipóteses de força maior e caso fortuito, o dano encontra sua causa exclusiva em evento da natureza ou em evento inevitável, não resultando, portanto, de qualquer conduta do fornecedor ou usuário. Por desencadear um resultado necessário, cujos efeitos eram inevitáveis, a ocorrência do caso fortuito e da força maior afasta o dever de indenizar.

O fato exclusivo da vítima se consubstancia quando o próprio indivíduo tem conduta apta, por si só, a ensejar o dano, afastando, por conseguinte, o dever de indenização. No que tange ao dever de vigilância dos proprietários ou usuários da inteligência artificial, verifica-se que tal conduta somente será considerada excludente do nexo de causalidade do fornecedor quando efetivamente se observar que o sistema depende do comando do usuário para prosseguir com determinada conduta ou quando se atestar que houve negligência na custódia, em razão da responsabilidade do proprietário pelo fato da coisa, não sendo constatado qualquer defeito no sistema.

Verificando-se que o sistema somente prossegue a partir de comandos do usuário, e que o dano adveio diretamente de tal instrução, o dever de reparação do fornecedor poderá ser afastado. Do mesmo modo, se constatado que, caso o proprietário ou usuário tivesse custodiado adequadamente o objeto, o dano não teria sobrevindo, restando ausente alguma disfuncionalidade no sistema, é possível considerar tal omissão como excludente do dever de reparação do fornecedor.

Não se ignora que a comprovação de tal excludente é de relevante dificuldade, pois a verificação da custódia da coisa muitas vezes se insere no âmbito da privacidade do usuário, o que também não poderá ser violado. Ademais, muitas vezes a instrução passada pelo usuário poderá significar um comando para a máquina, mas não necessariamente significa o modo como tal comando será efetivado. Assume relevância, assim, a configuração concreta da tecnologia lançada.

A atuação de um robô autônomo resulta, com efeito, da articulação de dois conjuntos diversos de competências técnicas: as habilidades oriundas de instruções humanas separam-se daquelas estritamente dependentes do *deep learning*, apesar da clara sincronia de ambas. A importância de não confundir os conjuntos em causa aquando se investiga sob a esfera de quem a ação danosa da máquina. Não se nega, todavia, a forte carga teórica que este ponto mobiliza; uma perquisição prática da medida desses aspectos revela-se, em geral, poucos tangível.[330]

Ressalva-se, de qualquer forma, a possibilidade de ação regressiva do fornecedor em face dos outros integrantes da cadeia produtiva, quando lhes for imputável alguma falha no sistema. Sobre a imputação da responsabilidade final ao fornecedor, argumenta-se:

> É o fabricante que é responsável pela linha de frente dos defeitos de projeto e fabricação e geralmente é o principal, senão o único réu em litígios. Essa alocação de responsabilidade faz sentido, porque o fabricante define o preço do veículo e, portanto, pode gerar um "prêmio de seguro" no preço de venda do veículo para compensar os custos esperados de responsabilidade.[331]

Tal constatação não significa que a imputação da responsabilidade objetiva ao fabricante esteja isenta de problemas, especialmente no tocante à dificuldade do fornecedor de comprovação de imprudência, negligência ou imperícia para responsabilizar o efetivo culpado na cadeia de produção por eventual defeito, uma vez que este responderá subjetivamente:

> Há pelo menos duas preocupações em fazer o fabricante arcar com os custos sozinho. Uma é que, com carros sem motorista, pode ser que as partes mais tecnologicamente complexas – os sistemas de direção automatizados, os sensores de radar e laser que os guiam e

---

[330] PORTO, Uly de Carvalho Rocha. *A responsabilidade civil extracontratual por danos causados por robôs autônomos*. 2018. Dissertação (Mestrado em Ciências Jurídico-Civilistas) – Faculdade de Direito, Universidade de Coimbra, Coimbra, 2018. p. 60.

[331] Tradução livre de: "It is the manufacturer who bears front line responsibility for design and manufacturing defects, and is generally the principal if not the only defendant in litigation. That allocation of responsibility makes sense, because the manufacturer sets the price for the vehicle, and so the manufacturer can build in an 'insurance premium' into the vehicle's sale price to offset expected liability costs" (VLADECK, David C. Machines without principals: liability rules and artificial intelligence. *Washington Law Review*, v. 89, p. 117-150, 2019. p. 148. Disponível em: http://euro.ecom.cmu.edu/program/law/08-732/AI/Vladeck.pdf. Acesso em: 14 abr. 2020).

os computadores que tomam as decisões – estejam propensos a falhas indetectáveis. Mas esses componentes podem não ser fabricados pelo fabricante. Do ponto de vista da dispersão de custos, está longe de ficar claro que o fabricante deve absorver os custos quando peças e códigos de computador fornecidos por outras empresas podem ser a causa raiz. Segundo, na medida em que faz sentido fornecer incentivos para os fabricantes dos componentes de carros sem motorista continuarem inovando e melhorando seus produtos, isolando-os da divisão de custos, mesmo nesse tipo, de incidentes pontuais, parece problemático. Obviamente, o contra-argumento seria que, de acordo com a lei atual, é improvável que as partes lesadas tenham alguma reclamação contra os produtores de componentes, e o fabricante quase certamente não poderia intentar uma ação de contribuição ou indenização contra um fabricante de componentes sem evidência de que um defeito de projeto ou fabricação no componente estava com defeito. Portanto, a menos que os tribunais tratem dessa questão ao estabelecer um regime objetivo de responsabilidade, é provável que o fabricante e apenas o fabricante arque com toda a responsabilidade.[332]

Essa dificuldade, no entanto, parece ser um atributo do risco do negócio daquele que resolve empreender no ramo, não possuindo o condão de afastar o regime de responsabilidade objetiva que visa privilegiar a tutela da vítima. Desse modo, tem-se que o fornecedor é responsável pelos defeitos da máquina e, ainda, pelos resultados adversos que não eram expressamente previstos no momento da circulação do objeto, com fundamento no risco da circulação do produto ou serviço.

---

[332] Tradução livre de: "There are at least two concerns about making the manufacturer shoulder the costs alone. One is that with driver-less cars, it may be that the most technologically complex parts – the automated driving systems, the radar and laser sensors that guide them, and the computers that make the decisions – are prone to undetectable failure. But those components may not be made by the manufacturer. From a cost-spreading standpoint, it is far from clear that the manufacturer should absorb the costs when parts and computer code supplied by other companies may be the root cause. Second, to the extent that it makes sense to provide incentives for the producers of the components of driver-less cars to continue to innovate and improve their products, insulating them from cost-sharing even in these kind, of one-off incidents seems problematic. The counterargument would of course be that under current law the injured parties are unlikely to have any claim against the component producers, and the manufacturer almost certainly could not bring an action for contribution or indemnity against a component manufacturer without evidence that a design or manufacturing defect in the component was at fault.93 So unless the courts address this issue in fashioning a strict liability regime, the manufacturer, and the manufacturer alone, is likely to bear all of the liability" (VLADECK, David C. Machines without principals: liability rules and artificial intelligence. *Washington Law Review*, v. 89, p. 117-150, 2019. p. 148. Disponível em: http://euro.ecom.cmu.edu/program/law/08-732/AI/Vladeck.pdf. Acesso em: 14 abr. 2020).

Na hipótese de comportamento extraordinário ou não previamente advertido ao consumidor, é razoável considerar que o fornecedor permanece responsável. Sua responsabilidade, portanto, é objetiva e vai além da constatação do ordinário defeito, para abranger situações de extraordinariedade na atividade comercializada, com fulcro na teoria do risco, em diálogo de fontes.

Já na hipótese de comportamento ordinário da máquina, isto é, quando o prejuízo não advém de uma postura inesperada da máquina, impõe-se a responsabilidade do proprietário da coisa, que também é objetiva e, portanto, dispensa a verificação da culpa. A responsabilidade subjetiva somente exsurge no contexto intraempresarial, entre os agentes da inteligência artificial.

Também há a possibilidade de mitigação ou até de exoneração da responsabilidade, quando se constata que o usuário ou proprietário não efetuou as atualizações de *software* necessárias em determinado sistema, se observado que tal *update* era relevante para a não ocorrência do dano, desde que, evidentemente, o fornecedor advirta o consumidor acerca de tal necessidade.[333] Esse entendimento se lastreia na necessidade de cooperação, na boa-fé objetiva e no dever de mitigar as próprias perdas que também norteiam o regime de responsabilização.

Noutro sentido, verificando-se disfuncionalidades no sistema, defeitos de concepção, desenvolvimento ou informação, ou atividade extraordinária da máquina, a responsabilidade recairá sobre o fornecedor.

No que respeita à classificação da responsabilidade, esta poderá ser negocial ou extranegocial, a depender de se há vínculo prévio entre a vítima e o desenvolvedor da IA e se a conduta desencadeadora dos danos se origina do descumprimento de disposição pactuada pelas partes, ou se advém de descumprimento de determinação normativa geral.

---

[333] Em sentido análogo, Marcos Ehrhardt Júnior e Paula Falcão Albuquerque argumentam que o não comparecimento injustificado do consumidor ao chamado de *recall* demonstra a aceitação da utilização do produto com os riscos que o acompanham. Desse modo, ao esquivar-se, conscientemente, de adotar uma conduta apta a prevenir danos, o consumidor assumiria os riscos noticiados pelo fornecedor quando da convocação para análise e reparo do produto inadequadamente posto no mercado. Em contraponto, o Superior Tribunal de Justiça, no julgamento do REsp nº 1.261.067/RJ, aduziu que o não atendimento do *recall* não afasta a responsabilidade do fornecedor (EHRHARDT JÚNIOR, Marcos. ALBUQUERQUE, Paula Falcão. Quais as consequências do não atendimento do recall pelo consumidor? *Revista de Direito do Consumidor*, v. 113, p. 185-212, set./out. 2017).

A responsabilidade negocial caracteriza-se pelo descumprimento da finalidade do objeto ou da prestação, ao passo que a extranegocial se deve ao descumprimento de deveres de segurança, informação, entre outros estipulados em normas jurídicas, além de quando atinge vítima que não possuía nenhum vínculo obrigacional com o desenvolvedor. Tal distinção somente assume relevância no âmbito das operações civis, uma vez que o Código de Defesa do Consumidor já aboliu essa classificação de responsabilidades que, ressalte-se, recebe severas críticas da doutrina,[334] optando apenas pela diferenciação entre fato e vício do produto.

Em relação ao prazo prescricional, verifica-se que este dependerá do enquadramento da responsabilidade: se a relação for consumerista, incidirá o prazo previsto no art. 27[335] para a reparação pela responsabilidade pelo fato do produto e do serviço, isto é, cinco anos a partir do conhecimento do dano e de sua autoria; se a relação for civil e extracontratual, incidirá o prazo trienal previsto no art. 206, §3º, V,[336] do Código Civil; sendo contratual, incidirá o prazo decenal previsto no art. 205[337] do mesmo diploma legal.

No caso de responsabilidade extracontratual, os juros de mora fluirão desde o fato danoso, nos termos do art. 398[338] do Código Civil e

---

[334] "Um mesmo fato danoso pode, em situações particulares, ser qualificado como não cumprimento do contrato e, ao mesmo tempo, como fato ilícito extranegocial. Há uma zona comum entre os dois campos. Não se trata propriamente uma cumulação de responsabilidades, mas de uma faculdade que para alguns ensejaria uma possibilidade de escolha. Unificar os regimes, dentro da perspectiva da operabilidade, significaria uma simplificação do tratamento atualmente conferido à matéria. Situar a questão sob esse prisma significa, em última instância, uma tentativa de separar o não cumprimento da obrigação da noção de culpa, colocando o inadimplemento na posição de protagonista e não de mero sucedâneo da obrigação originária nascida do contrato. A superação dos modelos dicotômicos responsabilidade civil extranegocial versus negocial, inadimplemento absoluto versus mora, na direção da consolidação de um regime plural, baseado na violação de um dever, independentemente de sua natureza prestacional ou de proteção, permite ampliar as possibilidades de regulamentação à disposição dos operadores jurídicos, num caminho mais consentâneo com as exigências da contemporaneidade" (EHRHARDT JÚNIOR, Marcos. Apontamentos para uma teoria geral da responsabilidade civil no Brasil. *In*: ROSENVALD, Nelson; MILAGRES, Marcelo (Org.). *Responsabilidade civil*: novas tendências. 2. ed. Indaiatuba: Foco, 2018. p. 45-72. Disponível em: http://www.marcosehrhardt.adv.br/index.php/artigo/2014/03/12/em-busca-de-uma-teoria-geral-da-responsabilidade-civil. Acesso em: 9 abr. 2020).

[335] "Art. 27. Prescreve em cinco anos a pretensão à reparação pelos danos causados por fato do produto ou do serviço prevista na Seção II deste Capítulo, iniciando-se a contagem do prazo a partir do conhecimento do dano e de sua autoria".

[336] "Art. 206. Prescreve: [...] §3º Em três anos: [...] V - a pretensão de reparação civil".

[337] "Art. 205. A prescrição ocorre em dez anos, quando a lei não lhe haja fixado prazo menor".

[338] "Art. 398. Nas obrigações provenientes de ato ilícito, considera-se o devedor em mora, desde que o praticou".

da Súmula nº 54[339] do Superior Tribunal de Justiça. Tratando-se de responsabilidade contratual, os juros moratórios fluirão a partir da citação inicial, nos termos do art. 405[340] do Código Civil, caso se trate de obrigação ilíquida ou sem data de vencimento previamente estipulada. Sendo líquida a obrigação ou com vencimento certo, os juros correrão a partir da data de vencimento da dívida, nos termos do art. 397[341] do Código Civil. De todo modo, a correção monetária do dano extrapatrimonial será atualizada desde a data do arbitramento, nos termos da Súmula nº 362[342] da mesma Corte.

Tal panorama delineado é apenas um ponto de partida para a tentativa de compreensão dos problemas que surgem quando da análise de casos concretos postos à apreciação judicial. Não se pretende esgotar a temática ou dar respostas contundentes e peremptórias acerca do fenômeno, tendo em vista que a velocidade de mutação da tecnologia muitas vezes não é compatível com as necessárias adaptações do direito.

Quanto aos deveres que podem ser imputados aos fornecedores, apesar de os desenvolvedores também enfrentarem dificuldades na avaliação de riscos associados à imprevisibilidade da IA, ainda são eles os agentes mais bem situados para incorporar tecnologias de monitoramento que possam sinalizar e informar qualquer parte interessada quando algo sair do controle, ou até mesmo recursos de desligamento de emergência.

O desafio aqui é implementar ferramentas de monitoramento que não prejudiquem o objetivo básico da IA e tampouco violem os direitos de privacidade dos usuários. O mérito na implementação dessas ferramentas reside em seu potencial para evitar a ocorrência de danos e, até mesmo, para avaliar uma eventual negligência contributiva da vítima.

Conforme Marcos Catalan:

> Para isso é essencial compreender que no conflito que se estabelece entre a unilateralidade das premissas que informam os paradigmas protetivo e consequencialista – o primeiro, lastreado na tutela dos vulneráveis, o último, nos potenciais efeitos da decisão na esfera

---

[339] "Súmula 54. Os juros moratórios fluem a partir do evento danoso, em caso de responsabilidade extracontratual".

[340] "Art. 405. Contam-se os juros de mora desde a citação inicial".

[341] "Art. 397. O inadimplemento da obrigação, positiva e líquida, no seu termo, constitui de pleno direito em mora o devedor".

[342] "Súmula 362. A correção monetária do valor da indenização do dano moral incide desde a data do arbitramento".

socioeconômica – nenhuma resposta será encontrada; até porque, seria maniqueísta. A discussão deve ser inserida na ambiência de um Estado Democrático de Direito – por exigir uma resposta adequada à Constituição – e nas premissas que informam o direito dos danos.[343]

A compreensão do fenômeno deve ser sempre efetuada com base na unidade e complexidade do ordenamento jurídico, norteada pela axiologia constitucional e sob o entendimento que a operacionalização da responsabilidade civil ocorre especialmente no caso concreto. Nesse sentido, Gustavo Tepedino e Rodrigo da Guia argumentam:

> [...] ao afrontar a unidade e a completude do ordenamento, a indicação insistente de lacunas finda por comprometer a própria efetividade da tutela prometida às vítimas de danos injustos, como se das suas necessidades não desse conta o sistema ora vigente. Em vez de buscar – muitas vezes irrefletida – novas soluções e novos diplomas legais, melhores resultados se haverão de alcançar pelo esforço de releitura dos institutos já conhecidos pela civilística. Desse modo, ainda que determinada questão relacionada à inteligência artificial não corresponda imediatamente ao alcance tradicional de certas previsões normativas, poderá o intérprete perquirir o seu sentido com fundamento nos valores do ordenamento, no intuito de encontrar a solução para os novos problemas. No mais das vezes – ressalvadas, por certo, as hipóteses em que a inovação legislativa se afigurar indispensável –, poderá o intérprete concluir que ao ineditismo das questões suscitadas pelas novas tecnologias não há de corresponder necessariamente o ineditismo das soluções jurídicas.[344]

Não se desconsidera que surgirão problemas a partir da regulamentação em vigor. O quadro normativo ordinário enfrentará dificuldades, especialmente no plano concreto, para resolver todos os problemas em sua extensão. Tal constatação, contudo, não implica a inexorável conclusão de que se devem revolucionar todos os cânones da responsabilidade, porquanto a axiologia constitucional apresenta pilares de aplicabilidade, interpretação e integração em tais casos e a velocidade das alterações legislativas não se mostra apta a alcançar as modificações hodiernas.

---

[343] CATALAN, Marcos. O desenvolvimento nanotecnológico e o dever de reparar os danos ignorados pelo processo produtivo. *Revista de Direito do Consumidor*, São Paulo, n. 74, p. 113-147, abr./jun. 2010. p. 139.

[344] TEPEDINO, Gustavo; SILVA, Rodrigo da Guia. Desafios da inteligência artificial em matéria de responsabilidade civil. *Revista Brasileira de Direito Civil*, Belo Horizonte, v. 21, p. 61-86, jul./set. 2019. p. 11.

De fato, é necessário repensar as categorias clássicas e adaptá-las ao contexto contemporâneo e ao paradigma de riscos. Isso não significa um abandono, mas uma acomodação aos cânones da legalidade constitucional. Nesse ponto, a função social da responsabilidade civil se firma, cada vez mais, como um instrumento apaziguador de conflitos, visando à manutenção do equilíbrio social, notadamente nas funções preventivas, protetivas e restaurativas.

CAPÍTULO 6

## PERSPECTIVAS REGULATÓRIAS: O QUE ESPERAR?

Pensar na acomodação da responsabilidade civil ao novo contexto de danos oriundos de tecnologias não é uma constatação simples. A transformação do mundo físico com o advento da internet e das novas tecnologias é inegável. Nunca foi tão fácil se comunicar com qualquer pessoa, em qualquer lugar do mundo, a qualquer momento. Vivemos na era da conexão. Uma era com promessas de desenvolvimento, informação, progresso e integração. Para muita gente, sequer é possível elencar o que, afinal, poderia dar errado.

No entanto, diante de uma sociedade hiperconectada é fundamental que haja uma compreensão mínima acerca dos riscos que estão envolvidos no desenvolvimento tecnológico. Isso porque a hiperconectividade é um dos principais fatores que estimula a modificação decisiva do modelo de sociedade de consumo atual e na compreensão dos direitos envolvidos.

Em uma perspectiva de hiperconsumo e hiperconexão, o indivíduo deixa de ser somente um sujeito de direito, titular de vontades e autonomia de aquisição, para ser também um objeto, sendo ele mesmo uma mercadoria que serve de vitrine de dados a serem utilizados nos mais variados serviços.

Também é comum a sensação de que, quanto mais nos aproximamos virtualmente da vida alheia, mais nos distanciamos de nós mesmos e, ainda, nos afastamos de uma perspectiva realista de vida. A sensação de anonimato e o individualismo da era contemporânea contribuem para um frenesi incessante no fluxo da internet, impulsionada pelo advento da pandemia da Covid-19, que forçou o isolamento e o uso massivo das mídias digitais em inúmeros setores. Nesse contexto, começa-se a pensar em regulações e em novos textos legislativos. A regulação assume caráter relevante por ser o norte que direciona o desenvolvimento das novas tecnologias.

Nem sempre é fácil fazer uma retrospectiva, seja pela imensidão de eventos, seja pela dificuldade de selecionar os mais dignos de análise. Mais difícil que fazer uma retrospectiva é fazer uma prospectiva. Ou seja, um conjunto de análises a respeito de fenômenos que podem acontecer no futuro da sociedade, especialmente no campo da regulação. Prever e construir o futuro é um desejo coletivo primitivo. Na história, foram representados por meio de astrologia, mitologia, religiões e várias outras expressões. Hoje já se pode falar na futurologia, como uma ciência social que busca estudar e analisar possibilidades de futuro.

Mas todas essas sistematizações enfrentam o desafio da incerteza do porvir. Não há como ter domínio sobre todos os acontecimentos futuros. No entanto, o fato é que o ser humano não deixa de fazer conjecturas e isso também é importante para nos posicionar em face dos possíveis acontecimentos, bem como compreender os rumos da nossa história.

Falando em tecnologia, a prospectiva é ainda mais difícil em razão do ritmo acelerado e dinâmico. É possível que, quando você esteja lendo esse livro, outras tecnologias já estejam sendo desenvolvidas e tornem obsoletas as apostas que estão sendo feitas agora. Mas ainda assim vale a pena comentar o que vem sendo discutido nos últimos tempos.

O Projeto de Lei nº 21/2020, de autoria do Deputado Eduardo Bismarck e relatoria da Deputada Luísa Canziani, estabelece princípios, direitos e deveres para o uso de inteligência artificial no Brasil. No momento de elaboração desta obra, o projeto foi aprovado pela Câmara dos Deputados e segue para o Senado Federal.

Em que pese a manifestação parlamentar no sentido de que o texto seria notadamente principiológico, em realidade, observam-se disposições que restringem ou modificam algumas garantias fundamentais, especialmente no regime de responsabilidade civil. É o caso do art. 6º, VI, do PL, que prevê de modo abstrato a responsabilidade subjetiva como regra geral nos casos de inteligência artificial, desprestigiando a cláusula geral do risco prevista no art. 927 do Código Civil e a análise de caso concreto que norteia a operacionalização dos casos de responsabilidade.

A previsão vulnerabiliza diretrizes fundamentais como a solidariedade social e o direito da vítima à reparação integral de seus danos, caracterizando inegável retrocesso no campo do direito de danos. No mesmo sentido, o PL não dá ênfase suficiente aos preceitos básicos para a proteção dos direitos fundamentais no ramo do desenvolvimento tecnológico, tais como a transparência e o dever de informação.

Ao restringir a responsabilidade somente à esfera subjetiva, o dispositivo desconsidera que a avaliação da responsabilidade civil como subjetiva ou objetiva depende do caso concreto, notadamente quando se trata de inteligência artificial, cuja aplicação pode ocorrer nas formas e nos contextos mais distintos possíveis.[345] As diferentes características da inteligência artificial trazem distintos desafios regulatórios e se refletem também nos diferentes regimes de responsabilização.[346] Para além disso, verifica-se que não há uma adequada definição de quem seriam esses agentes mencionados no dispositivo, o que torna ainda mais difícil a compreensão da imputação de responsabilidade.[347]

Não parece adequado consagrar, aprioristicamente, que a responsabilidade será sempre subjetiva ou objetiva, uma vez que o caso concreto pode apontar soluções diversas, a depender de tratar de uma relação civil, consumerista, empresarial ou trabalhista, sendo necessário pensar em um sistema múltiplo de responsabilidades, que considere a tipologia e a autonomia da IA, bem como os sujeitos envolvidos e a natureza da relação jurídica posta em apreciação.[348]

A relevância da regulação da inteligência artificial e a multiplicidade de seus impactos torna necessário o aprofundamento da discussão por todos os setores interessados: iniciativa privada, sociedade civil e Estado. Na medida em que o desenvolvimento proporcionado pela IA é crescente e se alastra por todos setores sociais, torna-se imprescindível debater o que o Legislativo brasileiro entende como termos de uso, limites e responsabilidades nesse ramo tecnológico. Esse é o caminho natural quando se trata de regulação legislativa de tecnologias.

---

[345] LABORATÓRIO DE POLÍTICAS PÚBLICAS E INTERNET. *Nota técnica ao substitutivo ao PL 21/2020*. p. 35. Disponível em: https://lapin.org.br/wp-content/uploads/2021/09/notatecnica-ia-pl.pdf. Acesso em: 25 jan. 2022.

[346] LABORATÓRIO DE POLÍTICAS PÚBLICAS E INTERNET. *Nota técnica ao substitutivo ao PL 21/2020*. p. 35. Disponível em: https://lapin.org.br/wp-content/uploads/2021/09/notatecnica-ia-pl.pdf. Acesso em: 25 jan. 2022.

[347] LABORATÓRIO DE POLÍTICAS PÚBLICAS E INTERNET. *Nota técnica ao substitutivo ao PL 21/2020*. p. 35. Disponível em: https://lapin.org.br/wp-content/uploads/2021/09/notatecnica-ia-pl.pdf. Acesso em: 25 jan. 2022.

[348] LABORATÓRIO DE POLÍTICAS PÚBLICAS E INTERNET. *Nota técnica ao substitutivo ao PL 21/2020*. p. 35. Disponível em: https://lapin.org.br/wp-content/uploads/2021/09/notatecnica-ia-pl.pdf. Acesso em: 25 jan. 2022.

A própria Lei Geral de Proteção de Dados levou cerca de oito anos desde a elaboração de sua primeira versão até a sua aprovação. O Marco Civil da Internet, que desde o início de sua tramitação também atraiu olhares do setor empresarial e da sociedade civil organizada, passou por um amplo debate ao longo de sua elaboração, que durou aproximadamente sete anos e contou com plataformas de consultas públicas diretas e participativas. O PL nº 21/2020 de IA, inexplicavelmente, tramitou em regime de urgência e, em menos de seis meses, já foi aprovado pela Câmara dos Deputados.

O processo legislativo deve ser transparente, participativo e colaborativo. As novas tecnologias podem, inclusive, oferecer oportunidades *on-line* e seguras de intercâmbio de informações e colaboração pública, possibilitando à população a compreensão sobre as atividades do governo. Nesse ponto, a acessibilidade digital representa um desafio, sendo necessário pensar em formas de conectividade que estimulem a participação cívica para todos. Parlamentos e instituições públicas trabalham melhor quando alinhados com o engajamento cívico.

As iniciativas de *crowdlaw*, por exemplo, consistem na elaboração coletiva de uma legislação com o auxílio de ferramentas tecnológicas. Ou seja, um processo pelo qual o Legislativo se volta para a tecnologia como meio de interação com os cidadãos durante a elaboração de projetos de lei e políticas públicas.[349]

Exemplos estrangeiros vão desde o aplicativo *Mi Senado*, que visa aproximar os cidadãos colombianos dos processos legislativos por meio de acesso à informação, canais de comunicação com senadores e oportunidades de votação em tempo real, passando por processos de envolvimento dos eleitores via *web*, em construções colaborativas das leis e atos regulatórios na Finlândia e França, até a participação cidadão na construção colaborativa de Constituições na Islândia e na África do Sul.[350]

Não à toa, o Congresso Nacional brasileiro implementou plataformas digitais para ampliar o debate, como o caso dos portais

---

[349] NOVECK, Beth Simone. Crowdlaw: inteligência coletiva e processos legislativos. *Esferas*, n. 22, 2021. p. 72. Disponível em: https://portalrevistas.ucb.br/index.php/esf/article/view/10887/7391. Acesso em: 4 jan. 2022.

[350] NOVECK, Beth Simone. Crowdlaw: inteligência coletiva e processos legislativos. *Esferas*, n. 22, 2021. p. 72. Disponível em: https://portalrevistas.ucb.br/index.php/esf/article/view/10887/7391. Acesso em: 4 jan. 2022.

*e-Democracia*[351] e *e-Cidadania*.[352] Tais iniciativas, no entanto, ainda não têm se mostrado suficientes para democratizar o debate de maneira efetiva, especialmente tendo em vista a baixa influência de múltiplos grupos de pressão que permanecem alijados aos interesses que predominam no Congresso.

É necessário, também, entender que o objetivo da Administração Pública é servir aos cidadãos e gerir a coisa pública. Nesse ponto, a Organização dos Estados Americanos (OEA) elenca três princípios norteadores de um governo aberto: transparência, *accountability* e participação.[353] É essa a tríade que precisamos quando pensamos em um marco normativo, especialmente nos casos de tecnologia.

A democracia participativa traz como elementos inerentes ao seu desenvolvimento a participação e a igualdade política, demandando que todos os setores sociais compartilhem suas perspectivas e possam influenciar na condução de políticas públicas e na elaboração de leis, beneficiando os interesses envolvidos sem prejudicar direitos fundamentais. A voz democrática é distorcida quando apenas alguns setores são ouvidos e outros são solenemente negligenciados. A distorção participativa no processo legislativo, portanto, é um indicativo de déficit democrático.

Costuma-se chamar de *lobby* a atividade de monitoramento da legislação em fase de elaboração. O *lobby* pode ter como objetivo impedir, retardar ou modificar um texto legal ou, ainda, incentivar a aprovação de uma medida considerada positiva. Acontece que é grande o número de cidadãos que não compõem grupos de pressão com força para influenciar o processo legislativo, bem como é baixa a capacidade dos eleitores de monitorar esse procedimento, o que pode tornar restrita a fonte utilizada para a elaboração de regulações tecnológicas.

Algumas pautas sobre a inovação, como a do último PL de IA, não costumam despertar mobilizações midiáticas intensas ou convicções profundas no eleitorado. E a ausência de mobilização da opinião pública tende a favorecer a aprovação de projetos de lei motivados por específicos grupos de interesse.

---

[351] BRASIL. *E-Democracia*. Disponível em: https://edemocracia.camara.leg.br/. Acesso em: 31 dez. 2021.

[352] BRASIL. *E-Cidadania*. Disponível em: https://www12.senado.leg.br/ecidadania. Acesso em: 31 dez. 2021.

[353] ORGANIZAÇÃO DOS ESTADOS AMERICANOS. *Hacia el gobieno abierto*: Una caja de herramientas. Disponível em: http://www.gigapp.org/administrator/components/com_jresearch/files/publications/FINAL%20Caja%20de%20Herramientas.pdf. Acesso em: 31 dez. 2021.

A transparência passa a ser, então, um elemento imprescindível para o fortalecimento democrático e para a mitigação da assimetria informacional e econômica que sucede na interação entre o eleitorado e o Poder Legislativo. Esse contexto, no qual os eleitores passam a não se reconhecer em legislações aprovadas pelo Poder Público, gera uma crise de representatividade política que descredibiliza a própria concepção de Estado. O Estado brasileiro, então, evidencia-se no interior de uma crise institucional no que tange a uma das funções essenciais para o regime democrático: a função legislativa.

Corromper uma prática social significa degradá-la. Tratar o Congresso Nacional como um instrumento de lucro, negligenciando seu papel de instituição pública representativa de governo, é uma maneira de corrompê-lo. A regulamentação de questões tecnológicas sensíveis é um dos desafios contemporâneos, especialmente tendo em vista os riscos de discriminações, desemprego e impactos na vida privada. Torna-se necessário refletir sobre as fronteiras das *big techs* e, por isso, a regulação assume papel relevante, com vistas a garantir os direitos fundamentais.

Uma consulta pública bem-sucedida depende do diálogo entre o Executivo, Legislativo, setores da sociedade civil, iniciativa privada e academia, com mapeamento de posicionamentos, contribuições e comentários. O dilema de regular novas tecnologias traz a reflexão sobre a falta de posicionamento diante de empresas privadas, potencializado pela desestrutura do serviço público para lidar com avanços científicos desafiadores e complexos.

Para que o processo legislativo se torne mais flexível e progressivo e para que um marco normativo da IA no Brasil seja adequado, é necessário que os formuladores interajam com um público mais abrangente, caracterizado por agentes com conhecimento a respeito dos temas debatidos, indivíduos que se utilizam das tecnologias e representantes de um universo mais plural de valores, com vistas a permitir que o processo regulatório e de políticas acompanhem as rápidas mudanças advindas do desenvolvimento tecnológico sem prejudicar direitos fundamentais.[354]

Em cada etapa do processo de elaboração de leis existem diferentes necessidades informacionais. O processo começa com a identificação

---

[354] NOVECK, Beth Simone. Crowdlaw: inteligência coletiva e processos legislativos. *Esferas*, n. 22, 2021. p. 75. Disponível em: https://portalrevistas.ucb.br/index.php/esf/article/view/10887/7391. Acesso em: 4 jan. 2022.

de problemas, que pode ser beneficiada com a contribuição diversificada daqueles que vivenciaram a experiência como também daqueles que possuem *expertise* sobre o tema, possibilitando a aprendizagem sobre problemas experimentados por diversos membros da sociedade, especialmente aqueles que são mais vulneráveis e que não teriam outros meios para apresentar informações.[355]

A etapa seguinte seria a da resolução dos problemas identificados, com soluções inovadoras e criativas, oportunidade em que a *expertise* reconhecida e legitimada com origem em diversas fontes pode assumir um protagonismo mais ativo. Mas o fato é que, em cada estágio, o aprimoramento dos resultados pode exigir a aferição de ideias e informações múltiplas, tornando imprescindível o enfoque multissetorial na regulação tecnológica,[356] o que não vem acontecendo na tramitação do PL nº 21/2020.

A título de exemplo, o México apresentou a sua Estratégia Nacional de Inteligência Artificial em 2018 e, nesse mesmo período, foi criada a IA2030Mx, uma coalizão multissetorial de instituições mexicanas que atua para desenvolver ações sobre inteligência artificial que sirvam a toda sociedade.[357] Esse ecossistema permite ao México se tornar uma importante referência nas discussões na América Latina sobre o desenvolvimento ético e responsável da inteligência artificial para o bem comum.[358]

O início do debate por meio das audiências públicas relacionadas ao PL nº 21/2020 foi um acerto da Câmara dos Deputados, ofuscado pelo tempo de discussão, que tem se mostrado muito exíguo. Isso porque, enquanto outras regiões do mundo, como a União Europeia e o México, discutem o tema desde 2018, o Brasil, após menos de 6 meses da elaboração de sua primeira estratégia nacional de IA, já caminha para uma

---

[355] NOVECK, Beth Simone. Crowdlaw: inteligência coletiva e processos legislativos. *Esferas*, n. 22, 2021. p. 77. Disponível em: https://portalrevistas.ucb.br/index.php/esf/article/view/10887/7391. Acesso em: 4 jan. 2022.

[356] NOVECK, Beth Simone. Crowdlaw: inteligência coletiva e processos legislativos. *Esferas*, n. 22, 2021. p. 77. Disponível em: https://portalrevistas.ucb.br/index.php/esf/article/view/10887/7391. Acesso em: 4 jan. 2022.

[357] LABORATÓRIO DE POLÍTICAS PÚBLICAS E INTERNET. *Nota técnica ao substitutivo ao PL 21/2020*. p. 9. Disponível em: https://lapin.org.br/wp-content/uploads/2021/09/notatecnica-ia-pl.pdf. Acesso em: 25 jan. 2022.

[358] LABORATÓRIO DE POLÍTICAS PÚBLICAS E INTERNET. *Nota técnica ao substitutivo ao PL 21/2020*. p. 9. Disponível em: https://lapin.org.br/wp-content/uploads/2021/09/notatecnica-ia-pl.pdf. Acesso em: 25 jan. 2022.

iminente deliberação regulatória a respeito de um marco legal para a inteligência artificial.[359]

Sem a pretensão de esgotar as soluções pertinentes para a questão, aqui apenas se reflete sobre a atual insuficiência da participação democrática no processo legislativo quando se fala de regulação tecnológica. Reconhecer o problema é o primeiro passo para resolvê-lo. O direito de eleger representantes é condição necessária para a democracia. Mas apenas exercer o direito de voto não aproveita o potencial democrático de considerar o conhecimento que se multiplica em diversos setores e que pode contribuir para resolver desafios complexos submetidos ao Poder Legislativo, especialmente quando decisões de impacto pretendem ser tomadas rapidamente. Para exercer um papel proativo é necessário ir além do voto.

Os últimos anos têm demonstrado como a tecnologia pode ser uma aliada na otimização de processos e na resolução de problemas, ao passo em que também pode ser uma ameaça a alguns fundamentos e pilares sociais. O fato é que a transformação digital é um caminho sem volta e, principalmente após a pandemia, a tendência é que muitos dos hábitos virtuais permaneçam nos acompanhando por muito tempo. A partir das discussões que estão acontecendo no Congresso Nacional, compreender a inovação e os impactos dos recursos tecnológicos disruptivos é elemento essencial para a sobrevivência das organizações.

Dentro de todo esse furacão, nem sempre é fácil perceber os riscos que estão envolvidos e, mais ainda, é difícil dizer o que virá. Além de todas as questões psicológicas e sociais, a regulação da tecnologia também é um fator a ser ponderado e discutido. A mesma tecnologia que nos liberta é aquela que nos segrega. A mesma que nos aproxima é aquela que nos distancia. Torna-se urgente, então, repensar formas de enxergar esse fenômeno, nem que seja pelas fissuras das barreiras virtuais que nos separam. Mas isso já é pauta para depois.

---

[359] LABORATÓRIO DE POLÍTICAS PÚBLICAS E INTERNET. *Nota técnica ao substitutivo ao PL 21/2020*. p. 45. Disponível em: https://lapin.org.br/wp-content/uploads/2021/09/notatecnica-ia-pl.pdf. Acesso em: 25 jan. 2022.

CAPÍTULO 7

# CONSIDERAÇÕES FINAIS

A sistematização no ordenamento jurídico de parâmetros de responsabilidade civil no que tange aos atos oriundos de inteligência artificial é uma tentativa de agregar esforços na consolidação de um paradigma socialmente solidário e comprometido com a reparação da vítima e com o atendimento de seus direitos fundamentais. Tal preocupação exsurge rigorosamente num contexto sensível de contraposições aparente de interesses jurídicos, uma vez que a inovação tecnológica é, nos termos do art. 218 da Constituição Federal, um dever a ser perseguido pelo Estado e pela sociedade civil, ao passo que a solidariedade social e a reparação do dano são ditames constitucionais, nos termos dos arts. 3º, I, e 5º, V, do mesmo diploma normativo.

O desenvolvimento tecnológico e, em especial, o da inteligência artificial, é uma esfera que sofre pontos de pressão oriundos de vários setores sociais, em virtude da potencialidade de seus efeitos e da essência originalmente dinâmica do mercado e do campo científico.

A inteligência artificial pode ser compreendida como um sistema que, alimentado com dados, demonstra capacidade de reprodução cognitiva cujo acúmulo de aprendizado simula a experiência mental humana. A presença massiva e cada vez mais autônoma de tais sistemas acarreta para o ordenamento jurídico uma série de desafios, especialmente no tocante à verificação de defeitos e da (im)previsibilidade do dano.

O receio acerca do avanço da inteligência artificial é fomentado pela ausência de conhecimento exato de como essas máquinas funcionam, inclusive por parte de seus programadores, e pelo ceticismo na ideia de neutralidade de dados. É nesse trilhar que alguns países já vêm adotando documentos normativos – em que pese a maioria se enquadre como *soft law* – para estabelecer princípios e diretrizes de desenvolvimento dessa tecnologia.

Sobressai, assim, a necessidade de observância da autonomia e fiscalização humana, prevenção de danos, justiça, robustez, não discriminação, bem-estar social e ambiental, responsabilização e tutela de vulneráveis, que são incorporadas no ordenamento jurídico brasileiro sob a unidade do princípio da função social. Noutro norte, a privacidade, governança de dados e explicabilidade também se consolidam sob o prisma da boa-fé objetiva, que deve proporcionar todos os meios necessários a consagrar a transparência, a cooperação e a confiança dos usuários nos sistemas. Tais diretrizes se consubstanciam como efetivos pilares que auxiliam o julgador na análise da incidência da violação apta a ensejar o dever de indenização, bem como no direcionamento de boas práticas que garantam uma tecnologia segura.

A sociedade de risco acentua a decadência do paradigma da culpa como requisito de responsabilização civil e incorpora papel primordial na estruturação de bases teóricas que elegem vias alternativas de parametrização. Trata-se de consagrar a tutela dos direitos de personalidade, compreendidos como direitos imprescindíveis ao pleno desenvolvimento das virtudes humanas biopsíquicas. Abandona-se o paradigma exclusivo da culpa, que, como um produto do século XVII, designava a ideia de reprovação moral da conduta, dando espaço à reparação com fulcro no risco da atividade.

Abandona-se, também, a perspectiva clássica de que a responsabilidade civil somente adviria de atos ilícitos, tendo em vista que mesmo atos lícitos passam a ter o condão de ensejar o dever de indenização em determinadas hipóteses, o que se caracteriza, sobretudo, pelo reconhecimento do risco como um fator intrínseco à sociedade contemporânea, além da consagração do modelo dualista de responsabilidade civil.

A responsabilidade subjetiva enfrenta dificuldades práticas no campo da inteligência artificial, em razão da imprevisibilidade de atuação da máquina, uma vez que tal característica dificulta a parametrização de condutas consideradas prudentes por parte do desenvolvedor.

A verificação do defeito de concepção nem sempre é fácil, máxime considerando a existência de múltiplas cadeias de produção e, ainda, a constatação de que a máquina poderá naturalmente apresentar resultados incomuns ou, ainda, comportar-se conforme o esperado e, mesmo assim, desencadear danos. É nesse prisma que o condicionamento da responsabilidade do fornecedor à verificação de um defeito pode acarretar dificuldades para a vítima, soando mais consentânea com o paradigma atual do direito de danos a caracterização da responsabilidade com fulcro na teoria do risco, em diálogo de fontes, considerando que o entendimento contrário culminaria por consagrar o risco do desenvolvimento como excludente do nexo de causalidade e manteria o lesado sem nenhum tipo de ressarcimento.

Cumpre destacar que o art. 927, parágrafo único, do Código Civil, quando atrai a responsabilidade objetiva, não exige que a atividade seja perigosa, mas, tão somente, arriscada. Assim, é possível inferir que o reconhecimento de que não há pleno conhecimento da capacidade e de todo o funcionamento da máquina pode ser considerado um fator de caracterização de periculosidade intrínseca à inteligência artificial, atraindo, em diálogo de fontes, a teoria do risco, em conjugação com a cláusula geral de ressarcimento da vítima.

As relações estabelecidas entre os fornecedores da inteligência artificial e os usuários usualmente serão regidas pela legislação consumerista, uma vez que há alta probabilidade de se enquadrarem nos conceitos legais de fornecedor e destinatário final. Portanto, é razoável considerar que o fornecedor é responsável pelos defeitos da máquina e, ainda, pelos resultados adversos que não eram expressamente previstos no momento da circulação do objeto, com fundamento no risco da circulação do produto ou serviço.

Ainda, na hipótese de comportamento extraordinário ou não previamente advertido ao consumidor, é razoável considerar que o fornecedor permanece responsável. Sua responsabilidade, portanto, vai além da constatação do ordinário defeito, para abranger situações de extraordinariedade na atividade comercializada, com fulcro na teoria do risco, em diálogo de fontes. Seria uma equiparação da atividade incomum ao defeito, por força do risco inerente ao funcionamento do sistema.

Na hipótese de comportamento ordinário da máquina, isto é, quando o prejuízo não advém de uma postura inesperada da máquina, sobressai a responsabilidade do proprietário da coisa, que possui razoáveis deveres de vigilância e custódia para assegurar a segurança que se espera da interação entre o sistema e o meio social. No ordenamento jurídico brasileiro, a responsabilidade pelo fato da coisa também é objetiva e, portanto, dispensa a verificação da culpa, o que torna menos onerosa a via de reparação da vítima.

A responsabilidade dos vigilantes, nesse cenário, ocorre em razão da possibilidade de mitigar a ocorrência de danos que eram evitáveis. No contexto de defeitos ou atividades extraordinárias, imputa-se a responsabilidade objetiva aos fornecedores da máquina. A responsabilidade subjetiva somente exsurge no contexto intraempresarial, entre os agentes da inteligência artificial.

Impende ressaltar que a responsabilidade civil é instituto essencialmente sensível aos influxos econômicos e sociais, especialmente numa sociedade de risco, na qual assume relevância a função preventiva, na competência de indução de comportamentos prudentes, de adoção de medidas de segurança e de mitigação de condutas potencialmente danosas. A regulação da tecnologia, nesse contexto, é especialmente sensível por envolver interesses contrapostos e precisar observar um ponto de equilíbrio para que não sufoque o desenvolvimento tecnológico e tampouco negligencie os direitos fundamentais de eventuais vítimas envolvidas.

Nessa perspectiva de tutela do vulnerável, assumem destaque os deveres do fornecedor, enquanto ente que possui maior capacidade técnica e econômica de operacionalizar a relação. O dever de cooperação e boa-fé objetiva caracteriza a necessidade de informação, direito básico do consumidor que não pode ser negligenciado, ainda quando não se conhecem as efetivas fronteiras da inteligência artificial. Na hipótese da inteligência artificial, a informação é adequada, suficiente e veraz quando, para além dos requisitos mencionados, veicula, de forma clara, sintética e compreensível, as limitações do estado da técnica acerca do funcionamento da máquina, bem como as potencialidades para as quais o sistema foi originalmente desenvolvido.

Ainda no que se refere à proposta de personalidade jurídica eletrônica, em termos de proporcionalidade da medida, há outras opções distintas que podem assegurar a reparação dos danos pelas vítimas, como a adoção de seguros obrigatórios por parte dos investidores em IA, além da constatação de que o atual estado da técnica não demanda a criação de uma nova natureza jurídica para as máquinas ou de um novo arcabouço normativo.

A responsabilidade civil, no panorama da inteligência artificial, desenvolve-se a partir do paradigma da solidariedade social, da reparação integral do dano e da cláusula geral de tutela da pessoa humana, o que afasta a presunção de que os prejuízos oriundos dessa atividade são meras externalidades não indenizáveis, consagrando paradigmas de danos injustos e de mitigação de um nexo de causalidade como certeza inexorável em prol da ideia de maior probabilidade. Evolui, assim, a interpretação de categorias do clássico nexo de causalidade e da culpa, abrindo espaço a considerações atinentes ao dano injusto e ao risco da atividade, mais consentâneas com a complexidade da vida contemporânea.

Nesse cenário, é razoável pensar numa cláusula de responsabilidade objetiva para atividades que apresentam, à luz do caso concreto, sinais de periculosidade ou de risco acentuado. Para além do paradigma da responsabilidade objetiva, deve-se pensar em noções de responsabilização proativa, que imputam àquele que se beneficia de determinada atividade, não somente o dever de reparar, mas também de tomar medidas essenciais para evitar a ocorrência de danos.

Ressurge o papel da ponderação, que deve sopesar os interesses jurídicos em questão. O conflito a ser sopesado consubstancia-se a partir da solidariedade social – que alicerça a teoria do risco e o direito de reparação das vítimas – em face do dever estatal de promoção e incentivo ao desenvolvimento tecnológico, a demandar que a responsabilização observe parâmetros seguros e razoáveis, sob pena de chancelar uma concentração exacerbada de responsabilidade e inviabilizar o desenvolvimento empresarial. Não se pretende estabelecer que todos e quaisquer danos, em absoluto, serão objetos merecedores de tutela.

O panorama delineado é apenas um ponto de partida para a tentativa de compreensão dos problemas que surgem quando da análise de casos concretos postos à apreciação judicial. Essa obra não pretende esgotar a temática ou dar respostas contundentes e peremptórias acerca do fenômeno, mormente tendo em vista que a velocidade de mutação da tecnologia muitas vezes não é compatível com as necessárias adaptações do direito e que cada caso concreto demandará uma solução que pode assumir contornos diferentes. A proposta ora delineada lastreia-se na atual concepção brasileira acerca do fenômeno, que pode sofrer alterações em um breve futuro, a depender do estado da arte e dos novos influxos científicos, que sempre se desenvolvem e se modificam em alta velocidade.

A compreensão do fenômeno deve ser sempre efetuada com base na unidade e complexidade do ordenamento jurídico, norteado pela axiologia constitucional e sob o entendimento de que a operacionalização da responsabilidade civil ocorre no caso concreto. Não obstante a necessidade de repensar as categorias clássicas e adaptá-las ao contexto contemporâneo, isso não significa um necessário abandono, mas uma acomodação da sociedade de risco aos cânones da legalidade constitucional.

Nesse ponto, a função social se firma, cada vez mais, como um instrumento apaziguador de conflitos para a manutenção do equilíbrio social, notadamente nas funções preventivas, protetivas e restaurativas, o que também implica a constatação de que a responsabilidade civil, isoladamente, não resolverá todos os problemas oriundos do fenômeno abordado, sendo componente de uma solução que leva em conta outros instrumentos regulatórios e a responsabilidade administrativa e penal.

A tutela das vítimas de danos injustos deve ser sempre pautada pela axiologia constitucional e pelo ordenamento jurídico de forma unitária e sistemática, em toda a sua complexidade. Surge a necessidade de equalizar a livre iniciativa com a solidariedade social e a necessidade de proteção da pessoa humana, conformando as balizas que delimitam o Estado Democrático de Direito e evitando a proliferação de danos injustos e distorções no processo produtivo massificado.

# POSFÁCIO

Gabriela Buarque traz em seus estudos sobre o uso da inteligência artificial uma abordagem atual e inovadora que começa a perfilar a álea que existe no emprego das inovações tecnológicas, acompanhada de incógnitas que desafiam os estudiosos, intérpretes e aplicadores do direito a promoverem a readequação de institutos jurídicos tradicionais à nova e imprecisa realidade fática.

Desbravando temática com escassa bibliografia, a autora oferece aos seus leitores uma lente de aumento para uma problemática complexa e que se enraíza em nosso cotidiano de forma intensa e contínua. Sua obra desperta uma reflexão necessária e bastante tempestiva para compreensão dos riscos inerentes à simbiose que vivenciamos com uma multiplicidade de ferramentas tecnológicas, nas mais diversas searas, apontando caminhos para a solução dos conflitos que repercutem na esfera da responsabilidade civil em nosso país.

Com estilo jovial e objetivo, seu texto carrega personalidade e consegue tratar de temas áridos à academia jurídica com clareza e simplicidade, servindo também ao propósito de aproximar a ciência do direito ao mundo dos fatos que se impõe. Ultrapassa, nada obstante, o fim imediato da investigação exploratória para mapear caminhos para aplicação desse conhecimento pelos operadores do direito brasileiro.

A obra representa o fruto de uma trajetória ascendente e promissora. Denota o grande potencial desta jovem mulher – mestre em direito, advogada e pesquisadora – e o muito que tem a contribuir para a produção jurídica no Brasil e alhures. Egressa dos cursos de Graduação e de Mestrado em Direito da Universidade Federal de Alagoas, orgulha e inspira colegas e docentes, deixando, por onde passa, o registro luminoso de sua dedicação e excelência.

**Juliana Jota Dantas**
Professora Adjunta da Universidade Federal de Alagoas (Ufal). Docente nos cursos de Graduação (FDA/Ufal) e de Mestrado em Direito (PPGD/Ufal). Atualmente responde pela Coordenação de Extensão e é orientadora do Núcleo de Pesquisa em Direito Civil e Constitucional (NEDC/FDA/Ufal).

# REFERÊNCIAS

ABOTT, Ryan. The reasonable computer: disrupting the paradigm of tort liability. *The George Washington Law Review*, Washington, v. 86, n. 1, 2018.

AINDA não se conhecem os efeitos dos medicamentos para esclerose múltipla no longo prazo. *Cochrane Brasil*, 17 fev. 2016. Disponível em: https://brazil.cochrane.org/news/ainda-n%C3%A3o-se-conhecem-os-efeitos-dos-medicamentos-para-esclerose-m%C3%BAltipla-no-longo-prazo. Acesso em: 31 dez. 2019.

ALAGOAS (Estado). Lei *nº 7.117/2009, de 12 de novembro de 2009*. Disponível em: http://fapeal.br/wp-content/uploads/2015/05/leiNo7117-de12_11_09-2.pdf. Acesso em: 28 maio 2020.

ALVIM, Eduardo Arruda. Responsabilidade civil pelo fato do produto no Código de Defesa do Consumidor. *Revista de Direito do Consumidor*, São Paulo, n. 15, p. 132-151, jul./set. 1995.

ANGWIN, Julia; LARSON, Jeff; MATTU, Surya; KIRCHNER, Lauren. Machine bias. *Propublica*, 23 maio 2016. Disponível em: https://www.propublica.org/article/machine-bias-risk-assessments-in-criminal-sentencing. Acesso em: 14 maio 2019.

ANTUNES, Henrique Sousa. Inteligência artificial e responsabilidade civil: enquadramento. *Revista de Direito da Responsabilidade*, ano 1, 2019.

BAETA, Zínia. CNJ implanta centro de inteligência artificial. *Valor Econômico*, 18 mar. 2019. Disponível em: https://www.valor.com.br/legislacao/6164601/cnj-implanta-centro-de-inteligencia-artificial?origem=G1. Acesso em: 2 jul. 2019.

BAPTISTA, Patrícia; KELLER, Clara Iglesias. Por que, quando e como regular as novas tecnologias? Os desafios trazidos pelas inovações disruptivas. *Revista de Direito Administrativo*, Rio de Janeiro, v. 273, p. 123-163, set./dez. 2016.

BARBOSA, Mafalda Miranda. Inteligência artificial e blockchain: desafios para a responsabilidade civil. *Revista de Direito da Responsabilidade*, ano 1, 2019.

BARBOSA, Mafalda Miranda. Inteligência artificial, e-persons e direito: desafios e perspectivas. *Revista Jurídica Luso-Brasileira*, ano 3, n. 6, 2017.

BAUMAN, Zygmunt. *Medo líquido*. 1. ed. Rio de Janeiro: Zahar, 2012.

BECK, Ulrich. *La sociedad del riesgo*. España: Paidós, 1998. 305 p.

BESSA, Leonardo Roscoe. Responsabilidade objetiva no Código de Defesa do Consumidor. *Revista Jurídica da Presidência*, v. 20, n. 120, p. 20-43, fev./maio 2018.

BIG Data in the Global South Project Report on the Brazilian Case Studies. *ITS Rio*, 2016. Disponível em: https://itsrio.org/wp-content/uploads/2017/01/Big-Data-in-the-Global-South-Project.pdf. Acesso em: 3 nov. 2019.

BRASIL. *Constituição Federal de 1988*. Promulgada em 5 de outubro de 1988. Disponível em: http://www.planalto.gov.br/ccivil_03/constituicao/constituicao.htm. Acesso em: 28 maio 2020.

BRASIL. *E-Democracia*. Disponível em: https://edemocracia.camara.leg.br/. Acesso em: 31 dez. 2021.

BRASIL. *Lei n º 11.196/05 (Lei do Bem), de 21 de novembro de 2005*. Disponível em: http://www.planalto.gov.br/ccivil_03/_ato2004-2006/2005/lei/l11196.htm. Acesso em: 28 maio 2020.

BRASIL. *Lei nº 10.046 (Código Civil), de 10 de janeiro de 2002*. Disponível em: http://www.planalto.gov.br/ccivil_03/leis/2002/L10406compilada.htm. Acesso em: 28 maio 2020.

BRASIL. *Lei nº 10.973/04 (Lei da Inovação Tecnológica), de 2 de dezembro de 2004*. Disponível em: http://www.planalto.gov.br/ccivil_03/_ato2004-2006/2004/lei/l10.973.htm. Acesso em: 28 maio 2020.

BRASIL. *Lei nº 13.105/15 (Código de Processo Civil), de 16 de março de 2015*. Disponível em: http://www.planalto.gov.br/ccivil_03/_ato2015-2018/2015/lei/l13105.htm. Acesso em: 28 maio 2020.

BRASIL. *Lei nº 4.591/64, de 16 de setembro de 1964*. Disponível em: http://www.planalto.gov.br/ccivil_03/leis/l4591.htm. Acesso em: 28 maio 2020.

BRASIL. *Lei nº 8.078/1990 (Código de Defesa do Consumidor), de 11 de setembro de 1990*. Disponível em: http://www.planalto.gov.br/ccivil_03/leis/l8078.htm. Acesso em: 28 maio 2020.

BRASIL. Superior Tribunal de Justiça. Reclamação nº 5.072/AC. Julgada em 11 dez. 2013. *DJe*, 4 jun. 2014. Disponível em: https://scon.stj.jus.br/SCON/jurisprudencia/doc.jsp. Acesso em: 28 maio 2020.

BRASIL. Superior Tribunal de Justiça. Recurso Especial 1660168/RJ. Julgado em 8/5/2018. *DJe*, 5 jun. 2018. Disponível em: http://www.stj.jus.br/SCON/jurisprudencia/doc.jsp. Acesso em: 3 maio 2019.

BRASIL. Superior Tribunal de Justiça. Recurso Especial 1774372/RS. Rel. Ministra Nancy Andrighi, Terceira Turma, julgado em 5/5/2020. *DJe*, 18 maio 2020. Disponível em: https://processo.stj.jus.br/processo/pesquisa/?src=1.1.3&aplicacao=processos.ea&tipoPesquisa=tipoPesquisaGenerica&num_registro=201802726913. Acesso em: 5 fev. 2021.

CALIXTO, Marcelo Junqueira. O art. 931 do Código Civil e os riscos do desenvolvimento. *Revista Trimestral de Direito Civil*, Rio de Janeiro, jan./mar. 2005.

CÂMARA, Marco Sérgio Andrade Leal. *Inteligência artificial*: representação de conhecimento. Disponível em: https://student.dei.uc.pt/~mcamara/artigos/inteligencia_artificial.pdf. Acesso em: 22 set. 2018.

CASTRO JÚNIOR, Marco Aurélio de. *Personalidade jurídica do robô e sua efetividade no direito*. Tese (Doutorado em Direito) – Programa de Pós-Graduação, Faculdade de Direito, Universidade Federal da Bahia, Salvador, 2009.

CATALAN, Marcos. O desenvolvimento nanotecnológico e o dever de reparar os danos ignorados pelo processo produtivo. *Revista de Direito do Consumidor*, São Paulo, n. 74, p. 113-147, abr./jun. 2010.

CAVALIERI FILHO, Sergio. *Programa de responsabilidade civil*. 9. ed. São Paulo: Atlas, 2010.

CERKA, Paulius; GRIGIENE, Jurgita; SIRBIKYTE, Gintare. Liability for damages caused by artificial intelligence. *Computer Law and Security Review*, United Kingdom, v. 31, p. 376-389, 2015.

CHELIGA, Vinicius, TEIXEIRA, Tarcisio. *Inteligência artificial*: aspectos jurídicos. Salvador: JusPodivm, 2019.

COMISSÃO EUROPEIA. *European Group on Ethics in Science and New Technologies (EGE)*. Disponível em: https://ec.europa.eu/info/research-and-innovation/strategy/support-policy-making/scientific-support-eu-policies/ege_en. Acesso em: 8 ago. 2020.

COMISSÃO EUROPEIA. *Index*. Disponível em: https://ec.europa.eu/info/index_pt. Acesso em: 8 ago. 2020.

COMPARATO, Fábio Konder. *O poder de controle na sociedade anônima*. 2. ed. São Paulo: Revista dos Tribunais, 1977.

CONSELHO NACIONAL DE JUSTIÇA. *Resolução n. 332, de 21 de agosto de 2020*. Disponível em: https://atos.cnj.jus.br/atos/detalhar/3429. Acesso em: 1º set. 2020.

CORONAVÍRUS: inteligência artificial monitora sintomas em multidões. *UOL*, 20 mar. 2020. Disponível em: https://www.uol.com.br/tilt/noticias/redacao/2020/03/20/coronavirus-inteligencia-artificial-monitora-sintomas-em-multidoes.htm. Acesso em: 29 maio 2020.

CORREIA JÚNIOR, José Barros. *A função social e a responsabilidade social da empresa perante os stakeholders*. 2013. Tese (Doutorado em Direito) – Pós-Graduação, Faculdade de Direito de Recife, Universidade Federal de Pernambuco, Recife, 2013.

DEMARTINI, Felipe. Justiça retira ação criminal contra UBER por atropelamento com carro autônomo. *Canal Tech*, 6 mar. 2019. Disponível em: https://canaltech.com.br/carros/justica-retira-acao-criminal-contra-uber-por-atropelamento-com-carro-autonomo-134131/. Acesso em: 19 abr. 2020.

DIOP, Lamine; CUPE, Jean. Explainable AI: The data scientist's new challenge. *Towards Data Science*, 14 jun. 2018. Disponível em: https://towardsdatascience.com/explainable-ai-the-data-scientists-new-challenge-f7cac935a5b4. Acesso em: 19 nov. 2019.

DONEDA, Danilo Cesar Maganhoto; MENDES, Laura Schertel; SOUZA, Carlos Affonso Pereira de; ANDRADE, Norberto Nuno Gomes de. Considerações iniciais sobre inteligência artificial, ética e autonomia pessoal. *Pensar*, Fortaleza, v. 23, n. 4, p. 1-17, out./dez. 2018.

DONOVAN, Joan. Here's how social media can combat the coronavirus 'infodemic'. *MIT Technology Review*, 17 mar. 2020. Disponível em: https://www.technologyreview.com/s/615368/facebook-twitter-social-media-infodemic-misinformation/. Acesso em: 1º abr. 2020.

DORNELAS, Henrique Lopes. Sociedade de risco e o princípio da precaução: conceito, finalidade e a questão de sua imperatividade. *Revista Uniabeu*, Nova Iguaçu, v. 4, n. 6, jan./abr. 2011.

EHRHARDT JÚNIOR, Marcos. ALBUQUERQUE, Paula Falcão. Quais as consequências do não atendimento do recall pelo consumidor? *Revista de Direito do Consumidor*, v. 113, p. 185-212, set./out. 2017.

EHRHARDT JÚNIOR, Marcos. Apontamentos para uma teoria geral da responsabilidade civil no Brasil. *In*: ROSENVALD, Nelson; MILAGRES, Marcelo (Org.). *Responsabilidade civil*: novas tendências. 2. ed. Indaiatuba: Foco, 2018.

EHRHARDT JÚNIOR, Marcos. *Direito civil*: LINDB e Parte Geral. 2. ed. Salvador: JusPodivm, 2011.

EHRHARDT JÚNIOR, Marcos; CATALAN, Marcos; MALHEIROS, Pablo (Coord.). *Direito civil e tecnologia*. Belo Horizonte: Fórum, 2020. 754 p.

EHRHARDT JÚNIOR, Marcos; LÔBO, Fabíola Albuquerque (Coord.). *Privacidade e sua compreensão no direito brasileiro*. Belo Horizonte: Fórum, 2019.

EUROPEAN PARLIAMENTARY RESEARCH SERVICE. *Civil liability regime for artificial intelligence*. Disponível em: https://www.europarl.europa.eu/thinktank/en/document.html?reference=EPRS_STU(2020)654178. Acesso em: 29 set. 2020.

EXPOSTO à internet, robô da Microsoft vira racista em um dia. *Veja*, 24 mar. 2016. Disponível em: https://veja.abril.com.br/tecnologia/exposto-a-internet-robo-da-microsoft-vira-racista-em-1-dia/. Acesso em: 29 maio 2020.

FARIAS, Cristiano Chaves; ROSENVALD, Nelson; BRAGA NETTO, Felipe Peixoto. *Curso de direito civil*: responsabilidade civil. 3. ed. São Paulo: Atlas, 2016.

FARINACCIO, Rafael. Microscópio da Google com realidade aumentada e IA pode detectar câncer. *Tecmundo*, 16 abr. 2018. Disponível em: https://www.tecmundo.com.br/produto/129343-microscopio-google-realidade-aumentada-ia-detectar-cancer.htm. Acesso em: 20 set. 2018.

FELIPE, Bruno Farage da Costa. Direito dos robôs, tomadas de decisões e escolhas morais: algumas considerações acerca da necessidade de regulamentação ética e jurídica da inteligência artificial. *Revista Juris Poiesis*, Rio de Janeiro, v. 20, n. 22, p. 150-169, 2017.

FENG, Coco. Coronavirus: AI firms deploy fever detection systems in Beijing to fight outbreak. *South China Morning Post*, 6 fev. 2020. Disponível em: https://www.scmp.com/tech/policy/article/3049215/ai-firms-deploy-fever-detection-systems-beijing-help-fight-coronavirus. Acesso em: 22 mar. 2020.

FIORILLO, Celso Antonio Pacheco. 30 anos de direito ambiental constitucional: a consolidação do direito ambiental brasileiro em proveito da dignidade humana. *Revista Eletrônica OAB/RJ*. Edição Especial Direito Ambiental. Disponível em: http://revistaeletronica.oabrj.org.br/wp-content/uploads/2017/11/FIORILLO-Celso.-30-anos-de-direito-ambiental-constitucional-Celso-Fiorillo.pdf. Acesso em: 30 mar. 2020.

FRAZÃO, Ana. Risco da empresa e caso fortuito externo. *Civilística*, Rio de Janeiro, ano 5, n. 1, p. 1-27, 2016. Disponível em: https://civilistica.emnuvens.com.br/redc/article/view/239/197. Acesso em: 10 set. 2020.

FRAZÃO, Ana; MULHOLLAND, Caitlin (Coord.). *Inteligência artificial e direito*: ética, regulação e responsabilidade. São Paulo: Thomson Reuters Brasil, 2019.

FRAZÃO, Ana; TEPEDINO, Gustavo; OLIVA, Milena Donato. *A Lei Geral de Proteção de Dados Pessoais e suas repercussões no direito brasileiro*. São Paulo: Thomson Reuters Brasil, 2019.

FREITAS, Tainá. Reconhecimento facial utilizado pela polícia inglesa falha em 81% dos casos. *StarteSe*, 8 jul. 2019. Disponível em: startse.com/noticia/ecossistema/reconhecimento-facial-policia-londres. Acesso em: 20 mar. 2020.

FUTURE OF LIFE INSTITUTE. *Asilomar AI principles*. Disponível em: https://futureoflife.org/ai-principles/. Acesso em: 5 nov. 2019.

GARCIA, Leonardo de Medeiros. O princípio da informação na pós-modernidade: direito fundamental do consumidor para o equilíbrio nas relações de consumo. *Revista Direito UNIFACS*, Salvador, n. 176, 2015.

GOMES, Helton Simões. Como as robôs Alice, Sofia e Mônica ajudam o TCU a caçar irregularidades em licitações. *G1*, 18 mar. 2018. Disponível em: https://g1.globo.com/economia/tecnologia/noticia/como-as-robos-alice-sofia-e-monica-ajudam-o-tcu-a-cacar-irregularidades-em-licitacoes.ghtml. Acesso em: 4 jul. 2019.

HALLEVY, Gabriel. The criminal liability of artificial intelligence entities – from Science fiction to legal social control. *Akron Intellectual Property Journal*, Ohio, v. 4, p. 171-199, 2016.

HAMMERSCHMIDT, Denise. O risco na sociedade contemporânea e o princípio da precaução no Direito Ambiental. *Revista Sequência*, n. 45, p. 97-122, dez. 2002.

HARTMANN, Ivar Alberto Martins. O princípio da precaução e sua aplicação no direito do consumidor: dever de informação. *Revista Direito e Justiça*, v. 38, n. 2, p. 156-182, jul./dez. 2012.

HENDERSON, Harry. *Artificial intelligence*: mirrors for the mind. New York: Chelsea House Publishers, 2007.

HIGH-LEVEL EXPERT GROUP ON ARTIFICIAL INTELLIGENCE SET UP BY THE EUROPEAN COMMISSION ETHICS GUIDELINE. *Ethics Guidelines for trustworthy AI*. Disponível em: https://ec.europa.eu/digital-single-market/en/news/ethics-guidelines-trustworthy-ai. Acesso em: 4 maio 2019.

HINGELDORF, Eric; SEIDEL, Uwe. *Robotics, autonomics and the law*. Baden-Baden: Nomos, 2014. v. 14.

IN CORONAVIRUS fight, China gives citizens a color code, with red flags. *The New York Times*, 1º mar. 2020. Disponível em: https://www.nytimes.com/2020/03/01/business/china-coronavirus-surveillance.html. Acesso em: 22 mar. 2020.

INSTITUTO pede que Facebook seja condenado em 150 milhões. *Migalhas*, 14 maio 2019. Disponível em: https://www.migalhas.com.br/Quentes/17,MI302322,71043-Instituto+pede+que+Facebook+seja+condenado+em+R+150+milhoes+por. Acesso em: 13 maio 2019.

JABUR, Gilberto Haddad. Direito privado, direito constitucional e dignidade humana. *Revista Jurídica Luso-Brasileira*, ano 4, n. 5, 2018.

JONAS, Hans. *O princípio responsabilidade*: ensaio de uma ética para a civilização tecnológica. Rio de Janeiro: Contraponto: Ed. PUC-Rio, 2006.

JONES, Van. African-Americans don't use drugs at a higher level than whites but "wind up going to prison six times more". *Politifact*, 7 jul. 2016. Disponível em: https://www.politifact.com/punditfact/statements/2016/jul/13/van-jones/van-jones-claim-drug-use-imprisonment-rates-blacks/ Acesso em: 14 maio 2019.

KAPLAN, Jerry. *Artificial intelligence*: what everyone needs to know. Oxford: Oxford University Press, 2016.

KNIGHT Capital says trading glitch cost it $440 million. *The New York Times*, 2 ago. 2012. Disponível em: https://dealbook.nytimes.com/2012/08/02/knight-capital-says-trading-mishap-cost-it-440-million/?hp. Acesso em: 19 nov. 2019.

KNIGHT, Will. How AI is tracking coronavirus outbreak. *Wired*, 8 fev. 2020. Disponível em: https://www.wired.com/story/how-ai-tracking-coronavirus-outbreak/. Acesso em: 22 mar. 2020.

KNIGHT, Will. The dark secret at the heart of AI. *MIT Technology Review*, 11 abr. 2017. Disponível em: https://www.technologyreview.com/s/604087/the-dark-secret-at-the-heart-of-ai/. Acesso em: 26 set. 2019.

KRAVETS, David. Jan. 25, 1979: Robot Kills Human. *Wired*, 25 jan. 2010. Disponível em: https://www.wired.com/2010/01/0125robot-kills-worker/. Acesso em: 19 nov. 2019.

LABORATÓRIO DE POLÍTICAS PÚBLICAS E INTERNET. *Nota técnica ao substitutivo ao PL 21/2020*. Disponível em: https://lapin.org.br/wp-content/uploads/2021/09/notatecnica-ia-pl.pdf. Acesso em: 25 jan. 2022.

LINDNER, Julia; BORGES, André; TOMAZELLI, Idiana; SAMPAIO, Dida. Governo usará inteligência artificial para fazer consulta a distância e mapear riscos do coronavírus. *Estadão*, 31 mar. 2020. Disponível em: https://saude.estadao.com.br/noticias/geral,governo-usara-inteligencia-artificial-para-fazer-consulta-a-distancia-e-mapear-riscos-do-coronavirus,70003255622. Acesso em: 1º abr. 2020.

LINN, Allison. How Microsoft computer scientists and researchers are working to 'solve' cancer. *Microsoft*. Disponível em: https://news.microsoft.com/stories/computingcancer/. Acesso em: 19 set. 2019.

LÔBO, Paulo Luiz Netto. A informação como direito fundamental do consumidor. *Revista de Direito do Consumidor*, São Paulo, n. 37, p. 59-76, 2001.

MACEIÓ (Município). *Lei nº 6.902 /2019, de 27 de junho de 2019*. Disponível em: https://www.maceio.al.leg.br/documentos/docs/doc.php?filepath=leis&id=6590. Acesso em: 28 maio 2020.

MAGALHÃES, Renato Vasconcelos. Inteligência artificial e direito – Uma breve introdução histórica. *Revista Direito e Liberdade*, Mossoró, v. 1, n. 1, p. 355-370, jul./dez. 2005.

MAGRANI, Eduardo. *A internet das coisas*. Rio de Janeiro: FGV Editora, 2018.

MAGRANI, Eduardo. *Entre dados e robôs*: ética e privacidade na era da hiperconectividade. 2. ed. Porto Alegre: Arquipélago Editorial, 2019.

MARINONI, Luiz Guilherme. *A tutela específica do consumidor*. Disponível em: http://www.marinoni.adv.br/wp-content/uploads/2012/06/PROF-MARINONI-A-TUTELA-ESPEC%C3%8DFICA-DO-CONSUMIDOR-.pdf. Acesso em: 1º jan. 2020.

MARQUES, Cláudia Lima. A proteção do consumidor de produtos e serviços estrangeiros no Brasil: primeiras observações sobre os contratos à distância no comércio eletrônico. *Revista da Faculdade de Direito da UFRGS*, v. 21, mar. 2002.

MARSHALL, Carla Izolda Fiúza Costa. Responsabilidade civil do fabricante por produto defeituoso na União Europeia e no Brasil. *Revista de Administração Pública*, Rio de Janeiro, v. 32, n. 3, p. 249-255, mar. 1998. ISSN 1982-3134. Disponível em: http://bibliotecadigital.fgv.br/ojs/index.php/rap/article/view/7744. Acesso em: 1º jan. 2020.

MARTINS JÚNIOR, Manoel. A responsabilidade civil do fornecedor pelo fato do produto no Código de Defesa do Consumidor. *Revista IMES de Direito*, São Caetano do Sul, v. 2, n. 4, jan./jun. 2002.

MEDON, Filipe. *Inteligência artificial e responsabilidade civil*: autonomia, riscos e solidariedade. Salvador: JusPodivm, 2020.

MELLO, Marcos Bernardes de. *Teoria do fato jurídico*: plano da eficácia, 1ª parte. 8. ed. São Paulo: Saraiva, 2013.

MELLO, Marcos Bernardes de. *Teoria do fato jurídico*: plano da existência. 17. ed. São Paulo: Saraiva, 2014.

MENEZES, Joyceane Bezerra de; COELHO, José Martônio Alves; BUGARIM, Maria Clara Cavalcante. A expansão da responsabilidade civil na sociedade de riscos. *Scientia Iuris*, Londrina, v. 15, n. 1, p. 29-50, jun. 2011.

MIOZZO, Júlia. Primeiro robô advogado lançado por empresa brasileira; conheça. *Infomoney*, 3 jul. 2017. Disponível em: https://www.infomoney.com.br/negocios/inovacao/noticia/6757258/primeiro-robo-advogado-brasil-lancado-por-empresa-brasileira-conheca. Acesso em: 8 jul. 2019.

MIRAGEM, Bruno. *Curso de direito do consumidor*. 6. ed. rev., atual e ampl. São Paulo: Revista dos Tribunais, 2016.

MIRAGEM, Bruno. Novo paradigma tecnológico, mercado de consumo digital e o direito do consumidor. *Revista de Direito do Consumidor*, São Paulo, v. 125, set./out. 2019.

MIRAGEM, Bruno; MARQUES, Cláudia Lima; OLIVEIRA, Amanda Flávio de. *25 anos de Código de Defesa do Consumidor*: trajetória e perspectivas. São Paulo: Revista dos Tribunais, 2016.

MIRANDA, Pontes de. *Tratado de direito privado*. Parte geral. 4. ed. São Paulo: Revista dos Tribunais, 1974. t. I.

MONTEIRO FILHO, Carlos Edilson do Rêgo. Limites ao princípio da reparação integral no direito brasileiro. *Civilística*, ano 7, n. 1, 2018.

MONTEIRO, Washington de Barros. *Curso de direito civil*. São Paulo: Saraiva, 1976. v. 1.

MORAES, Maria Celina Bodin de. A constitucionalização do direito civil e seus efeitos sobre a responsabilidade civil. *Direito, Estado e Sociedade*, Rio de Janeiro, n. 29, p. 233-258, 2006.

MORAES, Maria Celina Bodin de. LGPD: um novo regime de responsabilização dito "proativo". *Civilística*, ano 8, n. 3, 2019. Disponível em: http://civilistica.com/lgpd-um-novo-regime-de-responsabilizacao-civil-dito-proativo/. Acesso em: 28 mar. 2020.

MORAES, Melina Ferracini de. Inovação tecnológica como instrumento para o desenvolvimento do Brasil. *Direito Constitucional Econômico*, São Paulo, v. 97, set./out. 2016.

MORE, César E. Moreno. *Estudios sobre la responsabilidad civil*. Lima: Ediciones Legales, 2015.

NIILER, Eric. AI epidemiologist Wuhan public health warnings. *Wired*, 25 jan. 2020. Disponível em: https://www.wired.com/story/ai-epidemiologist-wuhan-public-health-warnings/. Acesso em: 22 mar. 2020.

NORVIG, Peter; RUSSELL, Stuart J. *Artificial intelligence*: a modern approach. New Jersey: Prentice Hall, 1995.

NOVECK, Beth Simone. Crowdlaw: inteligência coletiva e processos legislativos. *Esferas*, n. 22, 2021. Disponível em: https://portalrevistas.ucb.br/index.php/esf/article/view/10887/7391. Acesso em: 4 jan. 2022.

NUNES, Dierle; MARQUES, Ana Luiza Pinto Coelho. Inteligência artificial e direito processual: vieses algorítmicos e os riscos de atribuição de função decisória às máquinas. *Revista de Processo*, v. 285, p. 421-447, nov. 2018.

OLIVEIRA, Carlos Eduardo Elias de; LEAL, Túlio Augusto Castelo Branco. *Considerações sobre os veículos autônomos*: possíveis impactos econômicos, urbanos e das relações jurídicas. Brasília: Núcleo de Estudos e Pesquisas/CONLEG/Senado, out. 2016 (Texto para discussão nº 214). Disponível em: www.senado.leg.br/estudos. Acesso em: 20 jan. 2020.

OLIVEIRA, Samuel Rodrigues de; COSTA, Ramon Silva. Pode a máquina julgar? Considerações sobre o uso de inteligência artificial no processo de decisão judicial. *Revista de Argumentação e Hermenêutica Jurídica*, Porto Alegre, v. 4, n. 2, p. 21-39, jul./dez 2018.

ORGANIZAÇÃO DOS ESTADOS AMERICANOS. *Hacia el gobieno aberto*: Una caja de herramientas. Disponível em: http://www.gigapp.org/administrator/components/com_jresearch/files/publications/FINAL%20Caja%20de%20Herramientas.pdf. Acesso em: 31 dez. 2021.

ORGANIZAÇÃO PARA A COOPERAÇÃO E DESENVOLVIMENTO ECONÔMICO (OCDE). *Manual de Oslo*: diretrizes para a coleta a interpretação de dados sobre a inovação. 3. ed. [s.l.]: [s.n.], 2005. Disponível em: https://www.finep.gov.br/images/apoio-e-financiamento/manualoslo.pdf. Acesso em: 18 nov. 2019.

PALAZZO, Luiz Antônio Moro; VANZIN, Tarcísio. *Superinteligência artificial e a singularidade tecnológica*. Disponível em: http://infocat.ucpel.tche.br/disc/ia/m01/SAST.pdf. Acesso em: 7 out. 2019.

PAPADA, insônia e acne: veja danos que o uso de celular pode causar. *Terra*. Disponível em: https://www.terra.com.br/vida-e-estilo/saude/bem-estar/papada-insonia-e-acne-veja-danos-que-o-uso-de-celular-pode-causar,518ab3680b600410VgnVCM10000098cceb0aRCRD.html Acesso em: 31 dez. 2019.

PARLAMENTO EUROPEU. *Resolução do Parlamento Europeu, de 16 de fevereiro de 2017, que contém recomendações à Comissão sobre disposições de Direito Civil sobre Robótica (2015/2103(INL))*. Disponível em: http://www.europarl.europa.eu/doceo/document/TA-8-2017-0051_PT.html. Acesso em: 20 jan. 2020.

PASQUALE, Frank. Toward a fourth law of robotics: preserving attribution, responsability and explainability in an algorithmic society. *Ohio State Law Journal*. v. 78, n. 5, p. 1.243-1.255, 2017.

PEREIRA, Alexandre Pimenta Batista. Os confins da responsabilidade objetiva nos horizontes da sociologia do risco. *Revista de Informação Legislativa*, v. 43, n. 170, p. 181-189, abr./jun. 2006.

PEREZ LUÑO, Antonio E. *Los derechos fundamentales*. Madrid: Tecnos, 1995.

PIMENTEL JÚNIOR, Gutenberg Farias. *Perspectiva de personalidade para inteligências artificiais*. 2013. 22f. Monografia (Conclusão de curso) – Centro de Ciências Jurídicas, Universidade Estadual da Paraíba, Campina Grande, 2013.

PINHEIRO, Patricia Peck. *Direito digital*. 6. ed. rev., atual. e ampl. São Paulo: Saraiva, 2016.

PIRES, Thatiane Cristina Fontão; SILVA, Rafael Peteffi da. A responsabilidade civil pelos atos autônomos da inteligência artificial: notas iniciais sobre a resolução do Parlamento Europeu. *Revista Brasileira de Políticas Públicas*, v. 7, n. 3, dez. 2017.

PORTO, Uly de Carvalho Rocha. *A responsabilidade civil extracontratual por danos causados por robôs autônomos*. 2018. Dissertação (Mestrado em Ciências Jurídico-Civilistas) – Faculdade de Direito, Universidade de Coimbra, Coimbra, 2018. 128 p.

PREDICTIVE justice: when algorithms pervade the law. *Paris Inovation Review*, 9 jun. 2017. Disponível em: http://parisinnovationreview.com/articles-en/predictive-justice-when-algorithms-pervade-the-law. Acesso em: 28 mar. 2020.

PRETA Gil aciona advogado por suposta ofensa do Google. *Folha de S.Paulo,* 15 fev. 2008. Disponível em: https://www1.folha.uol.com.br/tec/2008/02/372699-preta-gil-aciona-advogado-por-suposta-ofensa-do-google.shtml. Acesso em: 11 ago. 2020.

RACHUM-TWAIG, Omri. Whose robot is it anyway? Liability for artificial-intelligence-based robots. *University of Illinois Law Review,* 2020. Disponível em: https://papers.ssrn.com/sol3/papers.cfm?abstract_id=3339230. Acesso em: 13 maio 2020.

RICHARDS, Neil M.; SMART, William D. *How should the law think about robots?* Disponível em: https://papers.ssrn.com/sol3/papers.cfm?abstract_id=2263363. Acesso em: 1º out. 2018.

ROBÔ agarra e mata trabalhador dentro de fábrica da Volkswagen. *G1,* 1º jul. 2015. Disponível em: http://g1.globo.com/mundo/noticia/2015/07/robo-agarra-e-mata-trabalhador-dentro-de-fabrica-da-volkswagen.html. Acesso em: 26 set. 2019.

ROBÔS poderão ajudar população de idosos no Japão no futuro. *G1,* 28 out. 2011. Disponível em: http://g1.globo.com/tecnologia/noticia/2011/10/robos-poderao-ajudar-populacao-de-idosos-no-japao-no-futuro.html. Acesso em: 20 set. 2018.

ROSA, Natalie. Polícia do RJ adota sistema de reconhecimento facial para identificar criminosos. *Canal Tech,* 20 dez. 2018. Disponível em: https://canaltech.com.br/inovacao/policia-do-rj-adota-sistema-de-reconhecimento-facial-para-identificar-criminosos-129511/. Acesso em: 19 abr. 2020.

ROSENVALD, Nelson; MILAGRES, Marcelo (Org.). *Responsabilidade civil:* novas tendências. 2. ed. Indaiatuba: Foco, 2018. v. 1. p. 45-72. Disponível em: http://www.marcosehrhardt.adv.br/index.php/artigo/2014/03/12/em-busca-de-uma-teoria-geral-da-responsabilidade-civil. Acesso em: 9 abr. 2020.

SANSEVERINO, Paulo de Tarso Vieira. Responsabilidade civil por acidentes de consumo. *In*: LOPEZ, Teresa Ancona; AGUIAR JÚNIOR, Ruy Rosado (Coord.). *Contratos de consumo e atividade econômica.* São Paulo: Saraiva, 2009.

SANTOS, Adriano Barreto Espíndola. Novos paradigmas para a função social da responsabilidade civil. *Revista Jurídica Luso-Brasileira,* ano 4, n. 3, 2018.

SANTOS, Adriano Barreto Espíndola. O instituto da responsabilidade civil, a função punitiva e a teoria do valor do desestímulo no cenário luso-brasileiro. *Revista Jurídica Luso-Brasileira,* ano 4, n. 2, 2018.

SARIPAN, Hartini; PUTERA, Nurus Sakinatul Fikriah Moh Shith. Are robots humans? A review of the legal personality model. *World Applied Sciences Journal,* Malaysia, n. 34, p. 824-831, 2016.

SCHIRMER, Jan-Erik. Artificial Intelligence and legal personality. "Teilrechtsfähigkeit": a partial legal status made in Germany. *In*: WISCHMEYER, Thomas; RADEMACHER, Thomas (Ed.). *Regulating Artificial Intelligence.* [s.l.]: [s.n.], 2020. Disponível em: https://www.rewi.hu-berlin.de/de/lf/ls/bcm/team/jan-erik-schirmer/publikationen-und-vortraege/Schirmer_RegulatingAI_Teilrechtsfaehigkeit.pdf. Acesso em: 26 ago. 2020.

SENA, Michel Canuto de. *Responsabilidade civil:* aspectos gerais e temas contemporâneos. 1. ed. Campo Grande: Contemplar, 2020.

SENADO FEDERAL. *Projeto de Lei da Câmara n. 27, de 2018*. Disponível em: https://www25.senado.leg.br/web/atividade/materias/-/materia/133167?o=c. Acesso em: 16 jul. 2019.

SENT to prison by a software programs secret algorithms. *The New York Times*, 1º maio 2017. Disponível em: https://www.nytimes.com/2017/05/01/us/politics/sent-to-prison-by-a-software-programs-secret-algorithms.html?_r=0. Acesso em: 28 mar. 2020.

SHOPPING suspende uso de robôs de segurança após acidente com criança. *UOL*. Disponível em: https://gizmodo.uol.com.br/shopping-robos-acidente-crianca/. Acesso em: 19 nov. 2019.

SILVA, Marco Aurélio Lopes Ferreira de. Responsabilidade pelo risco do desenvolvimento. *Revista da Faculdade de Direito de Campos*, Campos dos Goytacazes, n. 8, p. 379-397, jan./jun. 2006.

SILVA, Nuno Sousa e. *Direito e robótica*: uma primeira aproximação. Disponível em: https://papers.ssrn.com/sol3/papers.cfm?abstract_id=2990713. Acesso em: 16 jul. 2019.

SIMÃO, José Fernando. Direito dos animais: natureza jurídica. A visão do direito civil. *Revista Jurídica Luso-Brasileira*, ano 3, n. 4, p. 897-911, 2017.

SIQUEIRA, Filipe. Mulher alemã pode ser a primeira vítima fatal de um ciberataque. *R7*, 20 set. 2020. Disponível em: https://noticias.r7.com/tecnologia-e-ciencia/fotos/mulher-alema-pode-ser-a-primeira-vitima-fatal-de-um-ciberataque-20092020#!/foto/10. Acesso em: 1º out. 2020.

SISTEMA de reconhecimento facial da PM do RJ falha e mulher é detida por engano. *G1*, 11 jul. 2019. Disponível em: https://g1.globo.com/rj/rio-de-janeiro/noticia/2019/07/11/sistema-de-reconhecimento-facial-da-pm-do-rj-falha-e-mulher-e-detida-por-engano.ghtml. Acesso em: 20 mar. 2020.

SOLUM, Lawrence B. Legal personhood for artificial intelligences. *North Carolina Law Review*, v. 7, n. 4, 1992.

STJ cria sistema de inteligência artificial para agilizar processos. *Conjur*, 14 jun. 2018. Disponível em: https://www.conjur.com.br/2018-jun-14/stj-cria-sistema-inteligencia-artificial-agilizar-processos. Acesso em: 3 jun. 2020.

STRELKOVA, O.; PASICHNYK, O. *Three types of artificial intelligence*. Disponível em: http://eztuir.ztu.edu.ua/jspui/bitstream/123456789/6479/1/142.pdf. Acesso em: 3 maio 2019.

SUPREMO TRIBUNAL FEDERAL. *Inteligência artificial vai agilizar a tramitação de processos no STF*. Disponível em: http://www.stf.jus.br/portal/cms/verNoticiaDetalhe.asp?idConteudo=380038. Acesso em: 2 jul. 2019.

TAVARES, André Ramos. Ciência e tecnologia na Constituição. *Revista de Informação Legislativa*, Brasília, n. 175, jul./set. 2007.

TÉCNICAS de vigilância como identificação fácil ainda são falhas. *UOL*, 27 maio 2019. Disponível em: https://www.uol.com.br/tilt/noticias/redacao/2019/05/27/tecnicas-de-vigilancia-como-identificacao-facial-ainda-sao-falhas.htm. Acesso em: 20 mar. 2020.

TEGMARK, Max. *Life 3.0*. Being human in the age of artificial intelligence. New York: Alfred A. Knopf, 2017.

TEPEDINO, Gustavo; SILVA, Rodrigo da Guia. Desafios da inteligência artificial em matéria de responsabilidade civil. *Revista Brasileira de Direito Civil*, Belo Horizonte, v. 21, p. 61-86, jul./set. 2019.

TEUBNER, Gunther. Rights of non-humans? Electronics agents and animals as new actors in politics and law. Max Weber Lecture Series MWP 2007/4. *European University Institute*, n. 4, 2007.

TOMASEVICIUS FILHO, Eduardo. Inteligência artificial e direitos da personalidade: uma contradição em termos? *Revista da Faculdade de Direito da Universidade de São Paulo*, v. 113, p. 133-149, jan./dez. 2018.

TRANSGÊNICOS: como podem impactar à saúde e causar danos ao meio ambiente. *Dr. Barakat*, 9 nov. 2016. Disponível em: https://www.brasildefato.com.br/node/12318/. Acesso em: 31 dez. 2019.

UNIÃO EUROPEIA. *Diretivas da Comunidade Europeia*. Disponível em: https://eur-lex.europa.eu/legal-content/PT/TXT/?uri=celex%3A31985L0374. Acesso em: 17 set. 2018.

USA. Supreme Court of Wisconsin. *Case n.: 2015AP157-CR*. State of Wisconsin, Plaintiff-Respondent, v. Eric L. Loomis, Defendant-Appellant. Opinion Filed: July 13, 2016 Submitted On Briefs: Oral Argument: April 5, 2016. Disponível em: https://www.wicourts.gov/sc/opinion/DisplayDocument.pdf?content=pdf&seqNo=171690. Acesso em: 2 abr. 2020.

VEGA GARCIA, Balmes. *Direito e tecnologia*: regime jurídico da ciência, tecnologia e inovação. São Paulo: LTr, 2008.

VINGE, Vernor. *What is the singularity?* Disponível em: https://www.frc.ri.cmu.edu/~hpm/book98/com.ch1/vinge.singularity.html Acesso em: 26 set. 2018.

VLADECK, David C. Machines without principals: liability rules and artificial intelligence. *Washington Law Review*, v. 89, p. 117-150, 2019. Disponível em: http://euro.ecom.cmu.edu/program/law/08-732/AI/Vladeck.pdf. Acesso em: 14 abr. 2020.

WAINWRIGHT, Martin. Robot fails to find a place in the sun. *The Guardian*, 20 jun. 2002. Disponível em: https://www.theguardian.com/uk/2002/jun/20/engineering.highereducation. Acesso em: 19 nov. 2019.

WERNECK, Antônio. Reconhecimento facial falha em segundo dia: mulher inocente é confundida com criminosa já presa. *O Globo*, 11 jul. 2019. Disponível em: https://oglobo.globo.com/rio/reconhecimento-facial-falha-em-segundo-dia-mulher-inocente-confundida-com-criminosa-ja-presa-23798913. Acesso em: 22 mar. 2020.

WHATSAPP detecta vulnerabilidade que permite o acesso de hackers a celulares. *G1*, 14 maio 2019. Disponível em: https://g1.globo.com/economia/tecnologia/noticia/2019/05/14/whatsapp-detecta-vulnerabilidade-que-permite-o-acesso-de-hackers-a-celulares.ghtml. Acesso em: 12 maio 2019.

WHYMANT, Robert. Robot kills factory worker. *The Guardian*, 9 dez. 2014. Disponível em: https://www.theguardian.com/theguardian/2014/dec/09/robot-kills-factory-worker. Acesso em: 19 nov. 2019.

WINSTON, Patrick Henry. *Artificial intelligence*. 3. ed. Massachusetts: Addison-Wesley Publishing Company, 1993.

YANG, Yingzhi; ZHU, Julie. Coronavirus brings China's surveillance state out of the shadows. *Reuters* 7 fev. 2020. Disponível em: https://www.reuters.com/article/us-china-health-surveillance/coronavirus-brings-chinas-surveillance-state-out-of-the-shadows-idUSKBN2011HO. Acesso em: 22 mar. 2020.

Esta obra foi composta em fonte Palatino Linotype, corpo 10
e impressa em papel Pólen Bold 70g (miolo) e Supremo 250g (capa)
pela Gráfica Formato.